Morandi
Gli acquerelli

Morandi
Gli acquerelli

Electa

in copertina:
Natura morta, 1959
Modena, collezione privata

Morandi
Gli acquerelli

Bologna, Galleria Comunale d'Arte Moderna "Giorgio Morandi"
15 dicembre 1990
10 febbraio 1991

Mostra a cura di
Marilena Pasquali, responsabile dell'Archivio e Centro Studi "Giorgio Morandi"

Comitato per il Catalogo dell'opera di Morandi
Luisa Arrigoni
Pier Giovanni Castagnoli
Andrea Emiliani
Graziano Ghiringhelli
Jean Leymarie
Franz A. Morat
Marilena Pasquali
Carlo Zucchini

Segreteria organizzativa dell'Archivio e Centro Studi "Giorgio Morandi"
Lorenza Selleri
Patrizia Minghetti
Oriano Ricci

Assistenza informatica
Gianni Mattioli

Software per la gestione del Database di immagini "Icona"
Fabbidata, Modena

Apparecchiature elettroniche
Sony Mycrosystems - Italia

Ufficio Stampa
CLP Relazioni Pubbliche, Milano
Silvia Palombi, Electa

Materiali didattico-fotografici
Villani, Antico Studio Fotografico, Bologna

Assicurazioni
Assicurazioni Generali SpA
Agenzia Generale di Bologna

Servizi fotografici
Sergio Anelli, Milano
Luciano Calzolari, Crevalcore
Fotoattualità Ceolin, Treviso
Fotostudio Nerio Fantoni, Bologna
Antonio Masotti, Bologna
Ferruccio Rampazzi, Torino

Servizi
IsolaBlu Centro Servizi, Bologna

Trasporti e servizi doganali
Vigno e Giampaolo Gnudi, Bologna
Mat Securitas Express, Kloten
Tavoni Air Freight, Bologna

Sponsor ufficiale
Industrie Giancarlo Fabbi

Ringraziamenti
A Maria Teresa Morandi vanno le più sincere espressioni di gratitudine per la generosa e continua disponibilità e per l'appoggio che riserva all'attività dell'Archivio e Centro Studi "Giorgio Morandi". Senza la sua collaborazione non sarebbero stati possibili né il Progetto Morandi Europa né le mostre del centenario.
Un particolare ringraziamento va agli "amici di Morandi" che hanno contribuito in maniera determinante alla buona riuscita della rassegna: Janet Abramovicz, Giorgio Mario Bergamo, Renato Cardazzo, Antonio Catanese, Elena Chiesa Balboni, Paola Ghiringhelli, Vincenzo Ghirlandi, Claudia Gian Ferrari, Augusto Giovanardi, Herman C. Goldsmith, Mina Gregori, Eliana Guidi, Dino Prandi, Vittorio Rubiu Brandi, Efrem Tavoni, Pietro Tobino, Antonello Trombadori, Lamberto Vitali, Valerio Volpini, Antonio Zammattaro.

Si ringraziano inoltre per la collaborazione:
Kunstmuseum, Berna
Raccolta Alberto Della Ragione, Firenze
Morat Institut für Kunst und Kunstwissenschaft, Friburgo
Galleria Civica d'Arte Moderna, Torino
Ufficio Centrale Beni Artistici e storici - Divisione VII del Ministero per i Beni Culturali e Ambientali, Roma
Soprintendenza per i Beni Artistici e Storici per le province di Bologna, Ferrara, Forlì, Ravenna
Direzione della Circoscrizione Doganale, Bologna
Tutti i collezionisti che hanno generosamente contribuito alla realizzazione della mostra.

Sommario

Marilena Pasquali

Gli acquerelli di Giorgio Morandi

Con la mostra degli acquerelli si conclude l'Anno Morandiano, tanto ricco di iniziative da porsi come punto di riferimento ineludibile per ogni futuro progetto che riguardi l'artista bolognese.
Non è facile riassumere tutto ciò che è stato fatto, senza cadere in una schematica elencazione di titoli e date. Alcuni elementi vanno in ogni caso sottolineati: la disponibilità e il fattivo contributo offerti da Maria Teresa Morandi, sorella dell'artista, nel seguire ogni fase del lavoro; il favore con cui sono state accolte dal mondo dell'arte, dalla stampa e dal pubblico le attività morandiane, quasi che, sollevato infine il velo della disattenzione nei confronti di Morandi, l'opinione pubblica si sia rivelata pronta ad accoglierne l'immagine, per riflettervi una diffusa esigenza di integrità intellettuale e di forza speculativa; la pressoché totale apertura del collezionismo morandiano che ha contribuito con entusiasmo alla realizzazione delle mostre mediante il prestito delle opere e la messa a disposizione di materiale documentario molto spesso inedito. Vi è infine da rimarcare il contributo generoso degli sponsor, nel caso attuale le Industrie Giancarlo Fabbi di Modena , a cui vanno i nostri più vivi ringraziamenti per aver reso possibile l'attuazione del nostro progetto.
Buona parte d'Italia si è mossa per questo centenario. Bologna, innanzitutto, attraverso l'attività dell'Archivio e Centro Studi "Giorgio Morandi", ha pagato parte del suo debito nei confronti dell'artista, verso il quale troppo a lungo l'atteggiamento più diffuso in città è stato quello di un bonario disinteresse venato di sufficienza e di ironia da salotto. Milano ha inteso precisare il suo ruolo di centro guida del collezionismo morandiano, attento e interessato fino dai primi anni trenta a un artista "difficile" come Morandi. Roma ha offerto un'indagine assai approfondita sulla sua attività incisoria, ricongiungendo le membra sparse degli studi specifici e rileggendole alla luce di nuovi strumenti di ricerca che s'interessano anche agli aspetti tecnici e documentari. Siena ha affrontato il tema più intimo e riservato dell'arte morandiana, quello dei fiori, ancor oggi poco conosciuti proprio per la loro scontrosa essenzialità, e l'ha fatto nel nome di Cesare Brandi, uno dei più intensi interpreti dell'opera morandiana e suo figlio prediletto.
Ma non basta ancora. Grazie alla collaborazione dell'Archivio Morandi, altri centri hanno quest'anno riservato tutto il loro impegno all'artista bolognese: Crevalcore, presso il capoluogo emiliano, ha proposto un'analisi delle opere su carta accostando per analogie e differenze i tre linguaggi dell'incisione, del disegno e dell'acquerello; Grizzana Morandi, che dell'artista è stato luogo estivo d'elezione tanto da prenderne il nome, gli ha riservato un omaggio particolare, inaugurando proprio nel giorno del centesimo anniversario della sua nascita una mostra dedicata al "suo" paesaggio, nel raffronto fra geografie reali e luoghi della visione. Si è così creato un tessuto assai ricco di ricerche che – riproposto in figura – può essere visto come un centro (la mostra bolognese del Centenario) circondato a raggiera da iniziative specifiche, ognuna con un taglio critico ben preciso, che hanno dedicato attenzione ai diversi aspetti dell'arte morandiana per coglierne, seppur parzialmente, la complessità e la contemporanea straordinaria semplicità.
Altro elemento coagulante dell'intero "Progetto Morandi 1990" è stato l'impegno editoriale dell'Electa che ha fatto proprie pressoché tutte le proposte del Centenario, offrendo un contributo di primo piano all'operazione con la pubblicazione sia dei cataloghi delle mostre sia di quelli sistematici relativi alle acqueforti e agli acquerelli.
Il lavoro di ricerca e di proposta non si fermerà qui: l'anno prossimo si realizzeranno insieme all'Electa le nuove edizioni dei cataloghi sistematici dei dipinti e dei disegni, si cercherà di rispondere con metodo alla richiesta di esposizioni che dall'estero sempre più insistentemente giungono all'Archivio e Centro Studi e – soprattutto – si andrà avanti nella costruzione di quel Museo Morandi a Bologna che a livello operativo e di studio è già una realtà, che ora attende soltanto la sede definitiva, dall'Amministrazione comunale individuata nell'edificio della ex Salara e la cui compiuta sistemazione si avrà nell'arco di un paio d'anni.
La mostra degli acquerelli si pone quindi al centro di un programma di attività molto intenso e ambizioso e si distingue da ogni altra proposta per il suo carattere di raffinatezza estrema, di approdo ultimo della poesia morandiana. Certamente il centinaio di acquerelli presentati – per la maggior parte inediti – affascinerà anche coloro che amano l'arte contemporanea sopra tutto, svelando la carica innovativa e dirompente che è nell'arte di Morandi e la sua capacità di dialogare con gli artisti di oggi e di domani.

Gli acquerelli oggi catalogati sono 256; non sono molti dunque, ma neppure pochissimi se si pensa che alcuni altri certamente verranno individuati in futuro e che fino al 1956 Morandi vi si è dedicato in modo sporadico e saltuario, concentrando negli ultimi otto anni

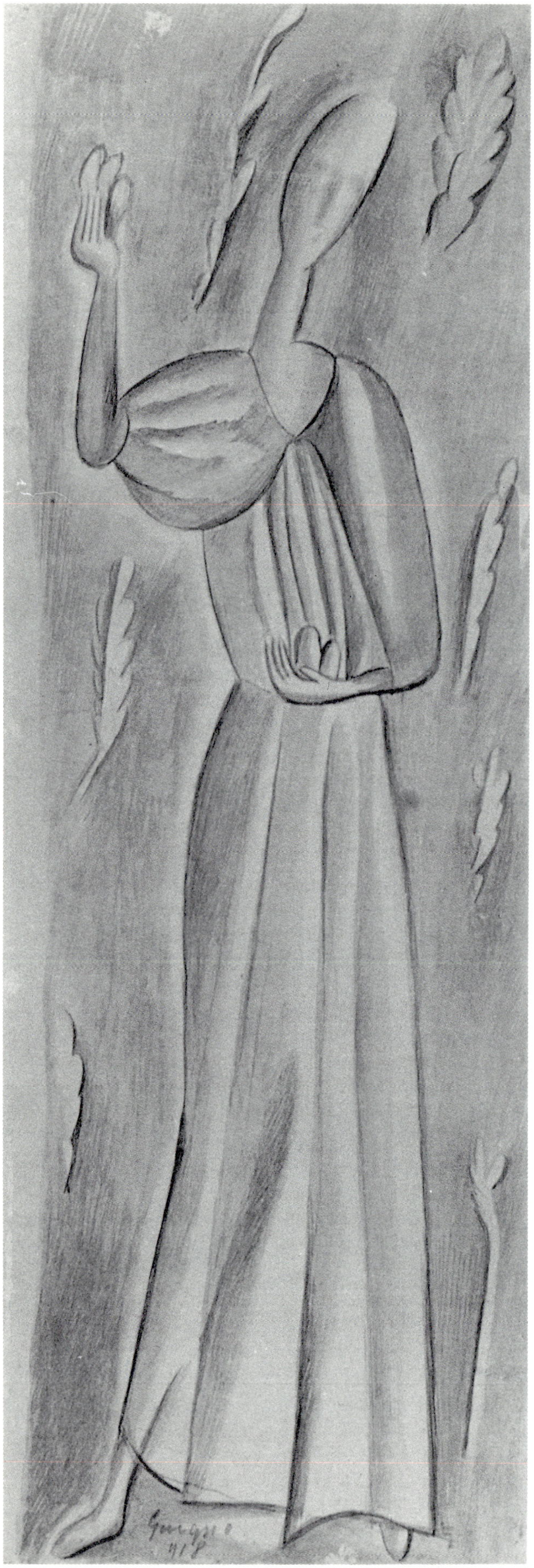

Figura, *1918*
Acquerello su carta
28 × 10 cm
Milano, collezione privata.

una ricerca poetica che, riprendendo il pensiero di Jean Leymarie, "come nell'ultimo Cézanne raccoglie e condensa attraverso una estrema economia di mezzi, la sua musica più pura, un discorso intimo e fervente".
I fogli all'acquerello venivano da Morandi considerati come espressione affatto personale, intima e segreta, da sottrarsi il più possibile alle mani del mercato e al meccanismo delle mostre. Potevano essere donati e anche andare venduti, ma principalmente ad amici ed estimatori a lui assai vicini, i quali, rispettando la sua volontà e apprezzandoli con gelosa passione, se li tenevano cari cedendoli soltanto in situazioni particolari e forse obbligate. Per questo, fino a pochi anni fa, gli acquerelli di Morandi si trovavano in collezioni e case assai selezionate, riservate e "difficili" quasi quanto lo stesso artista. Oggi non è più così e anche queste opere cambiano di mano con una certa frequenza e sono ricercatissime da un pubblico internazionale che ne intuisce, o ne comprende, la profondità e la straordinaria importanza per gli esiti dell'arte contemporanea.
Proprio per questo loro destino particolare, attualmente pochissimi acquerelli di Morandi sono in raccolte pubbliche e, anche se i principali musei stanno cercando di acquisirne alle loro collezioni, probabilmente questo potrà avvenire solo attraverso donazioni o l'istituzione di appositi organismi, come è accaduto nel caso della eccezionale raccolta di Luigi Magnani, di recente trasformata in fondazione nella villa di Mamiano di Parma.
Altra difficoltà da superare per giungere alla sistemazione dell'intero corpus stava nella scarsità di elementi cronologici e nella conseguente necessità di stabilire una prima ipotesi di datazione complessiva.
Per giungere a questo ci si è basati innanzitutto sulle date certe indicate dall'artista su alcuni fogli, che hanno assunto così il significato di pietre miliari dell'intero suo percorso all'acquerello. In secondo luogo, si sono raccordate le notizie biografiche ai soggetti, soprattutto per quanto riguarda i *Paesaggi*: i soggiorni a Merano nel 1946 e a Levico nel 1957, che hanno determinato immagini specifiche e ben riconoscibili, come la "ciminiera" bianca che affiora fra il verde degli alberi; il ritorno nel 1958 a Grizzana con le tante immagini della "casa bruciata", ripresa attraverso la finestra della camera all'ultimo piano della pensione Italia.
Infine si è proceduto al fondamentale raffronto stilistico e iconografico con dipinti e disegni e si sono identificati gli acquerelli in gruppi tematici, in serie

di "varianti" che consentano una lettura convincente dell'intera raccolta dal punto di vista cronologico, e che permettano di affrontare anche questo capitolo dell'opera morandiana secondo una delle sue principali caratteristiche, quella appunto del mutare di poco, di pochissimo, gli elementi della composizione per esperire compiutamente le possibilità espressive di una immagine e per specchiarvisi in ogni svariare di sensibilità e atmosfera.

Si è già accennato alle fasi alterne e non conseguenti che segnano il percorso dell'acquerello morandiano. Affrontata in anni assai precoci, la pratica produce un iniziale, particolarissimo risultato nel 1915, allorché il giovane traccia sul foglio con un pennello morbido imbevuto d'acqua colorata alcune silhouette femminili, in bilico fra esercizio di fluidità del segno e rapido guizzare del movimento. Se si lasciano per ora da parte i due *Paesaggi* cézanniani dello stesso anno, in attesa di studiarne meglio la tecnica che pare piuttosto quella di un disegno insistito a matita morbida magari con qualche traccia di gouache, è nel 1918 che appaiono i primi testi di tersa poesia: due composizioni di *Bagnanti*, una *Figura* femminile, un *Fiore* e un *Cactus* di "implacabile e limpido rigore" (Leymarie). Per i *Nudi* e la *Figura* vale la pena citare un passo intenerito di Francesco Arcangeli, tratto dalla sua monografia del 1964: "E davvero qualche luce di speranza, qualche fremito ingenuo, una passeggera disposizione primaverile, paion riscontrabili in certi acquerelli fra l'aprile e il giugno del '18. La solitudine di Morandi, insomma, si fa, per ora, meno totale. [...] L'acquerello datato 11 aprile 1918, della raccolta Della Ragione, e quello di giugno, raccolta Mattioli, hanno un moto delicato e lieve, quasi di fiorita annunciazione: come se qualche antico e sempre nuovo mese antelamico, lasciando il suo inveterato stare, avesse preso a camminare a passi lunghi, timidi, svelti, entro la fantasia del giovane bolognese. Modigliani, Derain, Archipenko, Arturo Martini? Son tutti nomi che qui si possono fare come lato punto di riferimento; ma resta il fatto che questi 'esercizi di stile' ci parlano d'una singolare letizia, d'una provvisoria solitaria archeologia in cui Morandi sconta in anticipo, e senza danno – anzi con nostro piacere – le tentazioni di quel 'Novecento' che per lui non avrà mai peso. Basti la delicatezza di quegli aliti di chiaroscuro che animano il volto della donna nel secondo acquerello: solo Lehmbruck (cito un artista che Morandi allora non conobbe) avrebbe potuto essere, in quel momento, altrettanto intimo, fuggevole, delicato. Del resto, nella xilografia con nudo femminile dell'amico Mario Bacchelli, pubblicata subito dopo ('La Raccolta' del 15 luglio 1918), è anche più esplicito il riferimento a una plastica classico-nordicheggiante. In Morandi c'è, naturalmente, più volo; da concordare se mai, singolarmente, con quei dolci, luminosi *Atti primaverili* di Ungaretti, che 'La Raccolta' pubblicò il 15 giugno di quell'anno: 'La terra / s'è velata di tenera / leggerezza / come una sposa / novella'".

Al pari delle *Bagnanti*, la composizione di rose in vaso, del maggio dello stesso anno, si rivela importantissima per studiare come il giovane Morandi, già compiutamente padrone della tecnica, dosi con maestria le velature e i tocchi di gouache così da portare il linguaggio dell'acquerello a un primo vertice di perfezione.

Sono poi del 1920 due *Nature morte* scure, in cui paiono approfondirsi il turbamento e la tensione ben avvertibili in tanta parte della ricerca morandiana di allora. Anzi, il fatto stesso che l'"opera al nero" trovi spazio anche nell'acquerello sta a indicare come non si tratti per l'artista di un problema di materia per ispessire la superficie a fini pittorici, quanto piuttosto di una esigenza interiore che illumina con l'immagine gli angoli più nascosti del suo intimo. D'ora in avanti, e per quasi trentacinque anni, ben lungi dal porsi come fatti episodici o casuali per rivelarsi piuttosto come perle rare che in particolari momenti rilucono a schiarire l'intensità della ricerca, gli acquerelli accompagneranno lateralmente la pittura, lasciando ogni spazio alla densità del comporre "sur le motif" e alla capacità progettuale che si avverte specialmente nell'acquaforte.

Vi sono acquerelli isolati nel 1926 (l'*Arlecchino*, maschera cézanniana in cui il sapore della tradizione si fonde con il piacere della sperimentazione, pubblicato su "Dialogo" dell'amico Raimondi e sulla rivista fiorentina "Solaria"); nel 1936 (un *Paesaggio* e una *Natura morta*, ove le forme vanno riacquistando serenità ed equilibrio prima ancora che nei dipinti corrispondenti); nel 1940 e nel 1943 (quelle *Conchiglie* che sulla carta perdono ogni turgore di materia per vibrare nella fluidità del segno); nel 1946 (oltre a quattro splendide *Nature morte* e a qualche *Paesaggio* di fresca vegetazione, sono particolarmente affascinanti i *Fiori* dedicati a Gianfranco Contini, dalle corolle tanto incarnate di pittura, e i due scorci di tetti e cime montuose a Merano, così labili e lontani dietro una garza d'aria limpida); nel 1947 (tre *Nature morte* in cui viene saggiato il registro espressivo fra nitidez-

Bagnante, *1918*
Acquerello su carta
21 × 16 cm
Milano, collezione privata.

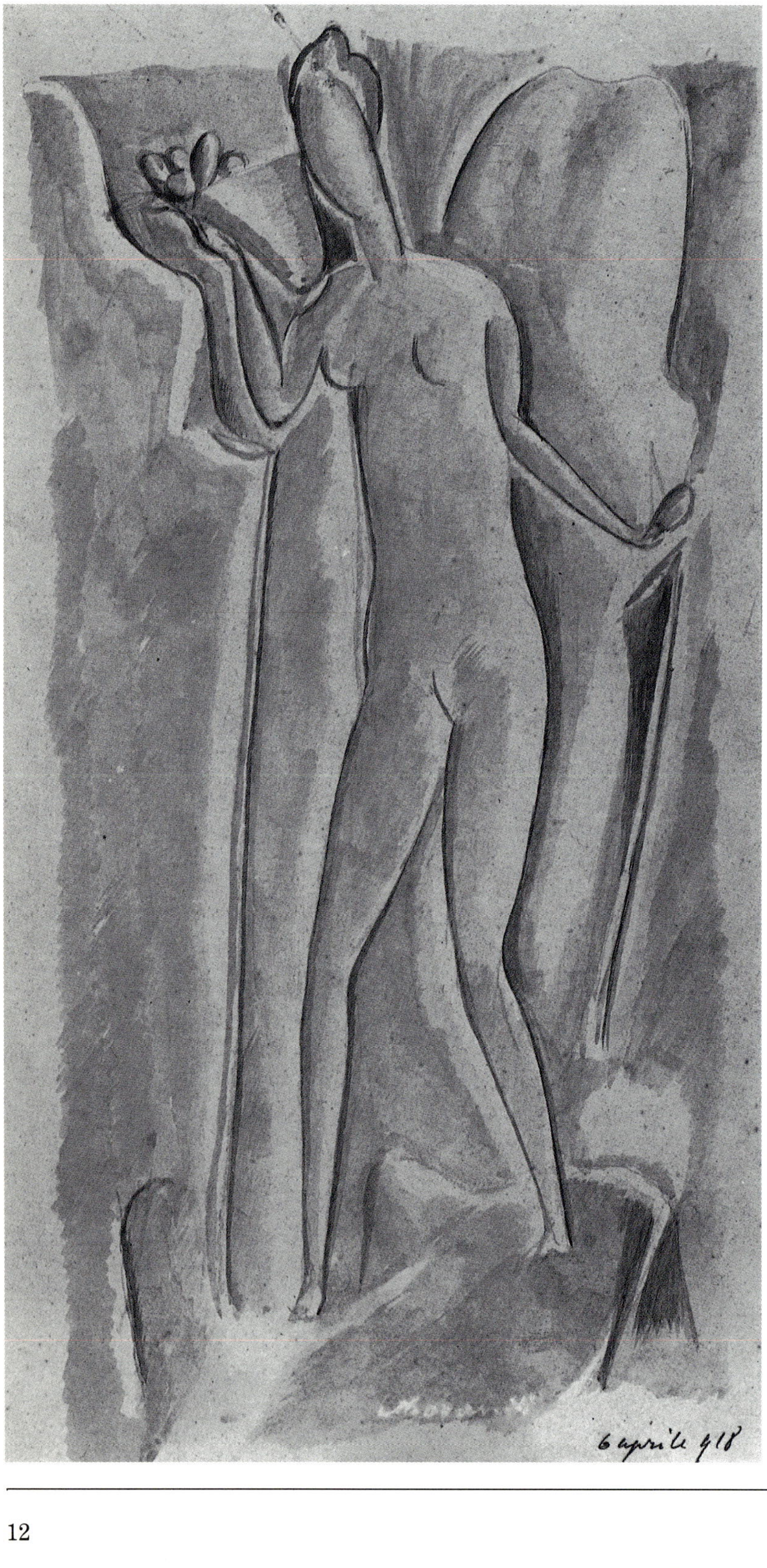

Cactus, *1918*
Acquerello su carta
19,5 × 11 cm
Milano, collezione privata.

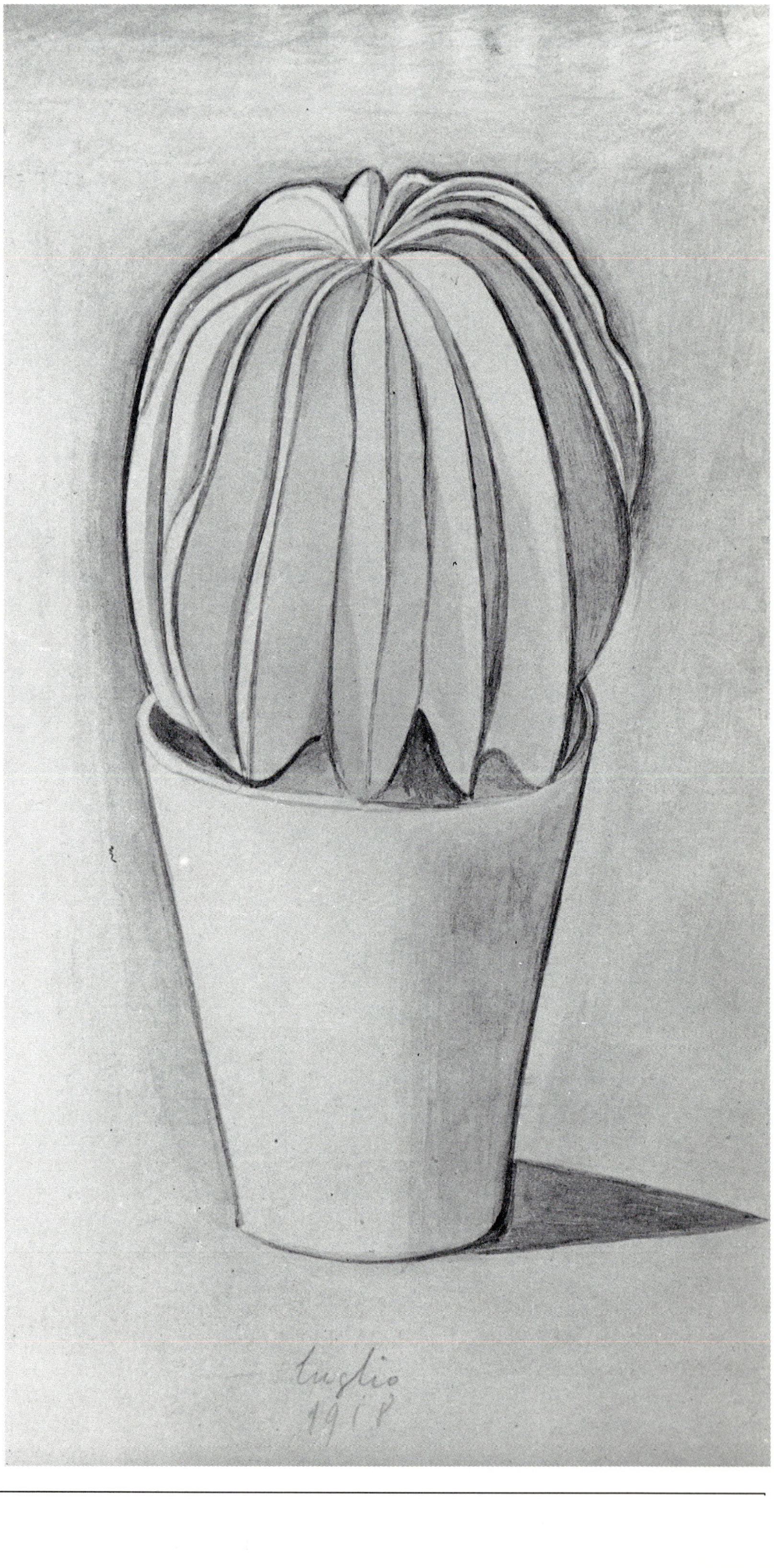

za ed evanescenza del segno); nel 1949 (in una *Natura morta* riappare il motivo del piccolo giocattolo sferico come accarezzato dalla bottiglia bianca in primo piano); nel 1950 e nel 1953 (altri due fogli isolati, tracciati dall'artista quasi a mettere a fuoco un problema che va facendosi pressante).
È d'altronde molto significativo il fatto che, dopo tutti gli anni trascorsi da Morandi a perfezionare il linguaggio dell'incisione con l'esercizio quotidiano, il controllo della mano e il rigore del pensiero, la pratica dell'acquerello "esploda" proprio quando l'acquaforte ha concluso il suo discorso. Morandi, infatti, smette di incidere – siamo alla metà degli anni quaranta – perché la vista non guida più con sufficiente fermezza il gesto, ma soprattutto a causa di un mutato interesse nei confronti del fatto espressivo: l'acquaforte è ormai un'esperienza acquisita, sviscerata e indagata in ogni sua possibile valenza. È dentro di lui con le sue fondamentali conquiste e nei prossimi anni varrà come humus fertile da cui far nascere nuove conoscenze. Neppure all'Accademia di Belle Arti la insegna più: è del 1956 il ritiro di Morandi dalla scuola, e proprio nello stesso anno egli prende a occuparsi in maniera continuativa degli acquerelli, come palestra di rapporto fra le forme e di sottile, impregiudicata incidenza costruttiva del colore.
Sono i soliti, fondamentali problemi per Morandi che in questi ultimi anni pare a volte volerli affrontare prima con l'acquerello che sulla tela, come se la pittura ad acqua nella sua libertà d'invenzione potesse aprire nuove, insperate vie anche al più grave impasto dell'olio, progressivamente smagrito e grattato quasi a imitare la levità dell'acqua che si posa sulla carta e le dona un palpito di colore.

L'acquerello è linguaggio non frequente nell'arte del secondo dopoguerra ed è assai stimolante vedere come Morandi, rifacendosi alle esperienze di inizio secolo, sappia utilizzarlo per ampliare il suo ventaglio di ricerche, toccando la soglia dell'astrazione e approfondendo l'analisi sulla teoria della percezione, così da presentarsi come uno dei più arditi innovatori dell'arte contemporanea. Questa non paia un'affermazione provocatoria, al limite del paradosso, poiché è proprio attraverso i fogli degli ultimi anni – splendidi ed emozionanti nella loro limpida rarefazione – che è agevole cogliere la carica di costante rinnovamento propria all'arte morandiana, la sua ansia di un centro, di una ricomposizione, di un istante di verità nella frammentazione del quotidiano, quasi che attraverso il visibile fosse possibile attingere a ciò che egli stesso chiama i "sentimenti delle cose", il "vero libro della filosofia, il libro della natura".
Anche per l'acquerello all'inizio per Morandi, c'è Cézanne. Sì, certamente, l'artista bolognese conosce via via le pagine di viaggio di Dürer, sapienti nell'uso della velatura come effusione lirica dello spazio naturale; la visione luminista di van Dyck e Rembrandt, i "lavis" a macchia di Poussin e del Lorenese; la meteorologia del sublime di Turner, percorsa e fratta da balenii liquidi e nebbie accecanti di sole; le trasparenze di Delacroix e Ingres e i sogni perduti degli orientalisti che nell'acquerello trovano il linguaggio spesso più consono alle atmosfere di esotica fiaba in cui amano immergersi. E poi ancora qualche cosa degli impressionisti, da Monet e Pissarro ai "nuovi" Gauguin e van Gogh. Ma come non si lascia sedurre dalle malie del colore disteso e compiaciuto, così Morandi non cede a deviazioni simboliche o fantastiche, impersonate – solo per fare qualche nome – da William Blake o da Odilon Redon e Gustave Moreau.
Cézanne è un'altra cosa ed è da lui che inizia, anche in questo caso, l'arte del nuovo secolo. Nel giugno 1907, pochi mesi prima dell'esaltante retrospettiva al Salon d'Automne, la Galerie Bernheim-Jeune dedica una mostra specifica ai suoi acquerelli. I giovani artisti ne restano come folgorati e da qui muoveranno Kandinsky e Delaunay, anche Léger e Feininger per certi aspetti, così come August Macke e Paul Klee.
Ma questa è storia nota e lo sono fors'anche le parole di gioioso stupore con cui il giovane Rainer Maria Rilke saluta la "rivelazione" dei fogli cézanniani: "Ma gli acquerelli [...] sono bellissimi. Sicuri come le pitture e lievi quanto quelle sono massicce. Paesaggi, lievi contorni a matita su cui solo qua e là, come un accento, quasi conferma, cade un caso di colore, una fila di macchie mirabilmente ordinate e di una tale sicurezza di tocco: come se specchiasse una melodia" (da una lettera del 28 giugno 1907 a Paula Modersohn Becker).
Meno conosciuta è la circostanza che porta il giovane Morandi a incontrare in prima persona e pressoché in tempo reale, cioè soltanto cinque anni dopo la presentazione parigina, gli acquerelli del maestro di Aix. Nel 1911 si tiene a Roma l'Esposizione per il Cinquantenario dell'Unità d'Italia; nel padiglione francese, ancora per l'interessamento della Galerie Bernheim-Jeune, un'intera parete viene dedicata agli acquerelli cézanniani. Dopo le riproduzioni in bianco e nero viste su

Fiori, *1918*
Acquerello su carta
19,5 × 11 cm
Ubicazione ignota.

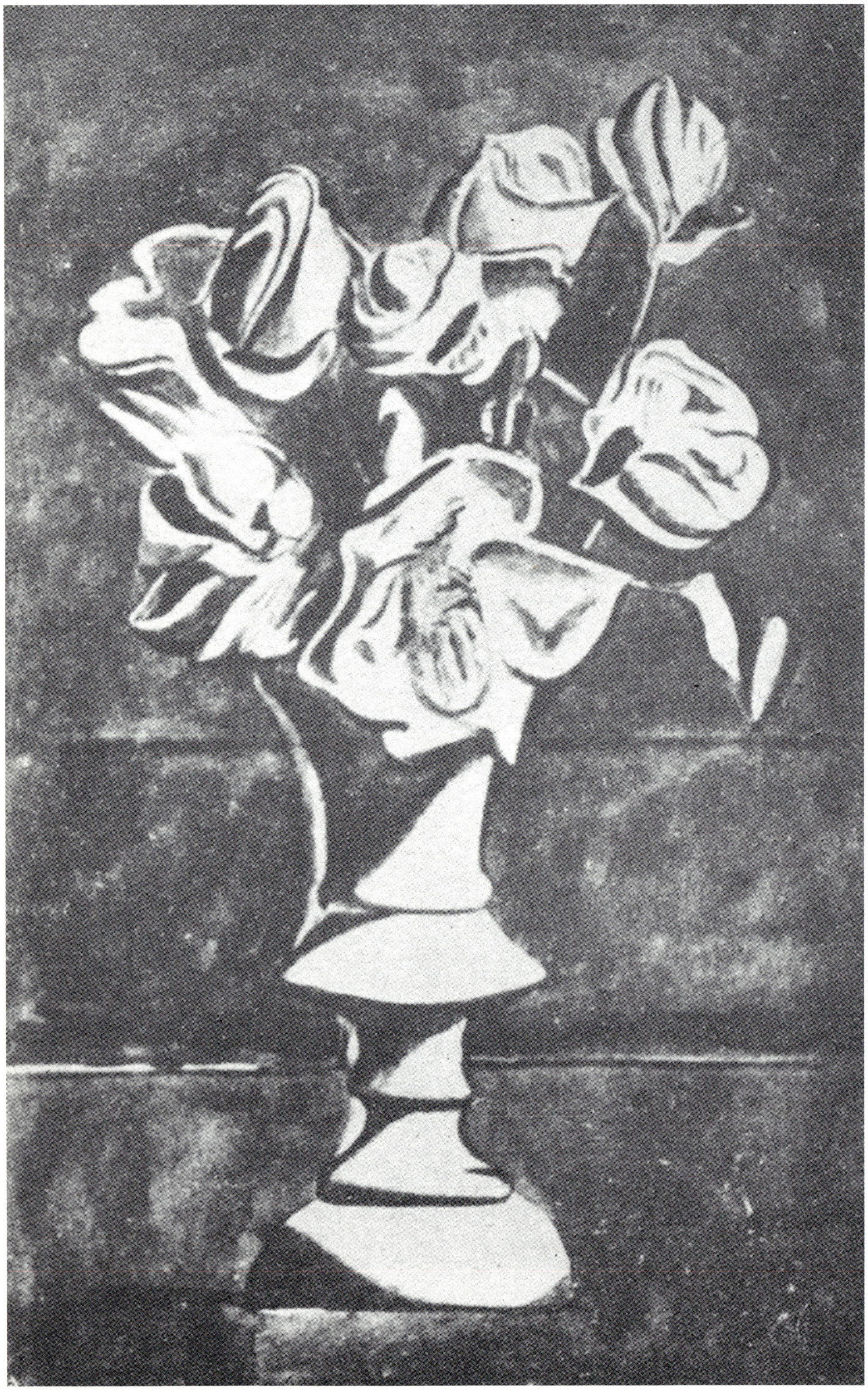

libri e periodici, sono queste le prime opere originali di Cézanne che Morandi può ammirare e l'impressione è profonda, tanto intensa da connotare in modi inobliati tutta la sua esperienza artistica.
Attraverso il filtro del maestro francese, il giovane apprende l'assoluta dignità dell'acquerello, ne intuisce le inesplorate possibilità d'espressione e s'accosta anche al linguaggio dei maestri dell'Oriente – Hokusai, Keïsaï Yeïsen, per citare solo alcuni nomi conosciuti in Europa. Né bisogna, d'altronde, dimenticare che nella stessa mostra romana del 1911 Morandi può vedere anche due sale di grandi carte all'acquerello cinesi e giapponesi (e se ne ricorderà a tanti anni di distanza...).
Interessantissimo è – a tale proposito – il parallelo proposto da Leymarie nel suo studio *L'aquarelle*, pubblicato nel 1984 da Skira, fra un foglio di Cézanne, uno di Dürer e un terzo del pittore cinese del XVI secolo Wen Kia. Si tratta in ogni immagine di un paesaggio montuoso, di una rupe in primo piano coronata da alberi verdi, ma nell'acquerello orientale "la couleur, volontairement réduite, sur sa trame aérienne, y demeure soumise à la primauté du trait, à la palpitation des signes, même s'il existe une technique par 'encre éclaboussée', alors que l'aquarelle occidentale, monochrome ou brillante, aspire à la spontanéité de la tache, sans dessin préalable. D'essence picturale et non pas linéaire, elle se fonde sur le rayonnement de la lumière, sur l'éclat et la fluidité des couleurs aux variations et suggestions infinies".
È su questa base che Morandi s'accosta all'acquerello e, anche se solo a distanza di più di quarant'anni metterà a profitto gli stimoli suscitatigli, non potrà dimenticare l'impressione ricevuta e la messe di riflessioni da questa prodotte, proprio perché troppo conformi alla sua natura, troppo "giuste" per la sua crescita culturale. Non è d'altronde un caso se anche il maestro bolognese, proprio come Cézanne, giunge alla scelta totale dell'acquerello soltanto nella piena maturità, quasi al termine del suo percorso d'artista. Quelle immagini spalancate, colme d'aria, ricche di suggestioni sottili e quasi inafferrabili sono come semi gettati in un terreno fertile ma non ancora pronto per la germinazione e la fioritura. Soltanto dopo cure assidue, dopo una profonda e continua crescita interiore e con tutto il tempo mentale necessario, esse produrranno quei frutti di poesia pura – lo sfiorare di un'ala di falena sulla pelle serica della carta – che sono gli ultimi acquerelli di Morandi.

Natura morta, *1936*
Acquerello su carta
24 × 32,5 cm
Milano, collezione privata.

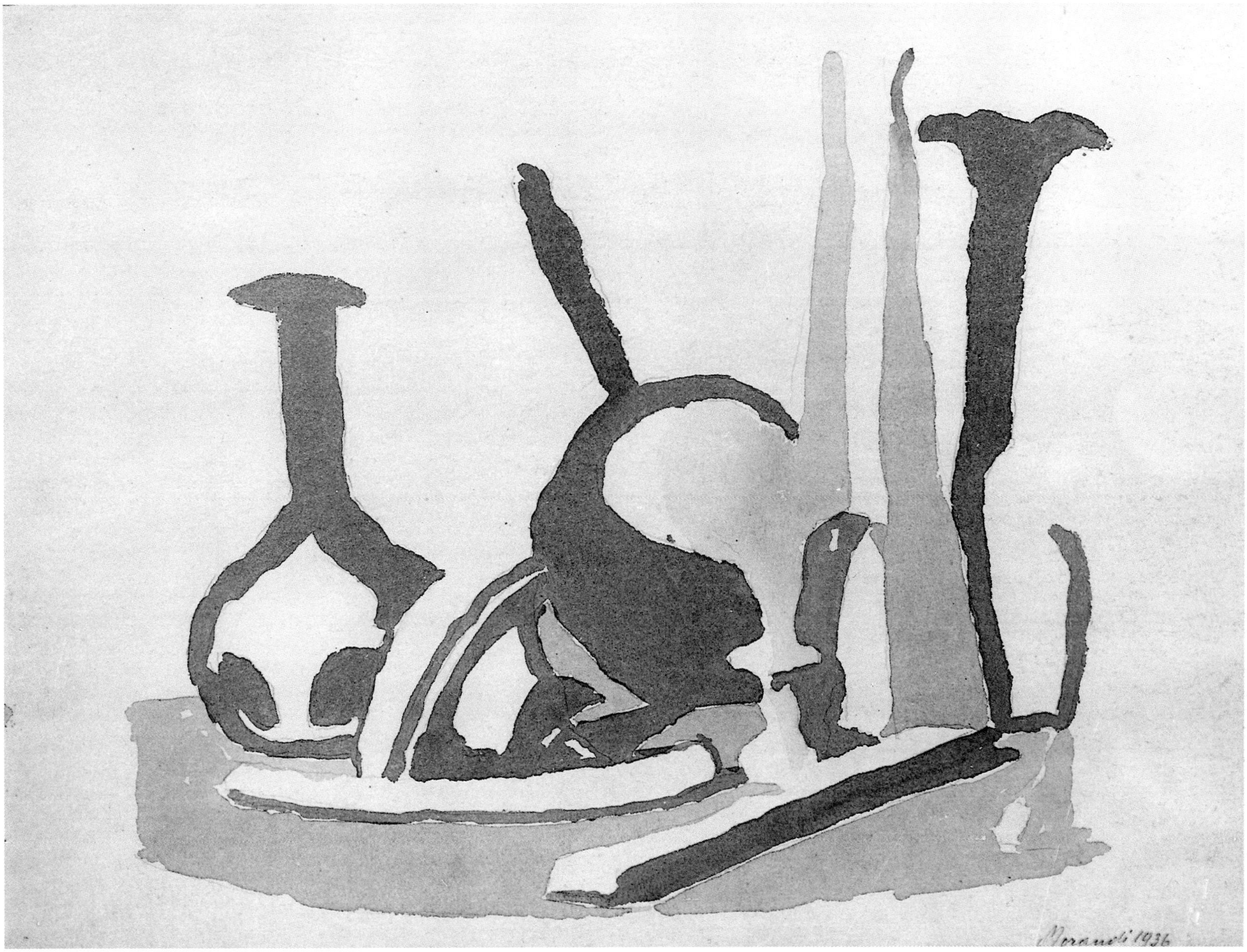

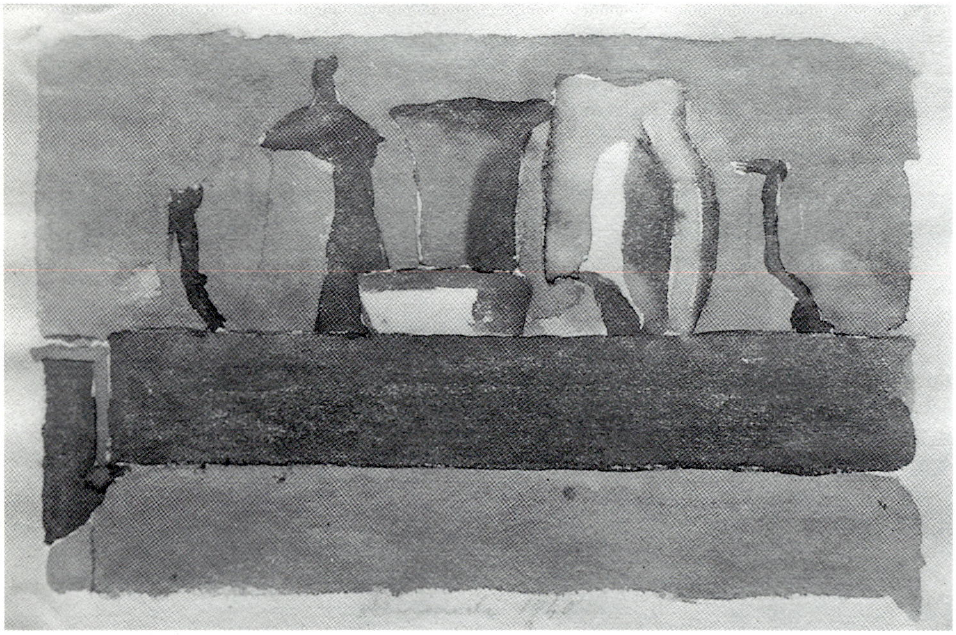

Natura morta, *1940*
Acquerello su carta
18,5 × 29 cm
Firenze, collezione privata.

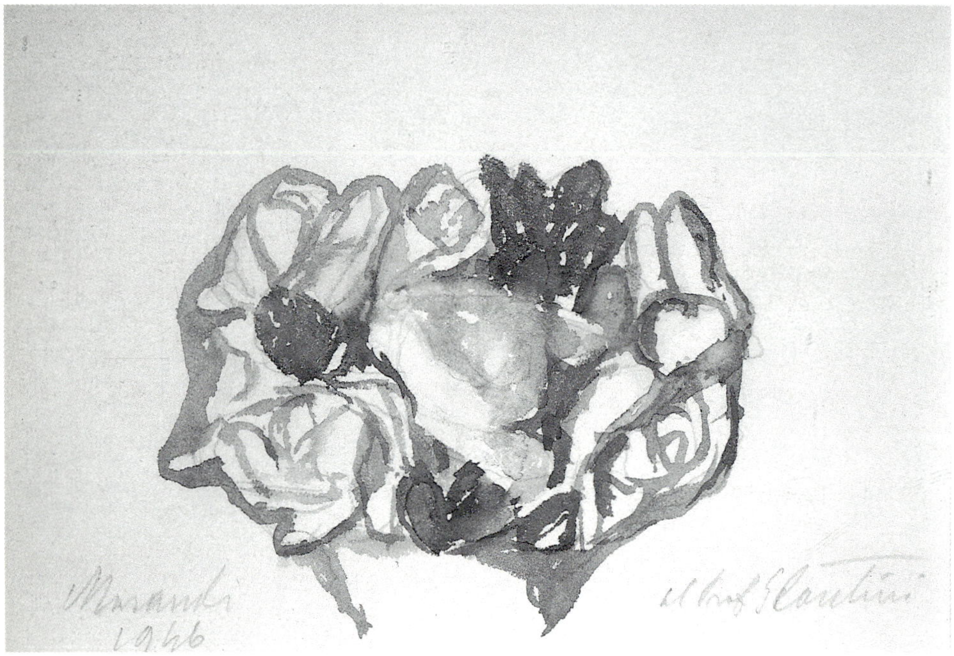

Fiori, *1946*
Acquerello su carta
14 × 21 cm
Firenze, collezione privata.

Un altro artista cui subito corre il pensiero come a un congenere del bolognese è Paul Klee che, muovendo dal maestro Cézanne, sceglie la strada dell'acquerello come medium preferito per l'effusione lirica della gioia di vivere nell'accorto controllo dell'espressione. Ma proprio in ciò sta la differenza profonda tra i due artisti: se Morandi giunge all'acquerello dopo un lungo processo di ascesi, tanto da farne lo strumento privilegiato della sua ricerca di smaterializzazione del reale, Klee vi si affida soprattutto nei suoi anni giovanili, durante quell'abbacinante viaggio in Tunisia che rappresenta per lui la scoperta della magia di vita e arte, tanto da fargli esclamare: "Materia e sogno coincidono e il mio io vi si lascia assorbire tutto intero" (Tunisi, 7 aprile 1914). Qui una sensorialità festosa che si espande attraverso un mezzo aereo e solare, là un "romance sans paroles", uno sforzo di allontanamento progressivo dalla materia per servirsi dello stesso mezzo aereo e luminoso a sfrondare l'essenza del reale da ogni peso di caducità: nell'attimo apparentemente più effimero, più volatile, Morandi afferma il massimo di densità del pensiero.
Al pari di lui e probabilmente riflettendo sulla sua esperienza, pochi altri artisti hanno creduto nell'acquerello tanto da farne uno strumento prioritario di espressione: è quasi d'obbligo ricordare Julius Bissier, i cui acquerelli dei primi anni sessanta, al termine della sua vita, si ricollegano a quelli di Morandi nell'ansia di silenzio e di pulizia interiore, anche se la sua decisa scelta astratta e i suoi studi sull'arte orientale per giungere allo "psicogramma" come forma eletta dell'inconscio lo pongono in un'area di ricerca essenzialmente concettuale, senza più quell'"appiglio" alla realtà del visibile cui l'artista bolognese non vuole rinunciare neppure nelle sue immagini più assorte e rivolte all'interno del Sé.
E poi forse un accenno si può fare a Balthus, la cui ricerca della bellezza perduta trova nell'acquerello un terreno ideale per l'effusione della sua sensibilità, mentre un riferimento diretto a Morandi si può trovare nelle immagini di alcuni artisti statunitensi di oggi, tutti intenti all'ascolto del palpito segreto delle cose, da William Bayley ed Elizabeth Osborne a Robert Kinmont e Joseph Raffael. Ma, per quanto questi vengano detti "realisti", Morandi è e resta più solido, più totale, in una parola più "classico"; non si lascia stringere in definizioni contingenti e, insieme a pochissimi altri artisti, "sta" come cittadino di ogni tempo e di ogni luogo dell'uomo.
Ma come costruisce Morandi i suoi acquerelli? Per

Paesaggio (Merano), *1946*
Acquerello su carta
14,5 × 22,5 cm
Roma, collezione privata.

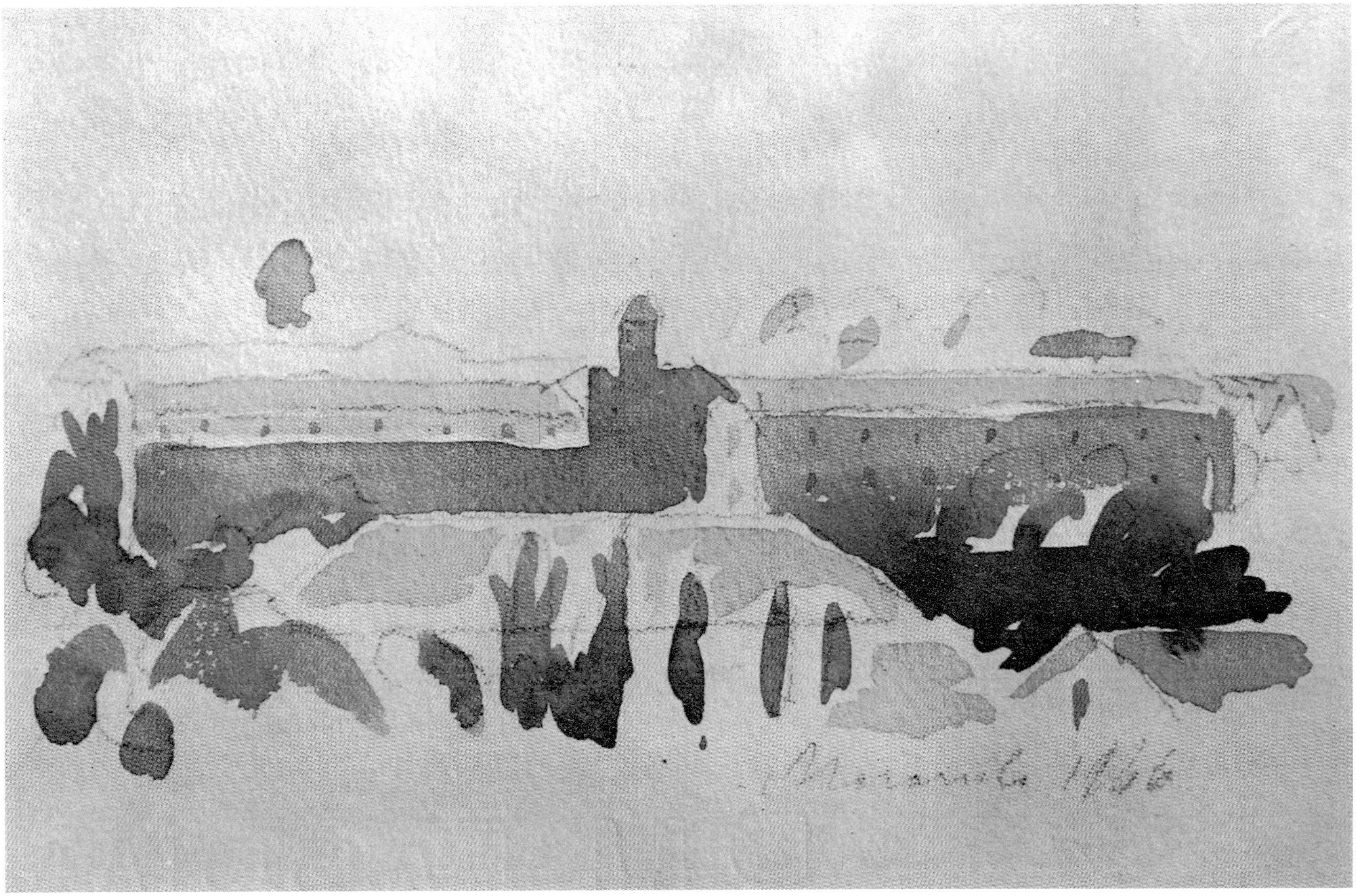

prima cosa va detto ch'egli impiega la tecnica più tradizionale, facendo propria la lezione del passato: usa la carta specifica delle Cartiere Miliani di Fabriano; la bagna abbondantemente fissandola con un adesivo a una tavoletta per non farla raggrinzire; prepara grandi scodelle inclinate, colme di acqua colorata per consentire al pennello di imbeversi completamente e di "scegliere" di volta in volta nel composto la parte più liquida o quella più intrisa di materia; utilizza un pennello molto più folto rispetto alla campitura di colore da stendere e poi asciuga il liquido in eccesso con batuffoli di cotone adoperati con ferma rapidità per controllare riflessi e gocciature.
Come ricorda Concetto Pozzati, che di Morandi è stato allievo all'Accademia, giovane entusiasta attratto e insieme respinto dalla severa complessità del maestro, la sua sapienza tecnica sta nel valorizzare i "quarzi", cioè quei sali, quelle particelle di colore che restano ai bordi delle zone cromatiche dopo che l'acquerello si è asciugato. Ma non basta. Oltre la tecnica, ciò che in Morandi stupiva e stupisce è la capacità espressiva e d'interpretazione: come la carta viene bagnata proprio per consentirle di trasmettere all'immagine la sua intensa vibrazione, così l'acquerellare direttamente, molto spesso senza il supporto del segno a matita, è indizio di una immediatezza controllata attimo per attimo, per lasciare spazio alle facoltà allusive delle forme che si determinano una dall'altra come arricchimento dell'iniziale progetto d'immagine.
Ben diversa è la situazione di un dipinto o di un'acquaforte: se in questi l'artista procede da una specie di mappa mentale al suo primo riscontro nella realtà degli oggetti d'atelier, per giungere solo in un tempo successivo alla seconda, nuova realtà dell'immagine, nell'acquerello le forme delle cose agiscono in quanto suscitatrici di inedite evidenze in cui il visibile assume spessore di luce. L'acquerello si costruisce per addizione, al contrario della tempera e della gouache, ma Morandi procede anche per sottrazione, lasciando emergere il bianco della carta come inaspettata, quasi indiscreta porzione del reale, forma a sorpresa a cui si può riconoscere una identità con l'affascinante gioco del "dare un nome alle nuvole". E anche quando il tremolio della matita interviene a sottolineare una nota fra le zone cromatiche, questa vale espressamente a suggerire quella soglia fra oggettività e soggettività che tanto sta a cuore all'artista nei suoi anni estremi. Ancor meglio ora si può intendere quanto la pratica dell'acquerello abbia influito sugli ultimi dipinti di Morandi: qui il fondo interamente trattato con la pittura come vibrazione dell'animo corrisponde per limpidezza e intensità al bianco della carta e da entrambi vanno emergendo le forme che paiono affiorarvi senza sforzo, come parte di un tutto che per un attimo si manifesta in quel determinato modo ma che, un attimo più tardi, può assumerne infiniti altri. Anche il colore contribuisce non poco alla disorganizzazione della superficie del reale e alla sua ricostruzione in quanto spazio virtuale, specchio della mente. I "quarzi" cui fa riferimento Pozzati, in Morandi sono suggerimenti di indaco, di celeste, di rosa, di verde che si riflettono nelle aureole di nebbia in cui va trasformandosi il volume degli oggetti.
Vi è una notazione tecnica che può aiutare a meglio comprendere l'inafferrabilità delle cromie morandiane: osserva Angelo Mombelli – "custode" del colore riprodotto in tutte le illustrazioni dei volumi Electa – che Morandi è a suo parere l'artista più difficile da bloccare in riproduzione, perché nelle sue opere e in particolare negli acquerelli il contrasto fra la figura e lo sfondo non si definisce. In termini tecnici, si può dire che il fondo della carta ha più densità della pennellata, così che gli strumenti fotolitografici non "sentono" i piani e possono confondere i confini della forma con quelli dello spazio a cui questa si rapporta. In realtà accade alla macchina esattamente ciò che vale per l'occhio umano: il continuo scambiare fra pieno e vuoto, fra positivo e negativo, fra figura e sfondo. Soltanto che, mentre l'occhio ha la capacità gestaltica di scegliere volta a volta la forma privilegiata del visibile e di ricostruirla nella mente in virtù della carica allusiva dell'immagine, la macchina blocca un'unica possibilità e la rende statica nella riproduzione, falsando la sua prismatica molteplicità e non riuscendo che in minima parte a restituire la raffinatezza e la capacità estrema di selezione che è carattere fra i più stordenti dell'arte morandiana.
Anche il bianco su bianco nei suoi acquerelli si fa colore, mentre quella che si può definire "reticenza cromatica"– l'estremo pudore dei toni, a volte percorsi da un bagliore argentino ma più frequentemente avvolti e ammorbiditi in un'ombra di sole – sembra voler attingere a un respiro atmosferico, "mimando" della natura le dissolvenze di nebbia, le chiarità di neve, lo sfumare dei crepuscoli, la liquida cortina degli arcobaleni.
Fra le forme sussiste un margine di vuoto, come una vibrazione cromatica che indica loro una possibilità di incontro, il luogo della trasformazione. Come nell'arte orientale, le immagini di Morandi vivono di forme

Paesaggio, *1946*
Acquerello su carta
23 × 15 cm
Firenze, collezione privata.

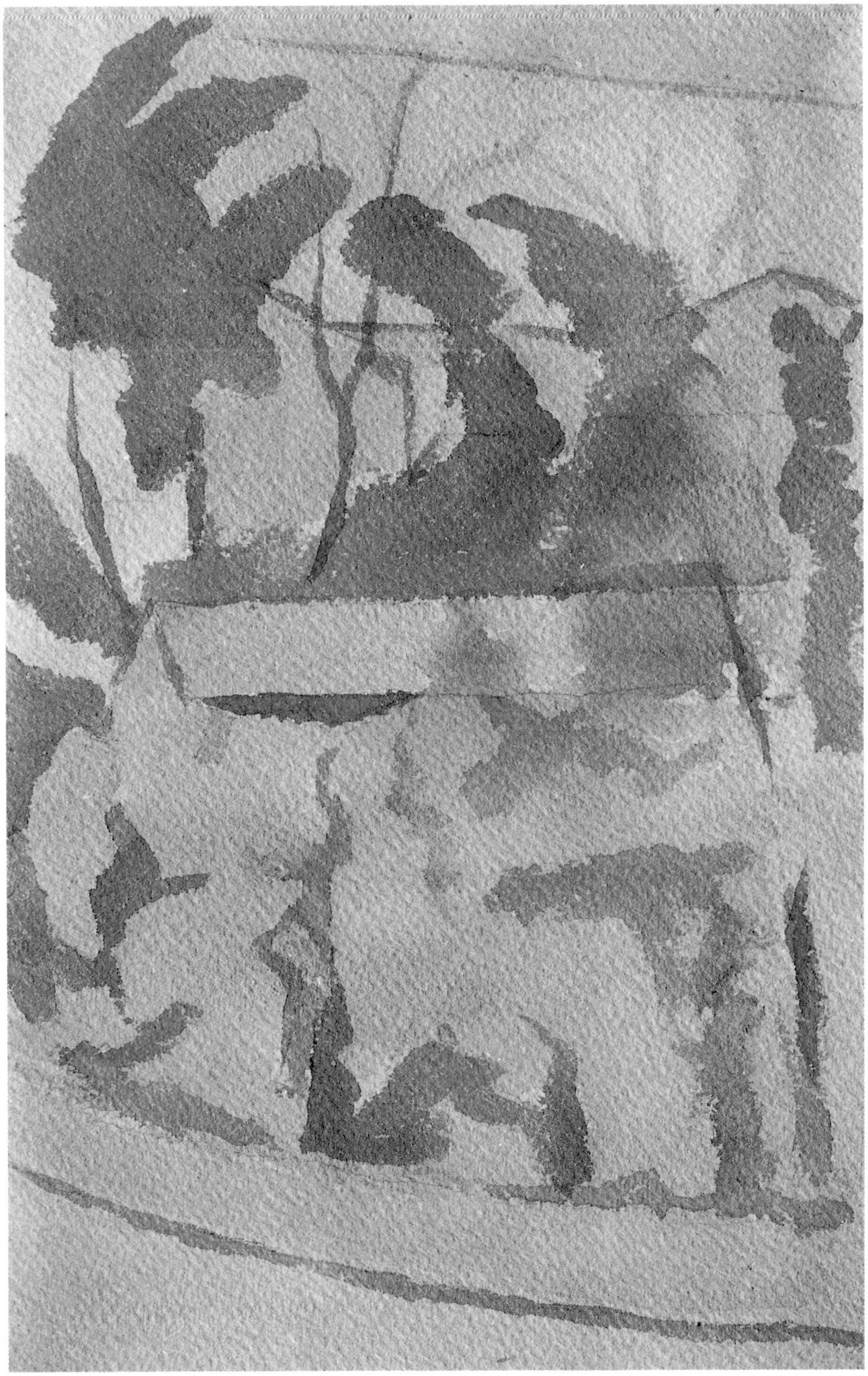

intermedie, punti di contatto fra il fuori e il dentro, metamorfosi in atto di una realtà aperta, corporea nella sua manifestazione ma sempre libera di inventarsi una nuova veste. La metamorfosi è il segno del divenire, della vita. Per un artista il tentare di darle volto può rappresentare la sfida più ardua e più affascinante. Morandi ci si è provato per tutta la vita e sempre di più, riuscendo a fissare – contraddizione insanabile della sintesi artistica – immagini fluttuanti che sono soltanto la spia del movimento e della ricchezza interiore. Tutto ciò è frutto di un controllo assoluto del mezzo, di un continuo esercizio di concentrazione, in cui il gesto misuratissimo riesce a essere libero e spontaneo solo in virtù di una disciplina spirituale che considera il visibile ai limiti dell'esperienza mistica. L'acquerello in Morandi è il punto d'approdo di tutto ciò, è immediatezza del fare senza possibilità di correzione, di ritorno; è esecuzione emozionale e tecnica di timbro musicale, richiedendo – come nelle più raffinate composizioni di Debussy – concentrazione assoluta nel tempo breve.
Un'ultima osservazione: Morandi definisce le forme e il loro rapporto nello spazio attraverso quello che Cesare Brandi chiama il "colore di posizione": non più segno di contorno, volumetrie definite e chiuse, ma gradazioni cromatiche e prospettive tonali, come in Piero della Francesca; nell'acquerello, figlio dell'ultima stagione dell'artista e insieme indizio primario di quel processo che lo porta via via dall'interiorizzazione dell'immagine alla sua spiritualizzazione, il colore di posizione pare esaltarsi: è sufficiente un ispessirsi dell'ombra liquida per suggerire la convessità di un oggetto o l'accostarsi di due toni di verde per ricostruire il digradare dei piani di un paesaggio.
Questo, per Morandi, è un "dissolto, luminoso autunno" (è ancora Rilke che parla, a proposito di Cézanne), ove prima del buio invernale è possibile veder evaporare la realtà per coglierne la sostanza costitutiva, l'"albedo", l'essenza. Ma anche in tale vastità luminosa, in cui l'artista si allontana sempre più dalla "geografia reale" degli oggetti, le sue immagini restano "notazione diretta di uno stimolo visuale, appunti di cose organizzate in una struttura lievissima, un protoplasma di struttura, tutto emozionale. Sono sempre un''inizio' ". È un altro artista a parlare, se pur assai dissimile da Morandi: è Renato Guttuso che nel volume del 1973 – dedicato a *50 acquerelli* e curato da Valerio Zurlini – vuole offrirgli una testimonianza di stima affettuosa, non priva di osservazioni stimolanti. Ed è lui stesso a ricordare che Morandi non

Paesaggio (Levico), *1956*
Acquerello su carta
16 × 24 cm
Lione, collezione privata.

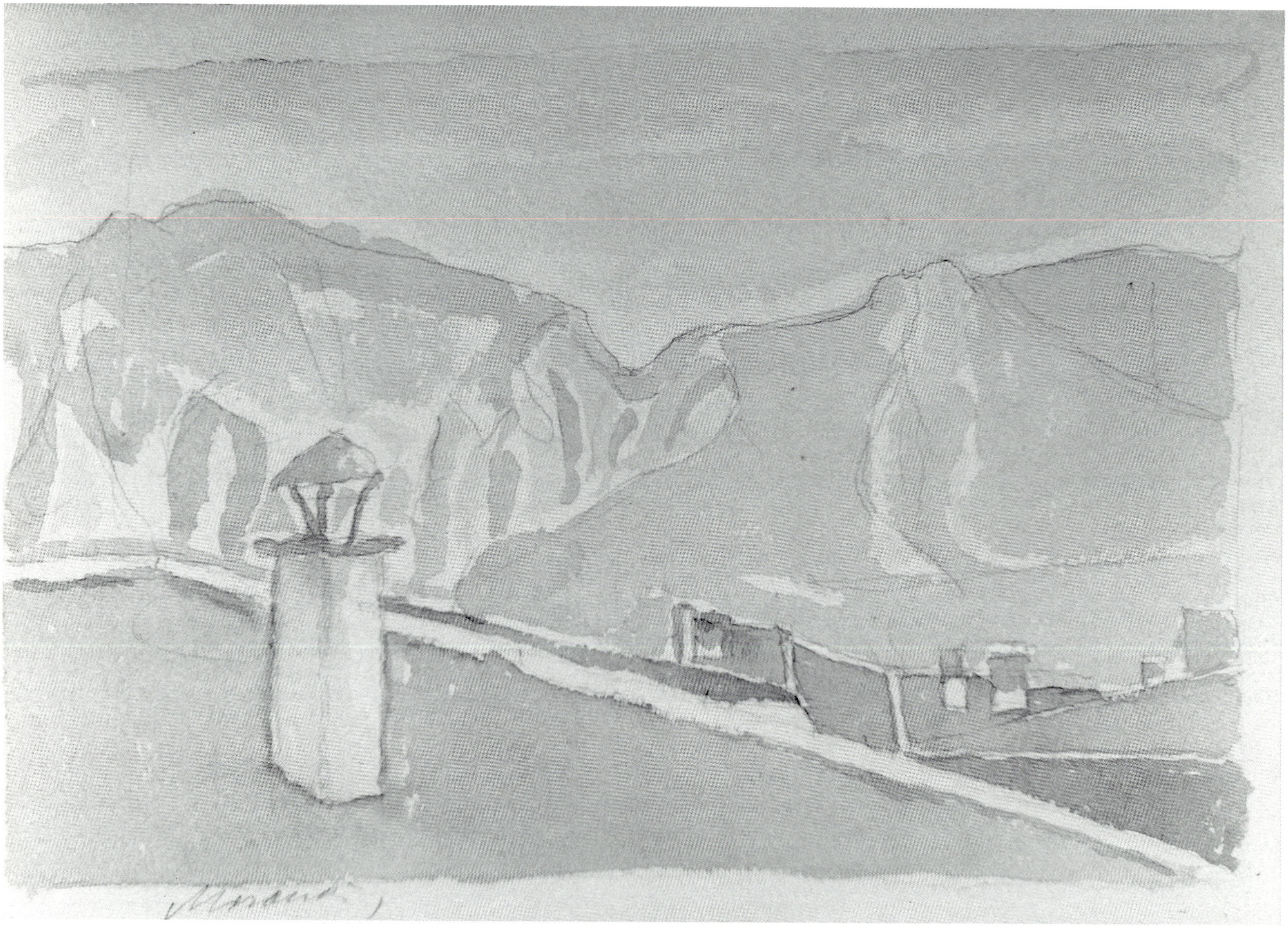

giunge comunque all'astrazione, non "va fuori" e anzi sintetizza, stringe al centro, essenzializza il mondo visibile.

Questo suo star dentro al mondo lo conferma figlio dell'Occidente, voce dell'umanesimo della classicità, sfiorato, forse attratto ma non travolto dalle chimere e dalle vertigini che pure abitano l'uomo.
Nell'acquerello, il medium meno legato alla corporeità – trama di luce tessuta di gocce di colore – la sua capacità di riflessione si condensa in facoltà d'invenzione e sembra aprire le porte della mente per incontrarsi con ciò che sta fuori. È l'apertura di un varco, la creazione dell'immagine come ponte sospeso fra l'anima e il mondo, la zona fluida del perfezionamento ove si può intravedere la strada, la possibilità di uno svolgimento naturale dell'essere.
A Morandi e alle sue opere ultime ben si attagliano le parole di altri due interpreti privilegiati della cultura di sintesi tra Occidente e Oriente. Scrive Marguerite Yourcenar nelle *Novelle orientali,* a proposito di un antico maestro cinese: "Wang Fo viaggiava poco carico perché amava l'immagine delle cose e non le cose stesse e nessun oggetto al mondo gli sembrava degno di essere acquistato, salvo pennelli, vasetti di lacca e di inchiostro di china, rotoli di seta e di carta di riso".
Le fa eco Hermann Hesse nel racconto *Il poeta*: "Allora Han Fook [...] lentamente imparò quell'arte segreta di dire apparentemente solo le cose semplici e modeste, ma di sconvolgere con esse l'anima dell'ascoltatore come il vento agita uno specchio d'acqua. Descrisse il sorgere del sole, quando indugia sull'orlo della montagna, e il silenzioso guizzare dei pesci, quando fuggono nell'acqua come ombre, o l'ondeggiare di un fresco prato nel vento di primavera, e quando si ascoltava, non erano soltanto il sole o il gioco dei pesci o il mormorio del prato, ma sembrava che ogni volta il cielo e il mondo risuonassero per un attimo in un'armonia perfetta".
Alla ricerca, come Morandi, dell'armonia, consideriamo per un momento la diversa concezione che dell'oggetto si ha in Europa e in Oriente, il valore di archetipo che esso può assumere.
Nella mitologia greca, tradotta in pietra nei templi dell'età classica, il vaso di Pandora è il recipiente che tutto contiene e che non deve mai essere aperto pena la perdita dell'equilibrio e dell'accordo. La porzione di spazio che si determina fra due colonne e la trabeazione che le chiude, serrandole in alto, rappresenta in immagine questo divieto che corrisponde all'impossibilità di espandersi nel tutto, di trascorrere da una forma all'altra sentendosi insieme uomo, dio, animale, fiore o – più semplicemente – pura essenza di vita.
Nella filosofia e nell'arte cinesi, profondamente influenzate dal misticismo del Tao, ogni cosa si rivela fluida e mutevole. Simbolo dell'immortalità è la zucca, il recipiente, il vaso vuoto che tutto può contenere. E questo vuoto è il bene più prezioso, ciò che rende possibile, che dona identità al vaso o alla soglia o al foglio bianco.
Morandi sente entrambe le tradizioni culturali, la prima come radice e come scelta (il controllo di ogni atto, lo spazio virtuale fra le forme), la seconda come desiderio e aspirazione. E forse per questo, giunto al limite dell'esistenza, "apre" l'oggetto lasciando che la sua anima si effonda nello spazio circostante per riempirlo ed esserne colmata. Come nell'acquerello cinese o giapponese, il segno costitutivo della forma non è concluso in se stesso e per piccoli varchi, magari avvertibili solo a un occhio esercitato e partecipe, lascia fluire l'umor vitale dal dentro al fuori e viceversa: dalla foglia verde di una carta orientale cade una luce d'aurora bagnata di rugiada, mentre le nervature argentate si espandono a ventaglio nell'infinito; nelle pagine di Morandi l'osmosi, la fusione sono pressoché totali e quelle stille di colore in cui si condensa tutta l'opera valgono essenzialmente a tracciare la fisionomia di ciò che non c'è.
È come se egli innalzasse un elogio del vuoto, della sua imponderabile ricchezza: la zucca, il grembo materno, la mente, la bottiglia, sono recipienti che valgono per ciò che contengono o che, comunque, hanno contenuto o potrebbero contenere, quella particella anche infinitesimale di vita che sola può significare l'esistenza dell'uomo.
In alcuni acquerelli degli ultimi anni ombra e luce acquistano un inedito rilievo nell'accostamento netto del bianco e del suo contrario; l'avvicinamento del vuoto e del pieno assume la salda evidenza di uno stemma araldico in cui il campo viene equamente spartito a conferir nobiltà alle "armi" del corpo e a quelle della mente.
In tale immagine-simbolo, come in quella ultima della forma a croce che pare alzarsi come una scala ardita dalla terra al cielo, Morandi pone un punto fermo, invalicabile, alla sua visione del mondo, riaffermando la sua estrema fiducia nell'oggetto come proiezione della sintesi fra spirito e materia, desiderio necessario e inafferrabile dell'essere.

Umberto Eco

Il segno di Morandi

Dalla conferenza tenuta a Villa Cicogna, presso Bologna, il 17 maggio 1984.

Io non ho nessun titolo per venire a parlare di Morandi e pensavo di dare non più di una testimonianza. Ed è proprio in forma testimoniale che voglio partire con un piccolo racconto autobiografico. Ero un liceale, dai sedici ai diciassette anni, nella città di Alessandria in cui ero nato e che era (uso l'imperfetto perché adesso la trovo molto più vivace) una delle città più rozze e incolte di questo Paese. Totalmente impermeabile al bello e forse anche al buono. Mi ricordo che eravamo non più di tre del liceo che andavamo ai concerti degli "amici della musica" ed eravamo praticamente guardati dai compagni come se fossimo omosessuali: andare a un concerto era già considerato un comportamento da "diverso". Un giorno, nel museo civico di Alessandria, che peraltro ha dei bellissimi Migliara, hanno fatto una mostra di arte contemporanea esponendo anche un Morandi. Se ben ricordo doveva esserci l'ingresso gratuito perché non potrei spiegarmi altrimenti quello che si è verificato: la mostra è rimasta aperta venti giorni e io ogni pomeriggio andavo lì e mi guardavo Morandi. Cioè Morandi mi ha iniziato al gusto dell'arte contemporanea. Il quadro era uno solo e naturalmente rappresentava alcune scatole e alcune bottiglie. Eppure ogni giorno quel quadro era diverso, e se poi tanti anni dopo ho scritto un libro intitolato *Opera aperta*, forse tutto nasceva da quella prima emozione che ho provato di fronte a Morandi.

A distanza di tempo, questa emozione rinnovandosi sempre di fronte all'opera di Morandi, mi chiedo quale sia stato il paradosso per cui sono stato iniziato all'arte contemporanea da un artista che, se si traducesse per concetti il suo modo di lavorare, parrebbe avere una poetica che è all'opposto di tutte le poetiche della pittura e dell'arte contemporanea in genere. Se c'è una cosa che l'arte contemporanea sembra aver eletto a proprio programma è l'innovazione, la rottura dello schema precedente, la scommessa contro la convenzione pre-esistente. Non solo ogni artista si pone come (per usare un termine che è stato usato per Cartesio) un debuttante nell'assoluto, come se dietro le sue spalle non ci fosse una tradizione, ma ci sono addirittura artisti (pensate a Picasso) che di quadro in quadro distruggono le convenzioni e le abitudini percettive che erano state promosse e stabilite dal loro lavoro precedente.

Questo ci pare il carattere distintivo dell'arte contemporanea. E a questa innovatività dell'arte contemporanea, a questa ricerca sempre del nuovo opponiamo invece la serialità dei mass media. *Dallas* è un prodotto a cui non riconosciamo valore artistico proprio perché si basa sulla ripetizione continua della stessa storia, delle stesse situazioni, degli stessi personaggi. Troviamo tipica del romanzo rosa o del romanzo giallo di quart'ordine la ripetitività, la serializzazione. I mass media vengono definiti come "non arte" perché sono serializzati come la produzione Fiat, per cui ogni Ritmo è uguale a un'altra Ritmo, ogni 131 è uguale a ogni altra 131: parimenti ogni puntata di *Dallas* o ogni nuova canzone di Sanremo sono uguali alle precedenti. Morandi ci pone in una situazione paradossale perché è un artista contemporaneo che si potrebbe definire come "artista seriale". Allora, evidentemente, noi dobbiamo riflettere un momento in che senso stiamo parlando di serialità, perché se approfondiamo il problema, ci accorgiamo che in molte epoche della storia delle arti, visive o no, abbiamo avuto molti casi di serialità. Il medioevo variava sul tema e sullo schema della "Pastourelle", gli egizi facevano della pittura seriale, i fregi sui frontoni dei templi greci erano seriali. Eppure non parleremmo, in questi casi, della stessa serialità che attribuiamo ai mass media degenerati. Quindi vi sono delle forme di serialità dove l'innovazione va, per così dire, colta al disotto del livello di guardia. Cioè, noi abbiamo l'impressione che ci sia una ripetizione, ma al disotto di questa ripetizione c'è un gioco di variazioni infinitesimali. Apro una parentesi per dire che se riusciamo a capire bene questo punto forse potremmo anche riconoscere che in quella che è la serialità dei mass media ci sono casi di apparente serialità che è molto vicina ai procedimenti dell'arte. Chiudo la parentesi perché non stiamo parlando di televisione, narrativa popolare, fumetti, ma stiamo parlando di pittura.

Non sono io che ho scelto per questo incontro il termine "segno" perché confesso che sono sempre perplesso quando si parla del "segno" in pittura. Se il segno è una unità che veicola dei significati, finché siamo nel campo della segnaletica stradale o di altri procedimenti di comunicazione fortemente codificati, sappiamo riconoscere delle unità che chiameremo "segno". Nelle arti figurative invece la situazione è molto più imbarazzante perché queste unità fisse non sono così facilmente identificabili ed è dubbio se vi siano. Quindi di solito si usa "segno" in modo metaforico, nel senso di stile, tocco, modo di fare. Vorrei però chiedermi se sotto l'uso di questa metafora non si annidi qualcosa di molto più interessante. Vorrei cercare di costruire in laboratorio un sistema

Natura morta, *1959*
Acquerello su carta
15,8 × 27,7 cm
Modena, collezione privata.

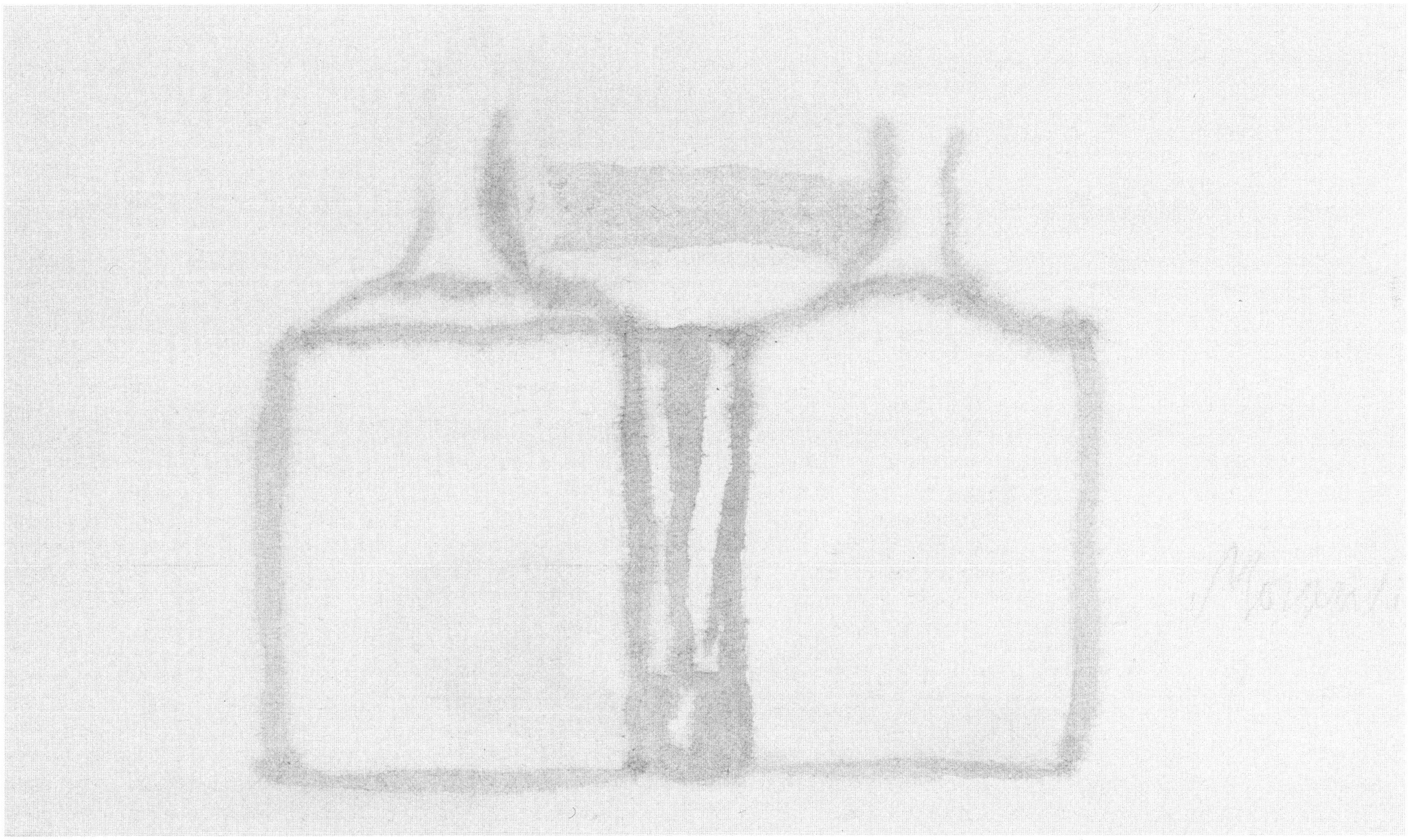

Natura morta, *1959*
Acquerello su carta
25 × 35 cm
Firenze, collezione privata.

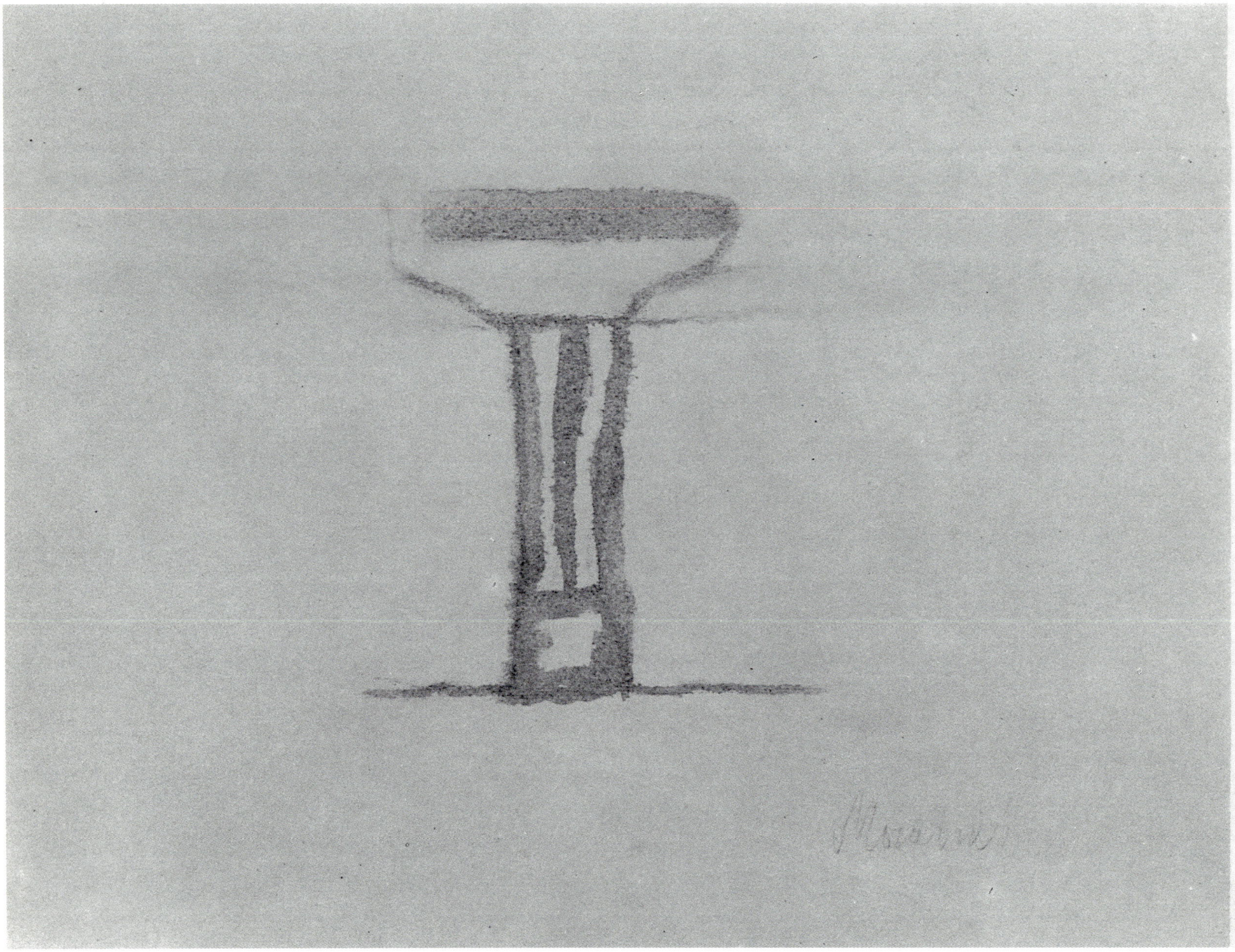

di segni convenzionali che ci permetta di rappresentare scatole e bottiglie. Con la spesa di cinque milioni per comprare un calcolatore portatile che abbia anche funzioni grafiche, e qualche mese speso a studiare il programma, voi siete in grado di far disegnare a un calcolatore delle immagini che – tradotte in termini verbali – potrebbero ricordare gli oggetti raffigurati da Morandi.
Potremmo cioè far costruire al calcolatore delle disposizioni prospetticamente variate di gruppi di scatole e gruppi di bottiglie. Questi soggetti, il calcolatore li disegna seguendo certe regole sintattiche e combinando unità visive costanti che, per convenzione ormai profondamente assorbita dalla nostra cultura (almeno dalla scoperta della portula ottica di Dürer e della prospettiva rinascimentale in avanti), sono quelle che ci permettono di riconoscere la rappresentazione di determinati oggetti. Per questo linguaggio del calcolatore, sia pure con le debite cautele, potremmo parlare di segni che il calcolatore elabora e traccia su una pagina, per significare "scatola" o "bottiglia". È inutile che sottolinei come queste scatole e queste bottiglie non sarebbero affatto simili a quelle di Morandi. Eppure, se riducessimo Morandi a schemi prospettici e lineari, vedremmo che ha usato (a livello di una formalizzazione grossolana) opposizioni geometriche come verticale-contro-orizzontale, trasversale-contro-verticale, punto-contro-linea: lo stesso linguaggio del calcolatore.
Cosa succede però con Morandi? Il calcolatore elabora questi segni sotto forma di algoritmi, i quali sullo schermo si traducono come puri tracciati di pennello elettrico, e sulla stampante si ritraducono come tracce d'inchiostro. Volendo, si potrebbero ritradurre su una superficie di metallo come tracce incise. Il calcolatore elabora espressioni in senso puramente formale che sono irrilevanti rispetto alla sostanza usata. Può essere sostanza elettronica, può essere sostanza grafica, e così via. La sostanza è indifferente alla comprensione del segno. Con Morandi invece (ma il problema non riguarda Morandi soltanto, riguarda il fenomeno estetico in generale) si rende significante la sostanza. Cioè, il lavoro vero comincia non al disopra di queste linee, di questi schemi grafici, che per convenzione ci dicono "Vi sto rappresentando la scatola"; comincia al disotto, nel lavorare la sostanza. Vi faccio un esempio molto semplice. Il monologo di Amleto è, quanto alla superficie lineare del testo, una sequenza di segni linguistici scritti che possono essere tradotti vocalmente e che veicolano un certo contenuto (quello che Shakespeare voleva dire). Cosa succede quando noi andiamo a sentire Amleto recitato da Gassman piuttosto che da Carmelo Bene? Non andiamo soltanto per sapere che cosa Amleto pensa e dice (e cioè che cosa ha detto e ha pensato Shakespeare), poiché potremmo anche limitarci a leggerlo. Andiamo per vedere come ciascuno di questi attori lavora la sostanza sonora. È diverso dire "Va in convento" alla Carmelo Bene o alla Gassman. Quello che diventa significante e ci rappresenta mondi totalmente diversi è il modo come ciascun attore lavora la sostanza sonora. Grammaticalmente i segni sono gli stessi; sono gli stessi che potrebbero anche apparire sullo schermo di un calcolatore. Quello che fa l'attore è quello che fa della nostra esperienza dell'attore un'esperienza estetica molte volte indipendente dall'esperienza estetica che avremmo col testo. Tanto è vero che possiamo gustare un grandissimo attore che recita un brutto testo, e possiamo non amare un cattivo attore anche se recita un ottimo testo. Ripeto, l'attore rende significante la sostanza, ovvero, in termini più tecnici, pertinentizza la sostanza, la semiotizza.
Allora, dov'è che Morandi non è seriale? È seriale quanto ai soggetti ma non è seriale nel lavorare la sostanza. La scatola e la bottiglia potrebbero essere sempre le stesse, ma ogni volta il modo di renderle cambia. La scatola lievita, la bottiglia lievita. E quindi si capisce perché certe volte si usi in modo metaforico la parola "segno" per indicare il tocco, il modo di fare, il modo in cui il colore cola o si rapprende sulla tela. Perché si sa che quando si ha a che fare con la pittura, se "segno", se significato c'è, non è tanto, specie nel caso di Morandi, nella rappresentazione dei soggetti, quanto nel rendere parlante la materia. Il discorso che noi riceviamo è un discorso di materia che canta per conto proprio indipendentemente dai soggetti.

Questo avviene per tutta la pittura. Ma nella pittura figurativa il soggetto può essere enormemente importante, innovativo, e può coinvolgerci a livello estetico, come ci insegna l'iconologia, mentre nella pittura informale l'unico discorso è quello fatto dalla materia. Morandi è un importante momento della pittura contemporanea proprio perché si pone come cerniera tra pittura figurativa e pittura non figurativa. Morandi è seriale nel soggetto che esprime attraverso segni che al limite potrebbero essere riprodotti dal calcolatore, e invece è continuamente innovativo, inventivo quando lavora sulla materia. E questo ci fa pensare

Natura morta, *1959*
Acquerello su carta
21,2 × 31,4 cm
Friburgo, Morat Institut für
Kunst und Kunstwissenschaft.

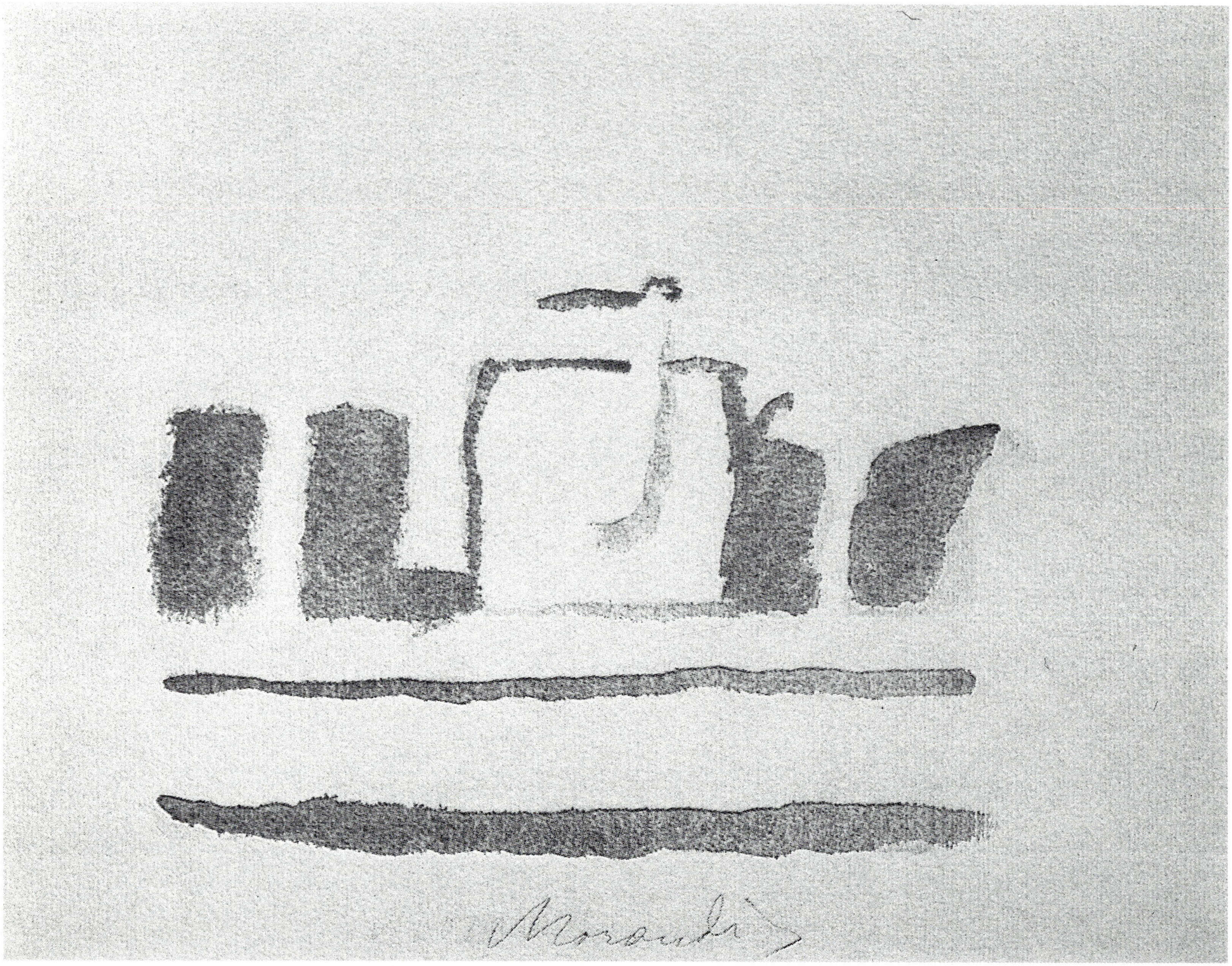

che, in tutti i fenomeni della storia dell'arte in cui ci troviamo di fronte a presunti casi di serialità, dobbiamo chiederci se è seriale soltanto il soggetto superficiale mentre al disotto di questa serialità apparente si stabiliscono significati ed esperienze sempre nuove. Si può spendere una vita intera a interrogare gli stati microscopici della materia e a renderli significativi e si può anche dover spendere una vita intera, come tanti nostri amici hanno fatto e fanno, per leggere Morandi.
A questo punto ho capito anche perché in quei venti giorni al museo civico di Alessandria scoprivo ogni giorno un quadro diverso, e se la mostra non chiudeva ne avrei scoperti molti di più. Incontrando Morandi ho incontrato un altro degli aspetti dell'arte contemporanea: non solo l'innovatività a tutti i costi, ma la redenzione della materia. Ogni grande artista ha cercato di redimere la materia facendola parlare in modo diverso: pensate alla redenzione della materia attuata da Magnasco o da Tintoretto! Ma indubbiamente l'arte contemporanea (che poi ha saputo discendere ai giochi assolutamente microscopici del discorso sul grumo di colore, sulla macchia isolata da ogni contesto) si è posta questa mistica della materia, questa semiotizzazione totale della materia, questo rendere parlante la materia.
L'arte del passato, essendo più ancorata a una iconologia riconoscibile, con fini sociali di celebrazione o educazione, poteva far cadere la redenzione della materia in secondo piano (dico "secondo piano" per l'osservatore superficiale, perché c'è un modo con cui Piero redime la materia, ed è diverso da quello di Raffaello). Ma l'arte contemporanea ha fatto di questo un'ossessione e ancora una volta Morandi è lì di cerniera, perché sotto l'apparente ripetitività di un discorso figurativo affronta, e affronta per tutta la vita, il problema della redenzione della materia.
Non credo di aver altro da dire sull'argomento Morandi poiché, da quello che ho lasciato capire, la mia esperienza su Morandi non è stata quella di un critico ma quella di un ragazzo che guardava. E talora, di fronte alla pittura, guardare senza parlar troppo è ancora una delle scelte più giuste.

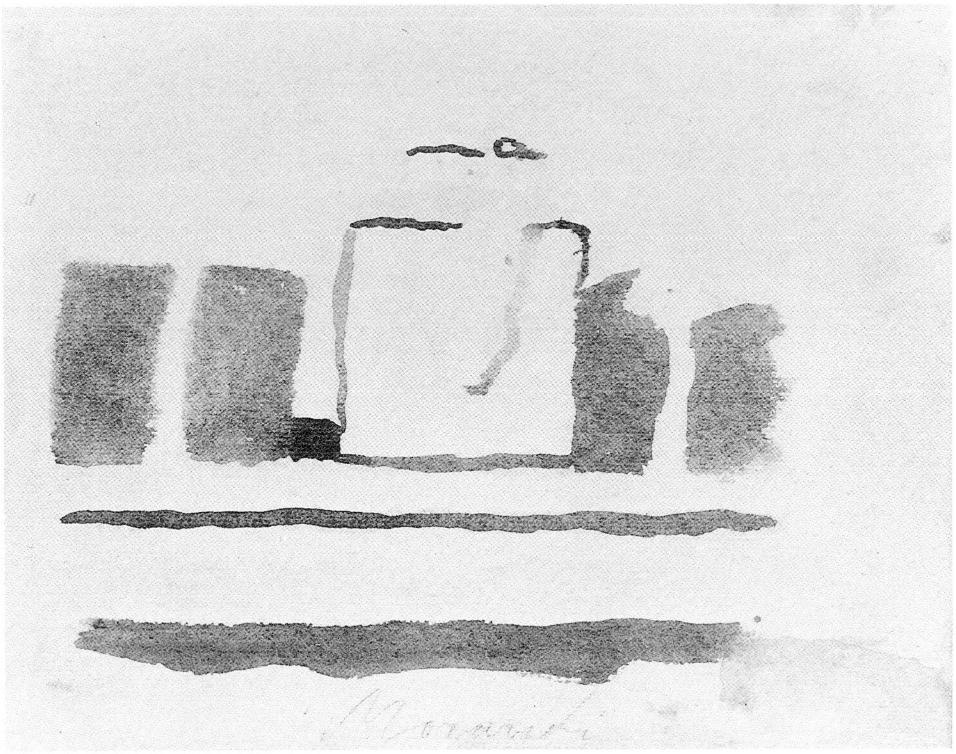

Natura morta, *1959*
Acquerello su carta
16,8 × 21,8 cm
New York, collezione privata.

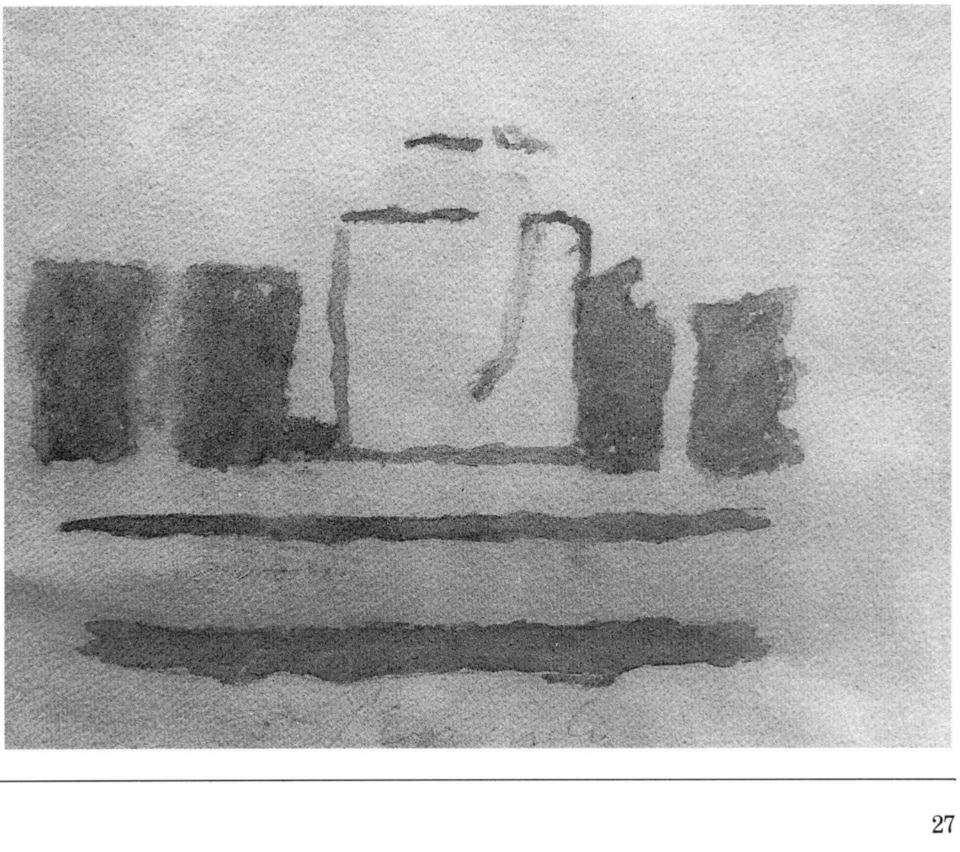

Natura morta, *1959*
Acquerello su carta
16 × 21 cm
Pistoia, collezione privata.

Gianni Mattioli

Icona per Morandi

Fabbidata srl

La Fabbidata – società del gruppo Industrie Giancarlo Fabbi di Modena, specializzata in applicazioni assistite dal computer – ha risposto con entusiasmo all'invito di Marilena Pasquali, responsabile dell'Archivio e Centro Studi Giorgio Morandi della Galleria comunale d'arte moderna di Bologna, a collaborare alla mostra degli acquerelli di Giorgio Morandi.
La fortunata coincidenza che nel dicembre del 1990 vedrà riunite a Bologna l'esposizione degli acquerelli di Morandi e la presentazione del catalogo sistematico degli acquerelli edito da Electa, ha convinto gli organizzatori dell'esposizione e la direzione della Fabbidata, che da tempo stava sviluppando il prodotto "Icona" per l'archiviazione delle immagini, a presentarlo all'interno della mostra.
Icona è un sistema informatico che unisce alle normali funzioni di database (archivio elettronico) l'archiviazione delle immagini. Il software di gestione, espandibile e personalizzabile per le diverse esigenze, è progettato, sviluppato e realizzato dalla Fabbidata.
Icona è un archivio elettronico utilizzabile in molteplici settori professionali. In occasione della mostra viene specializzato come valido strumento per chi lavora alla progettazione e all'apparato critico di una esposizione; nello specifico, quella degli acquerelli di Giorgio Morandi. Il romantico tavolo pieno di fotografie, schede, rubriche con gli indirizzi ecc. è sostituito da un dischetto che può memorizzare circa mille foto a colori, nel quale è contenuto tutto il materiale necessario per preparare un'esposizione. Il sistema elettronico presente in mostra contiene tutti gli acquerelli di Giorgio Morandi compresi nel catalogo sistematico.

Il lavoro di preparazione di una mostra inizia solitamente con la scelta delle opere da esporre. Questa prima fase si effettua con Icona direttamente sul monitor e, anche se gli acquerelli di Morandi sono immagini difficilissime da catturare, l'alta definizione del monitor non necessita di ulteriori verifiche; naturalmente sul monitor appare anche la scheda descrittiva dell'opera. L'esposizione a questo punto è preparata: tutto il materiale necessario – lettere di prestito, testi per il catalogo, schede assicurative, etichette adesive con gli indirizzi – è ottenibile con semplici selezioni effettuabili da appositi menu. La stampante a colori di Icona si incaricherà di trasferire il tutto su carta con stampa di ottima qualità.
Accade frequentemente che l'indicazione del titolo e della data non sia sufficiente a identificare l'opera; la qualità delle riproduzioni in Icona è incomparabilmente superiore a quella delle riproduzioni in fotocopia che frequentemente vengono utilizzate quando è troppo dispendioso l'invio di fotografie. Una delle possibilità più interessanti offerte da Icona è quella di permettere di abbinare, tutte le volte che lo si ritiene necessario, l'immagine del dipinto al documento che la descrive.
A questo punto abbiamo presentato, in modo certo non esaustivo, le possibilità offerte da questo database nella prima fase di progettazione di una mostra. Vediamo ora come il prodotto della Fabbidata sia in grado, in questa versione messa a punto appositamente per la schedatura delle opere di Morandi, di essere valido supporto allo studioso che deve definire criticamente l'opera dell'artista.
Da tempo, soprattutto nello studio dell'arte antica, il critico si avvale di elementi quali analisi chimiche, analisi cromatiche, fotografie ai raggi X e altre analisi tecniche che gli permettono di entrare in possesso di un maggior numero di elementi e di informazioni per la definizione storico-critica del dipinto in esame. Tali elementi di indagine sono poco usati nello studio dell'arte moderna e contemporanea in quanto non aggiungerebbero nulla a un materiale generalmente già chiaro in sé.
Quale potrebbe essere allora un tipo di indagine tecnica utile per la migliore comprensione di un'opera d'arte moderna e, nel nostro caso, più specificamente per lo studio degli acquerelli di Morandi? Il quesito è stato posto a Marilena Pasquali che ci ha fornito preziosi suggerimenti. In seguito a queste indicazioni la Fabbidata, nello scorso mese di ottobre, ha personalizzato il suo prodotto con nuovi strumenti in grado di svolgere le operazioni di cui si dirà. I dati emersi da queste indagini, ottenuti con Icona, non compaiono nel presente catalogo che a quella data era già in lavorazione.
Chi utilizza Icona può definire una zona di analisi che comprende un solo acquerello, più acquerelli, tutto l'archivio. Alcuni dati, quali per esempio le notizie riguardanti la proprietà delle opere, non sono sempre accessibili al visitatore della mostra.

Descriviamo ora le elaborazioni che Icona può effettuare:
a. Elenco degli oggetti presenti nell'acquerello considerato, compresi quelli costruiti dall'artista sfruttando il neutro della carta. Possibilità di conoscere la frequenza di apparizione di ogni singolo oggetto

Visualizzazione grafica al computer del numero degli acquerelli di Giorgio Morandi scelti per la mostra, in funzione dell'anno di esecuzione. Da questo grafico e da quello successivo si può notare come la scelta critico-storica delle opere da esporre abbia rispettato un andamento analogo a quello della produzione complessiva dell'artista.

Visualizzazione grafica al computer del numero degli acquerelli e delle acqueforti realizzati da Giorgio Morandi, in funzione dell'anno di esecuzione. Confrontando i due grafici, risulta che la produzione di acquerelli – più intensa a partire dal 1956 – segue un andamento complementare rispetto a quello dell'opera incisoria, il cui massimo si ha fra il 1927 e il 1933.

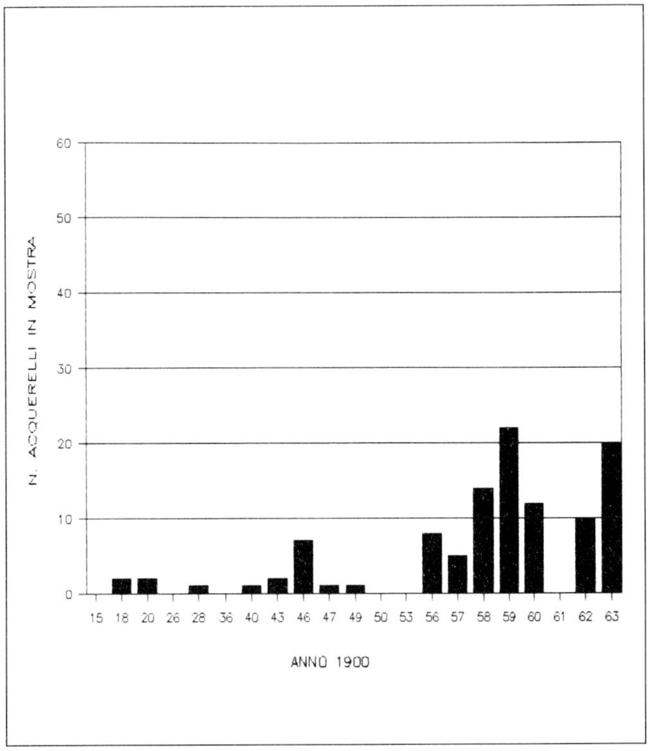

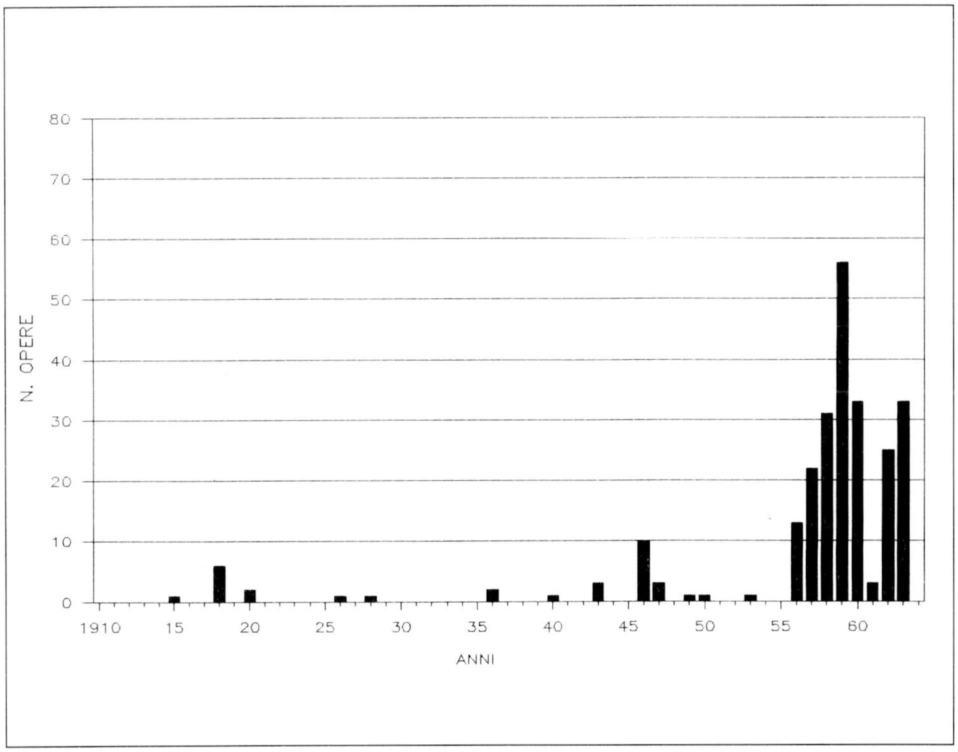

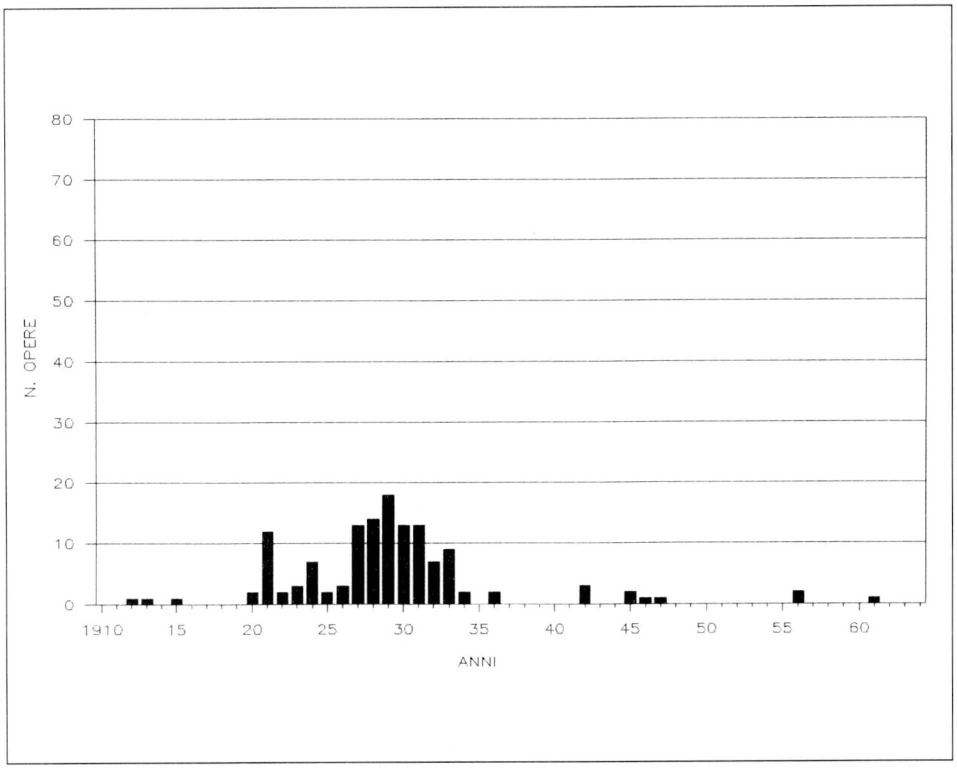

nell'intero archivio o in una parte di esso, definibile per estremi di data, di genere ecc.
b. Percentuale di foglio dipinto in relazione all'area del foglio; con possibilità di effettuare confronti del tipo di quelli esposti al punto a.
c. Scomposizione dell'acquerello in cromie precedentemente impostate; elaborazioni con altri valori reperibili nel database.
d. Ingrandimento di zone precedentemente selezionate e possibilità di sovrapposizione delle stesse con altre opere presenti nell'archivio.
e. Confronto della firma presente sull'opera in esame con quelle presenti nella banca firme; possibilità di ottenere valori percentuali di "area comune" relativi ai vari confronti.
f. Preparazione di audiovisivi mediante proiezione temporizzata delle opere selezionate con possibilità di inserimento di testo e invio di impulsi start-stop a sistemi di registrazione.
Le elaborazioni che Icona in questa versione ridotta può effettuare si limitano ai soli acquerelli. In futuro, estendendo il database a tutta l'opera di Morandi e aggiungendo nuove funzioni, sarà possibile fornire elementi utili a rappresentare, quindi a diffondere tra un pubblico più ampio, l'arte di questo artista.

1.
Figure, 1915
acquerello su carta
25 × 37 cm
firmato e datato in basso
verso destra "Morandi 915"
Bologna, collezione privata.
Esposizioni: Bologna, 1968.
Bibliografia: Leymarie, 1968, n.
2, ripr.

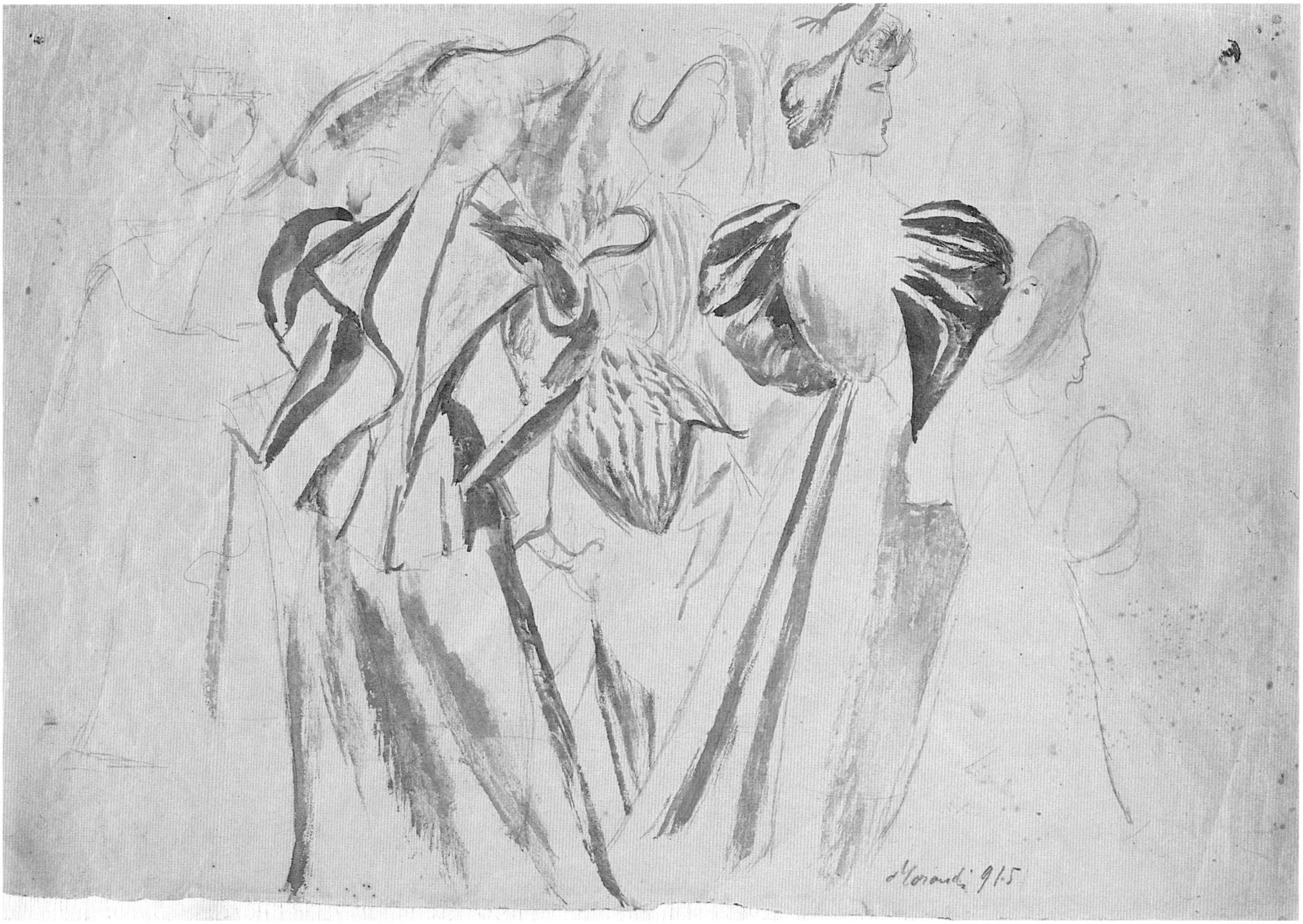

2.
Bagnante, 1918
acquerello su carta
23,7 × 10,5 cm
firmato in basso verso sinistra
"Morandi"
datato in basso al centro
"11 aprile 918"
Firenze, Civica Raccolta
Alberto Della Ragione.

Provenienza: Genova, A. Della Ragione.

Esposizioni: Bologna, 1968.

Bibliografia: Vitali, 1964, n. 33, ripr.; Arcangeli, 1964, pp. 88-89; Leymarie, 1968, n. 1, ripr.; Ragghianti, 1969, n. 64, ripr.; Azzolini, 1969, ripr.; Ragghianti, 1982, n. 64, ripr.; Scalia, 1987, p. XXI, ripr.

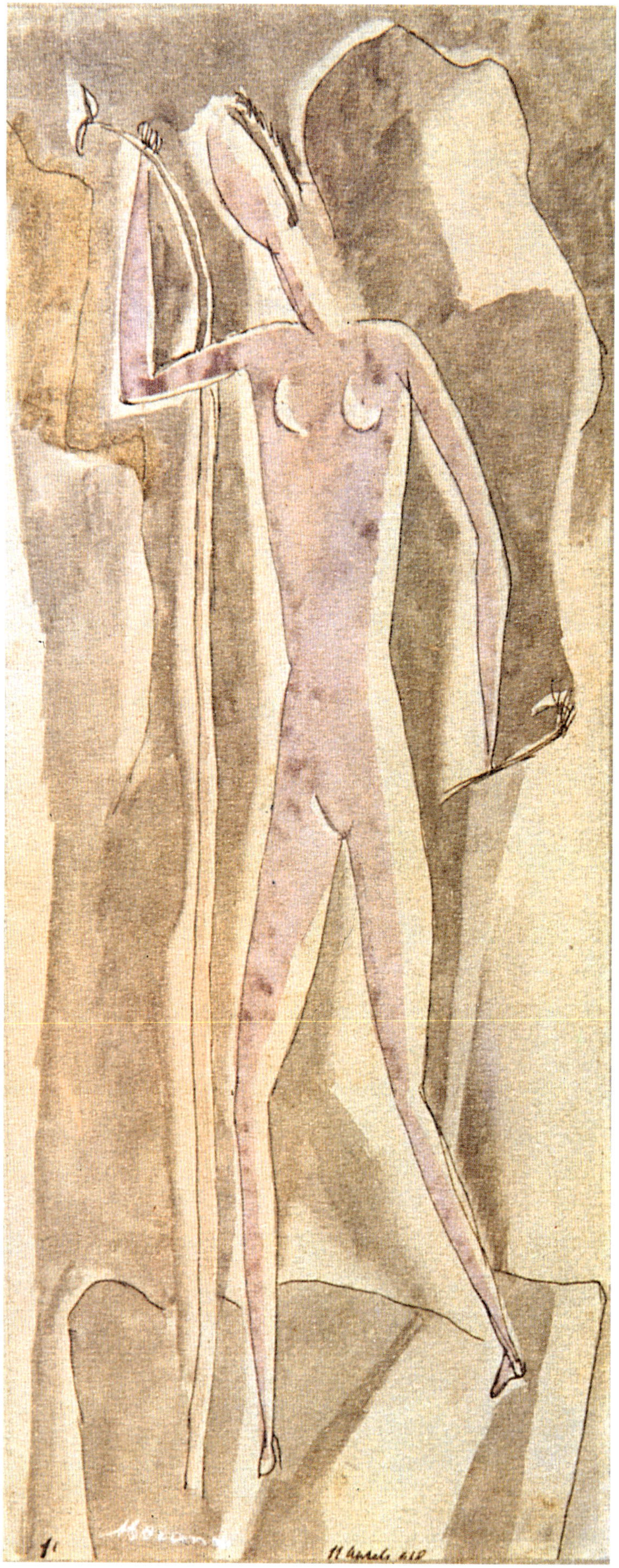

3.
Fiori, 1918
acquerello su cartoncino
41 × 29 cm
datato in basso a destra
"28.5.918"
Milano, collezione privata.

Provenienza: Milano, R. e M. Jucker.

Esposizioni: Londra, 1970, n. 79, ripr.; Parigi, 1971, n. 79, ripr.; Milano, maggio-giugno 1971, n. 94, ripr.; Giappone, 1989-1990, n. 86, ripr.

Bibliografia: Zurlini, 1973, n. 1, ripr.; Folon, 1985, n. 20, ripr.

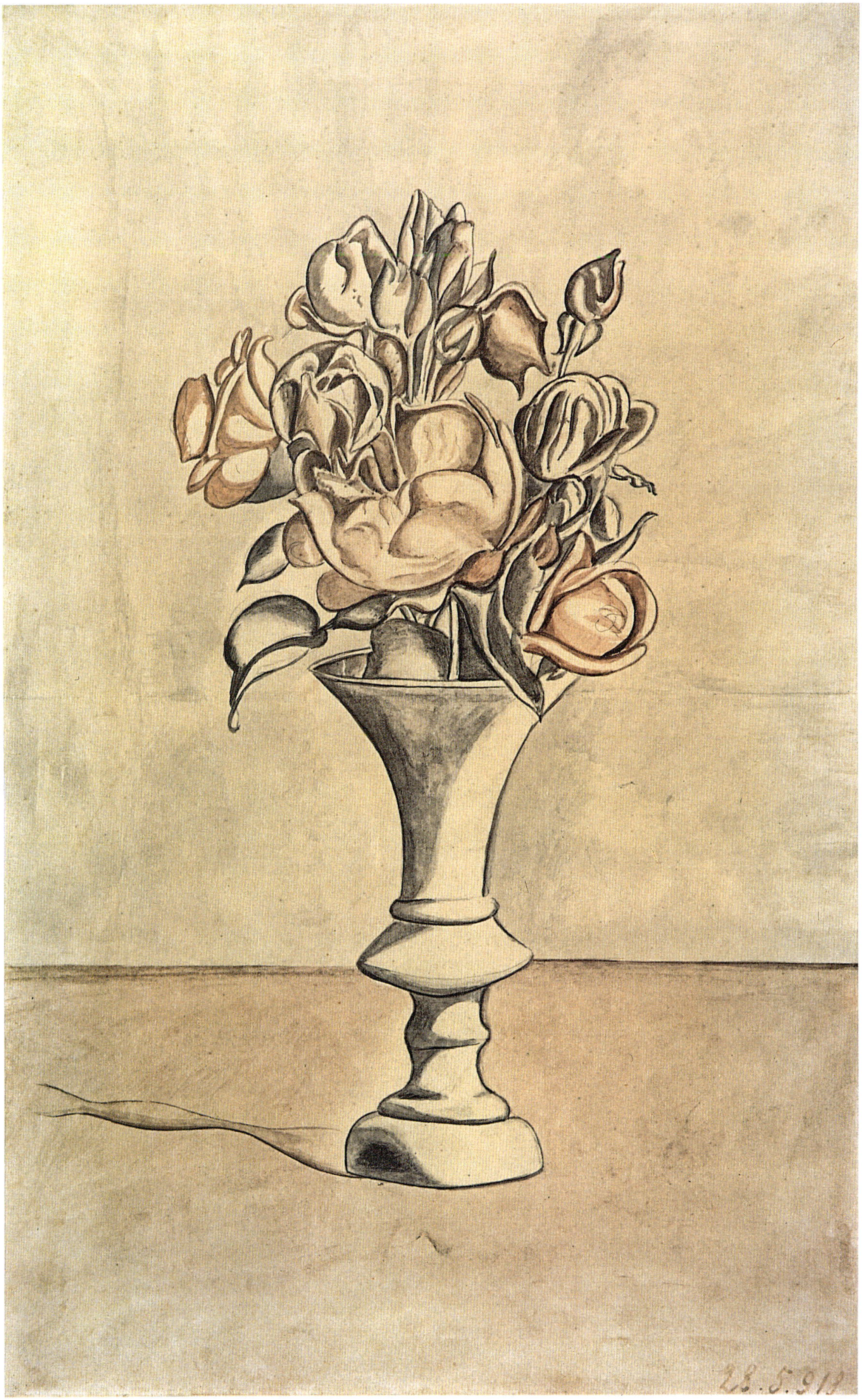

4.
Natura morta, 1920
acquerello su carta
17,5 × 23 cm
firmato e datato in basso a destra "Morandi ottobre 920"
Tolentino, collezione privata.

Provenienza: Roma, Galleria dell'Oca.

Esposizioni: Bologna, 1966, n. 2 (acquerelli), ripr.; Venezia, 1966, n. 84; Bologna, 1968; Madrid-Barcellona, 1984-1985, n. 69, ripr.; Marsiglia, 1985, n. 64, ripr.; Milano-Bologna, 1985-1986, n. 2, ripr.; Tampere, 1988-1989, n. 64, ripr.; Leningrado-Mosca, 1989, n. 62, ripr.; Londra, 1989, n. 62, ripr.; Locarno, 1989, n. 76, ripr.; Tübingen-Düsseldorf, 1989-1990, n. 137, ripr.; Crevalcore, 1990, n. 4a, ripr.; Bologna, 1990, n. 177, ripr.

Bibliografia: Leymarie, 1968, n. 1e, ripr.; Huici, 1984, ripr.

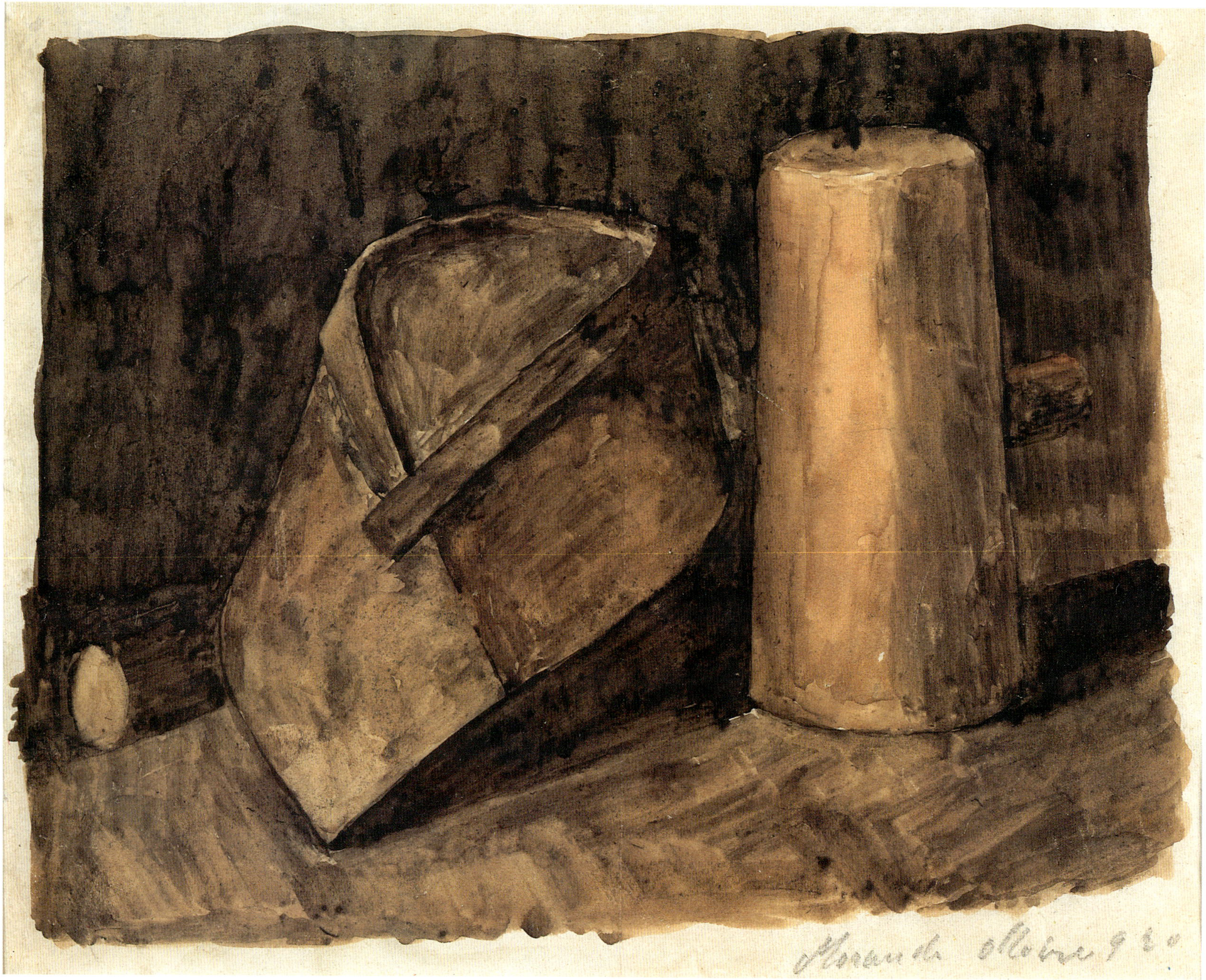

5.
Natura morta, 1920
acquerello su carta
20,5 × 26 cm
l'angolo superiore destro del foglio è mancante e la carta risulta sfrangiata
New York, collezione privata.

Provenienza: Bologna, G. Raimondi; Torino, P. Rossini.

Esposizioni: Hannover, 1964, n. 20, ripr.; New York, 1967, n. 38, ripr.; Vancouver, 1977, n. 3, ripr.; San Francisco - New York - Des Moines, 1981-1982, n. 66, ripr.

Bibliografia: Leymarie, 1968, n. 1d, ripr.

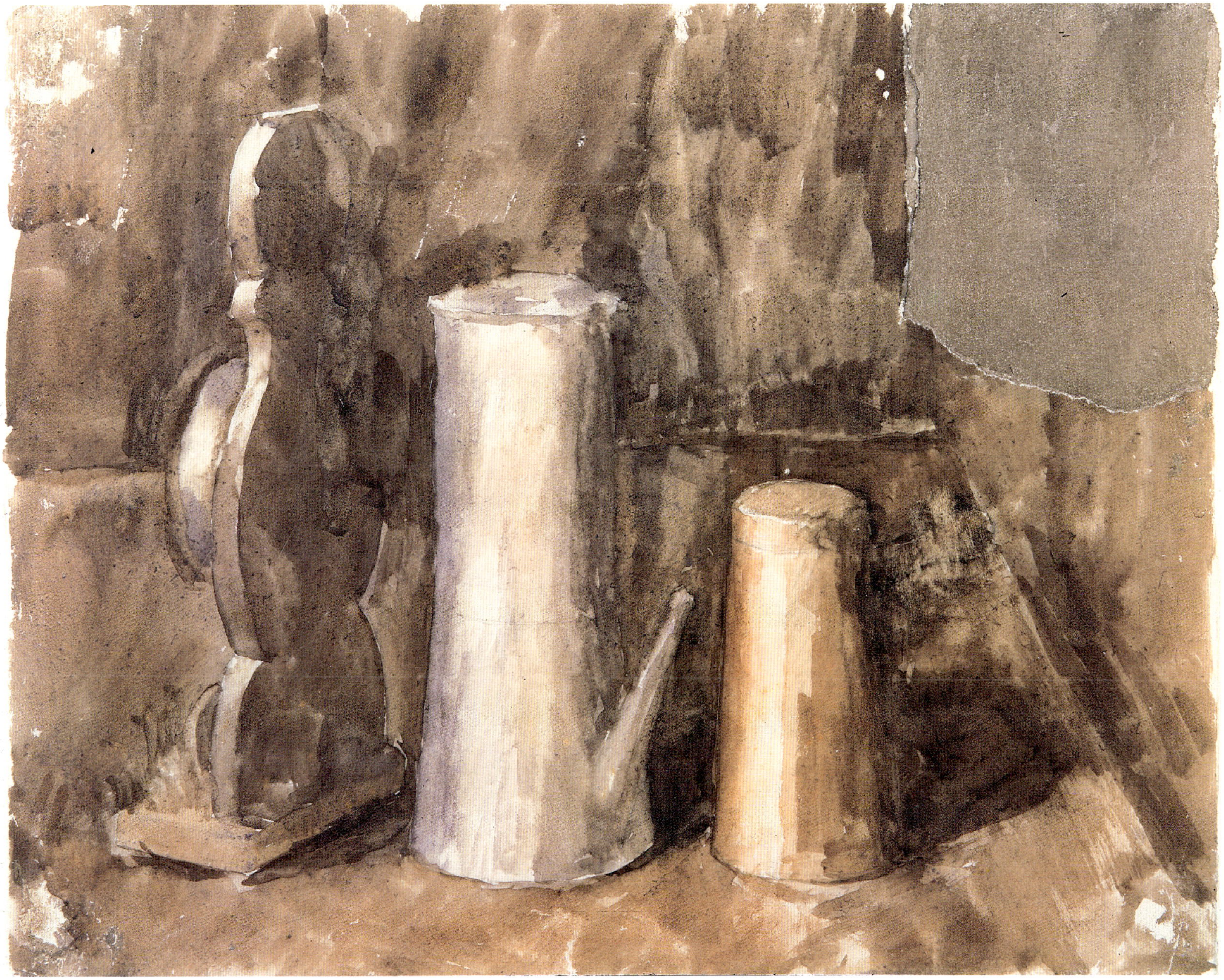

6.
Natura morta, 1928
acquerello su carta
27 × 38 cm
firmato verso il basso
a sinistra "Morandi"
firmato e datato sul retro
"G. Morandi 1928"
Berna, Kunstmuseum.

Provenienza: Parigi-Roma-Milano, S. Volta.

Aste: Berna, Galerie Klipstein & Kornfeld, n. 145, 1962, n. 819, ripr.

Bibliografia: ripr. in "Berner Kunstmitteilungen", n. 140, marzo-aprile 1973.

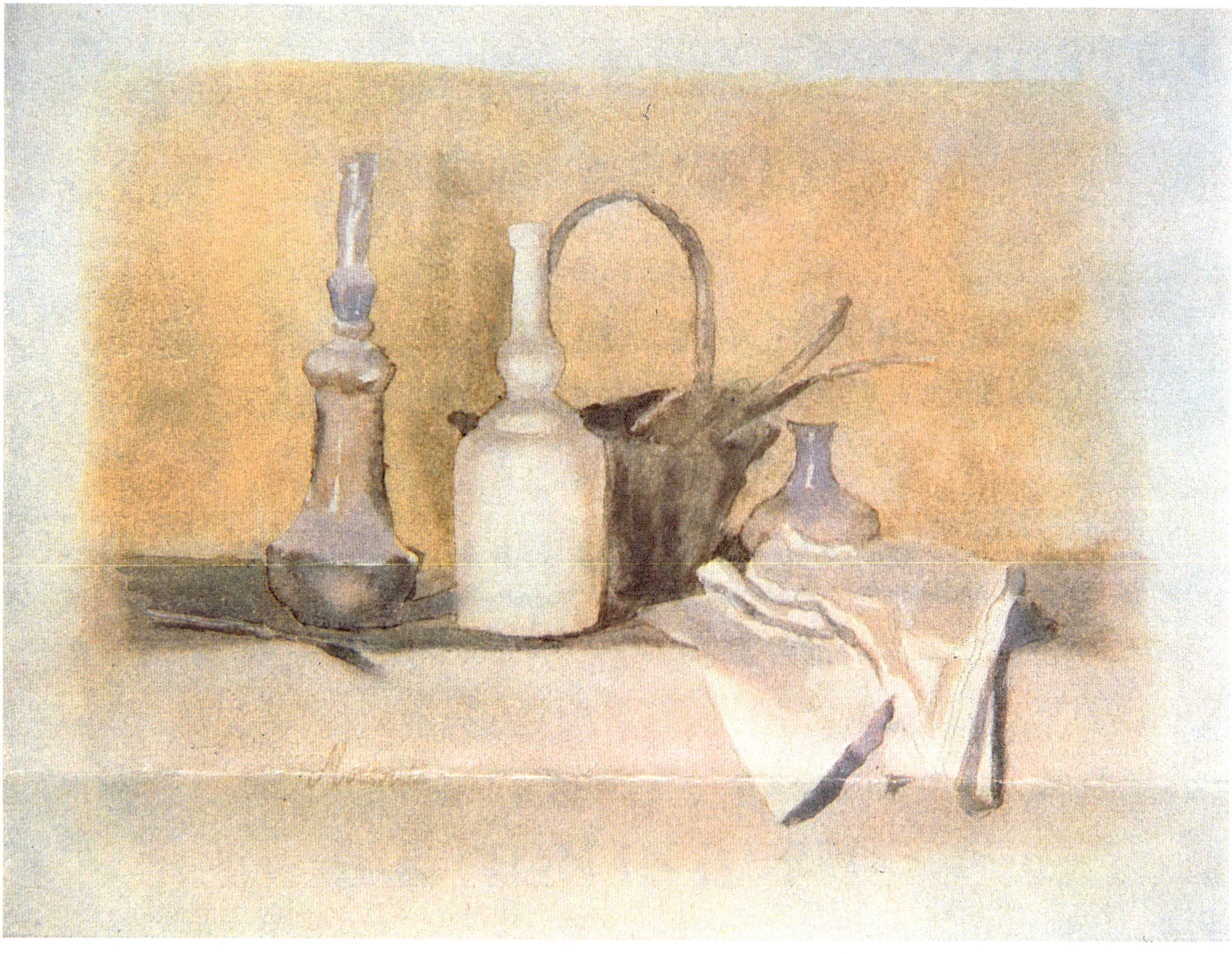

7.
Natura morta, 1943
acquerello su carta
24 × 33 cm
firmato e datato al centro verso destra "Morandi 1943"
Medolla, collezione privata.

Provenienza: Roma, Galleria Il Disegno; Roma, Galleria Il Gabbiano; Bologna, Galleria Marescalchi.

Esposizioni: Crevalcore, 1990, n. 12a, ripr.; Bologna, 1990, n. 178, ripr.

Bibliografia: Pasquali, 1990, "Art Dossier", p. 47, ripr.

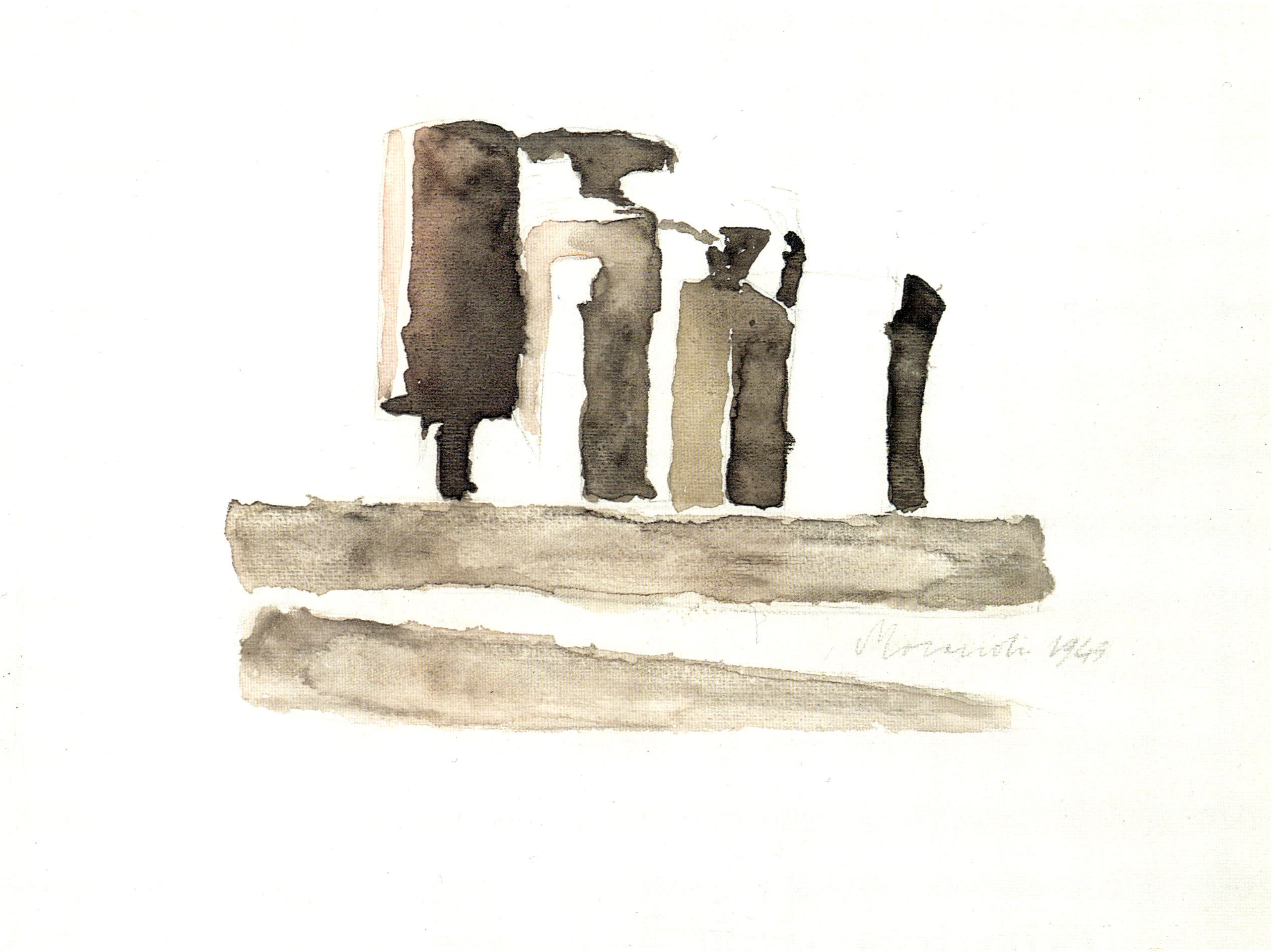

8.
Natura morta, 1946
acquerello su carta
20 × 28 cm
firmato e datato in basso a destra "Morandi 1946"
Bolzano, collezione Gianni Palvarini.

Provenienza: Roma, P. Bucarelli; Sasso Marconi, Casa dell'Arte.

Esposizioni: Sasso Marconi, 1982, p. 26, ripr.; Sasso Marconi, 1984, p. 42, ripr.

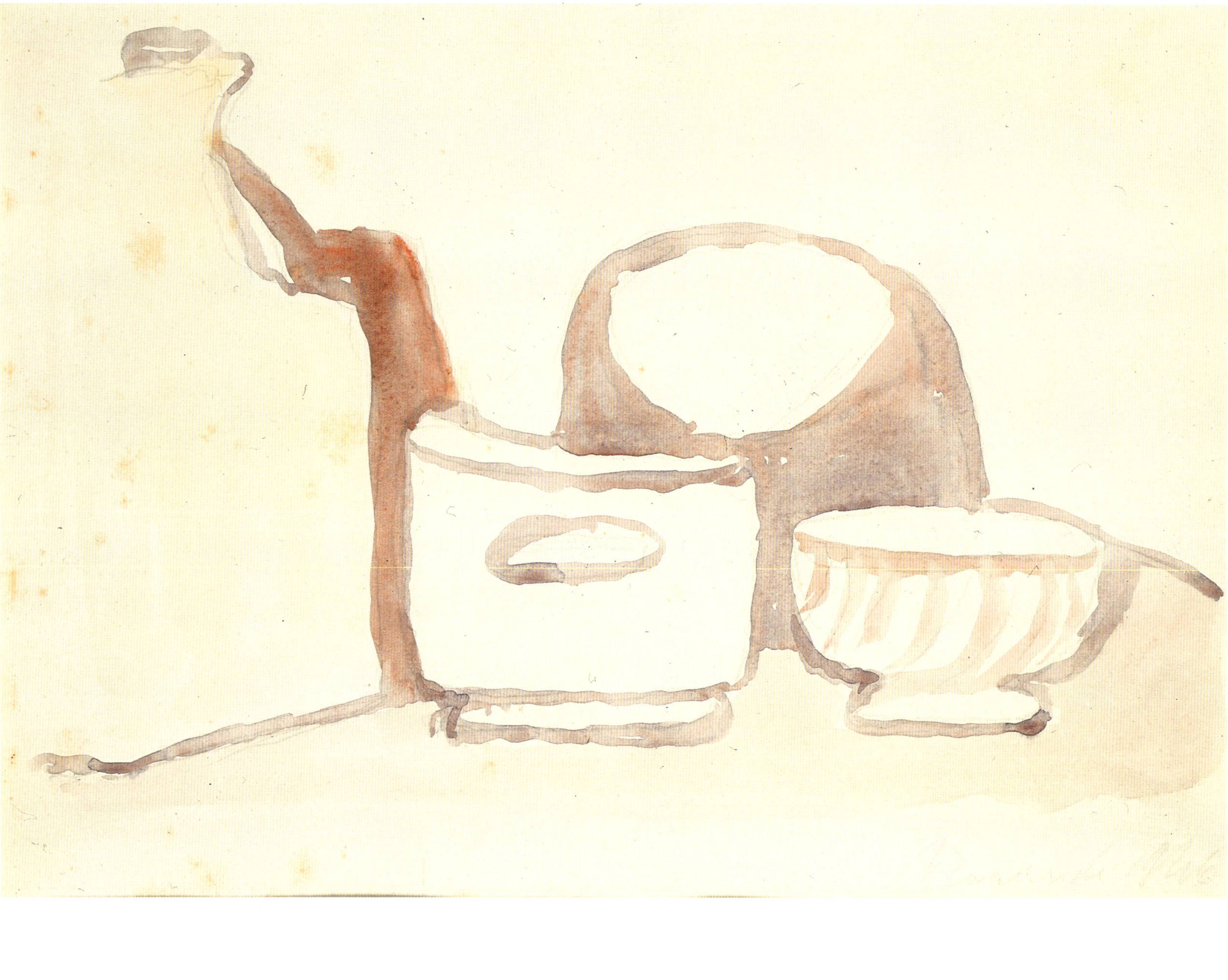

9.
Natura morta, 1946
acquerello su carta
24 × 28 cm
firmato e datato in basso al centro "G Morandi 1946"
Milano, collezione privata.

Esposizioni: Milano, maggio-giugno 1972, n. 5, ripr.

Bibliografia: Zurlini, 1973, n. 6, ripr.

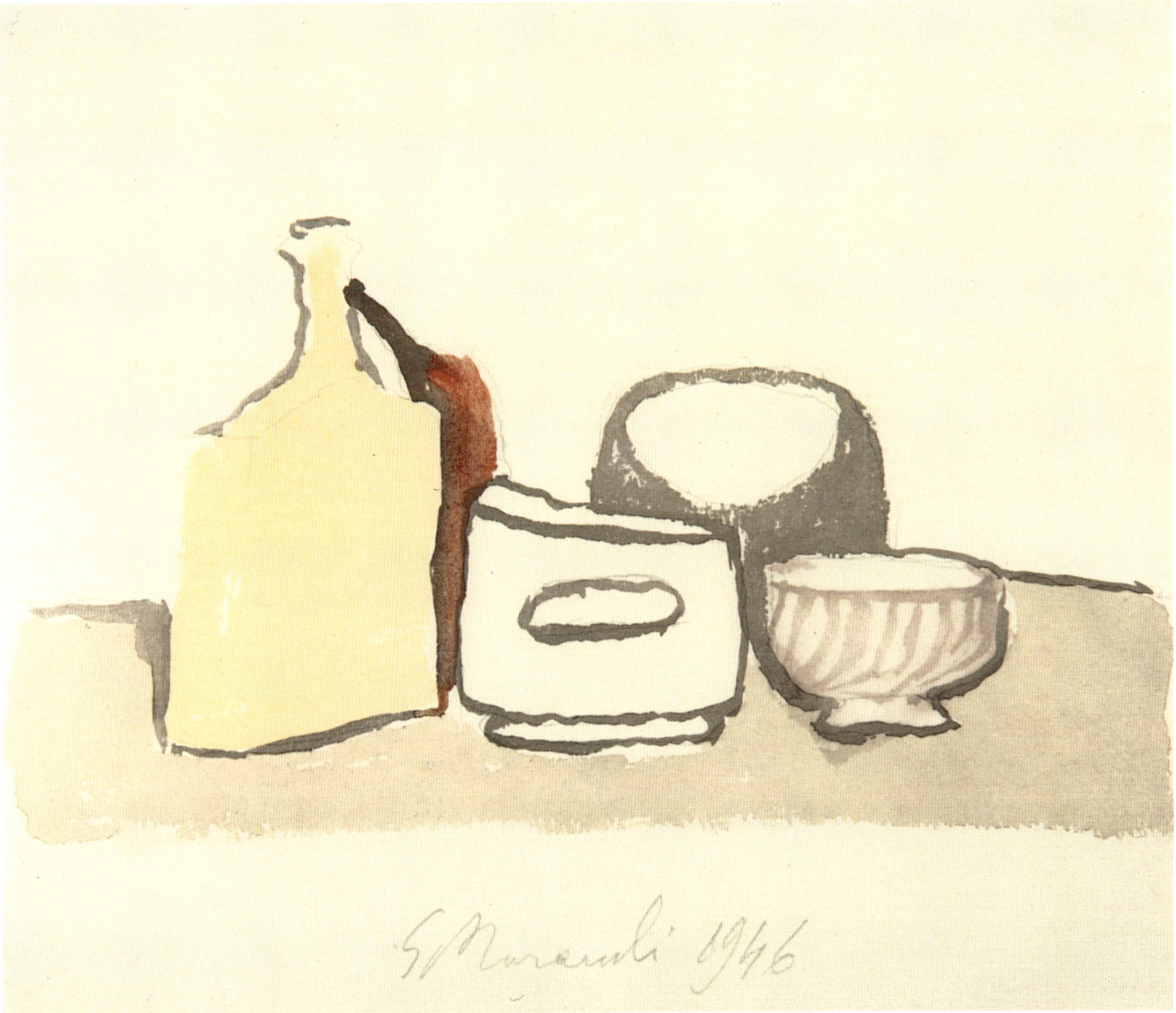

10.
Natura morta, 1946
acquerello su carta
24,7 × 31 cm
firmato e datato in basso
verso destra "Morandi 1946"
Roma, collezione privata.

Provenienza: Roma, F.P. Ingrao; Roma, Galleria Arco d'Alibert.

Esposizioni: Roma, marzo-aprile 1966, n. 25, ripr.

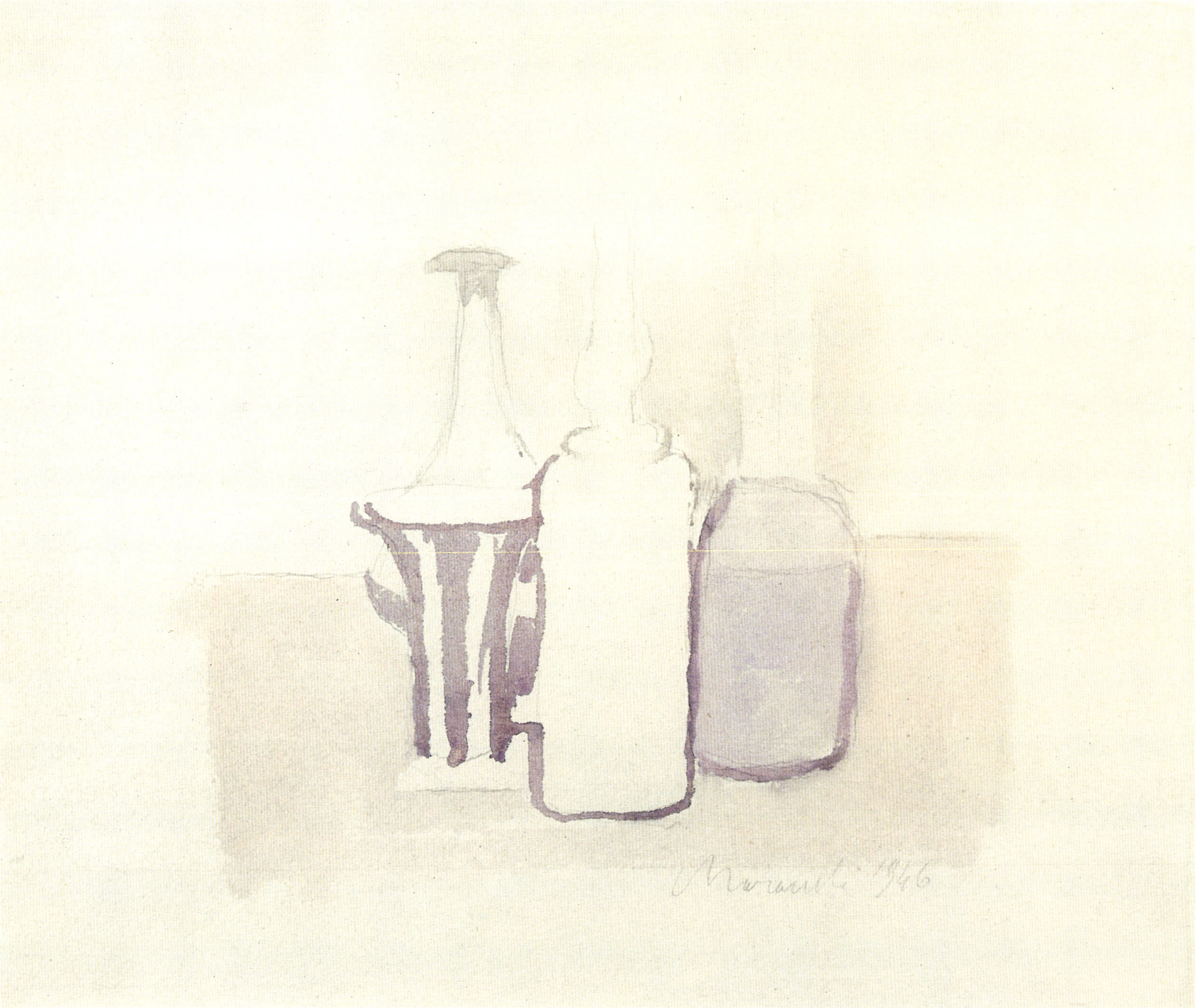

11.
Natura morta, 1946
acquerello su carta
25 × 35 cm
firmato e datato in basso a destra "Morandi 1946"
Medolla, collezione privata.

Provenienza: Prato, Galleria Farsetti; Roma, Galleria Lo Zodiaco; Bologna, Galleria Marescalchi.

Esposizioni: Crevalcore, 1990, n. 13a, ripr. (anche in copertina e manifesto); Bologna, 1990, n. 179, ripr.

Aste: Firenze, Casa d'Aste Pitti-Finarte, 27 ottobre 1989, n. 94, ripr.

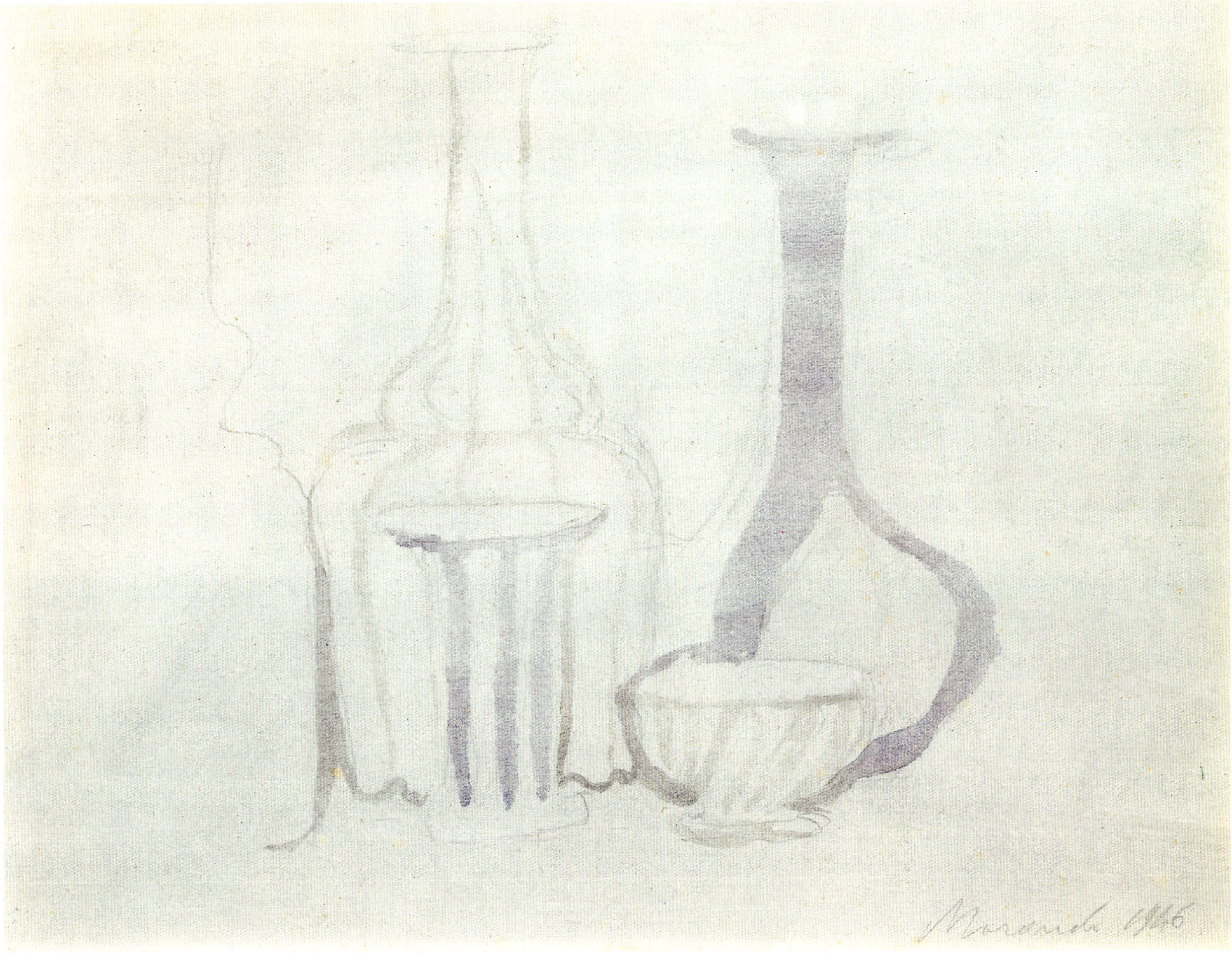

12.
Natura morta, 1947
acquerello su carta
25 × 34 cm
firmato e datato in basso
a destra "Morandi 1947"
Torino, collezione privata.

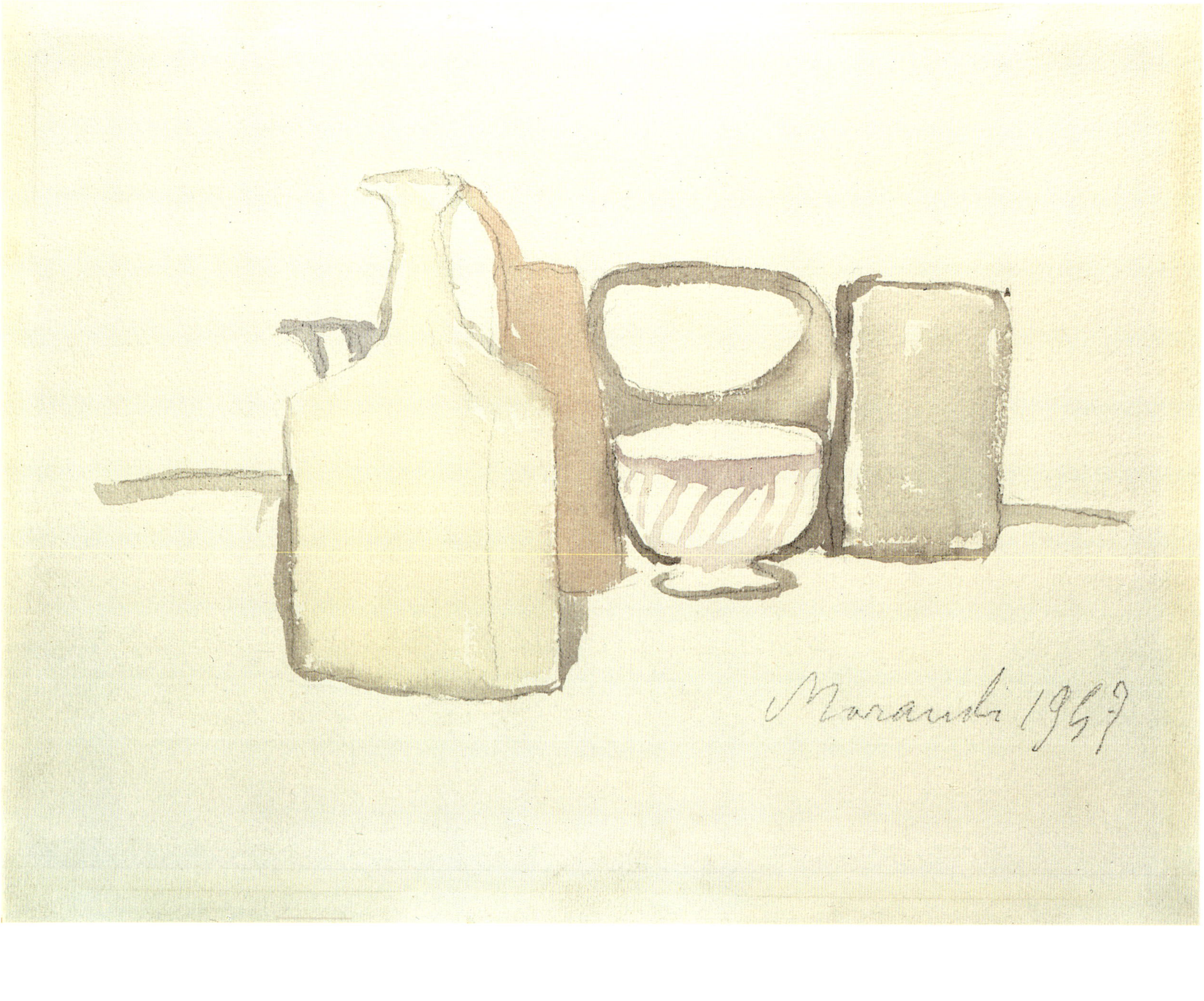

13.
Natura morta, 1949
acquerello su carta
16 × 21 cm
firmato in basso al centro
"Morandi"
Gallarate, collezione privata.

Provenienza: Milano, Galleria del Milione; Milano, P. Zucchini; Milano, F. Monterisi; Gallarate, A. Mariani.

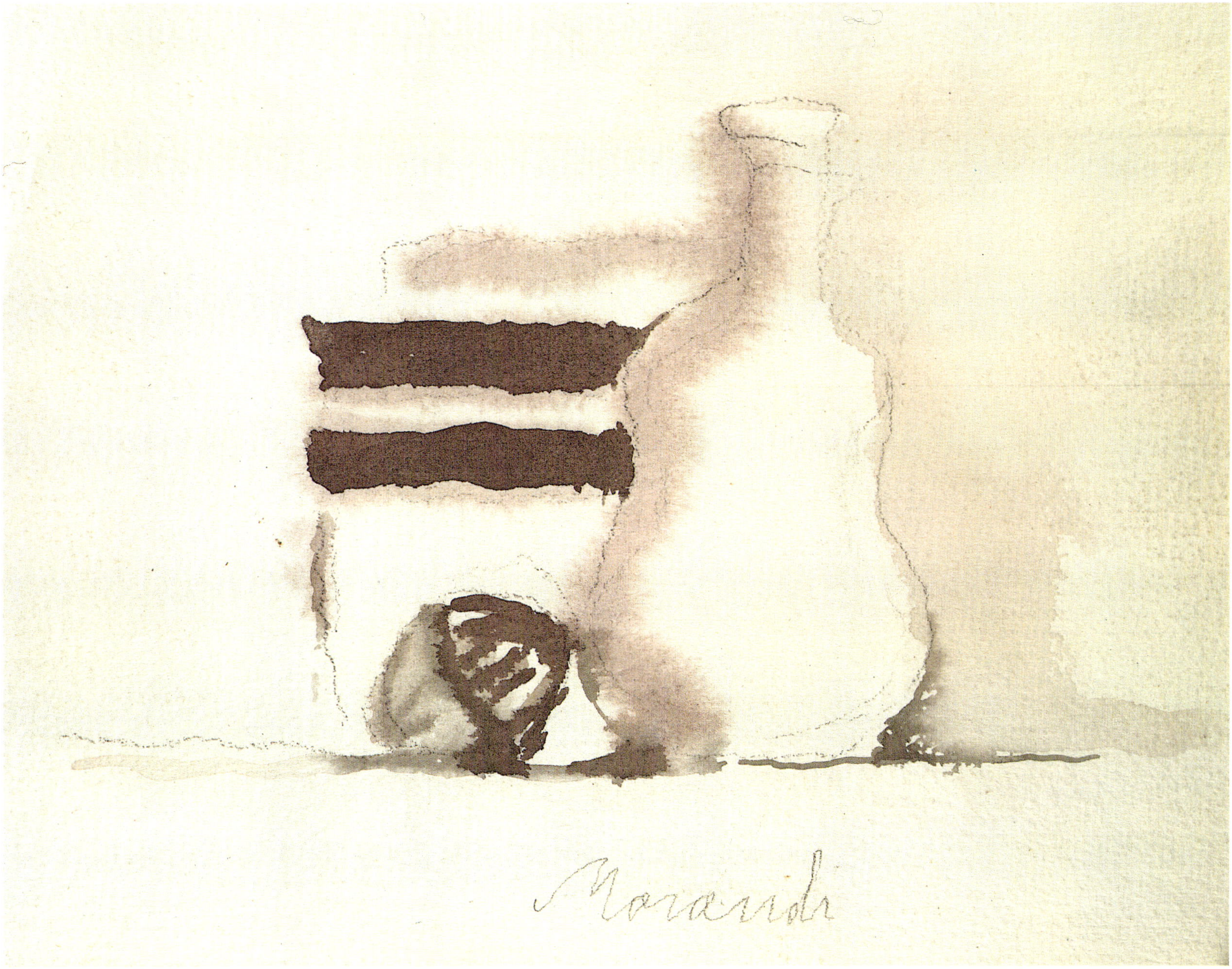

16.
Natura morta, 1956
acquerello su carta
16,1 × 23,9 cm
firmato in basso al centro "Morandi"
datato sulla cornice "1956"
Torino, Galleria Civica d'Arte Moderna - Fondazione De Fornaris.

Provenienza: Milano, Galleria del Milione; Torino, P. Rossini; Torino, Pretura.

Esposizioni: Torino, 1986-1987.

Bibliografia: Riccio, 1982, n. 22, ripr.; Maggio Serra, 1986-1987, p. 287, ripr.

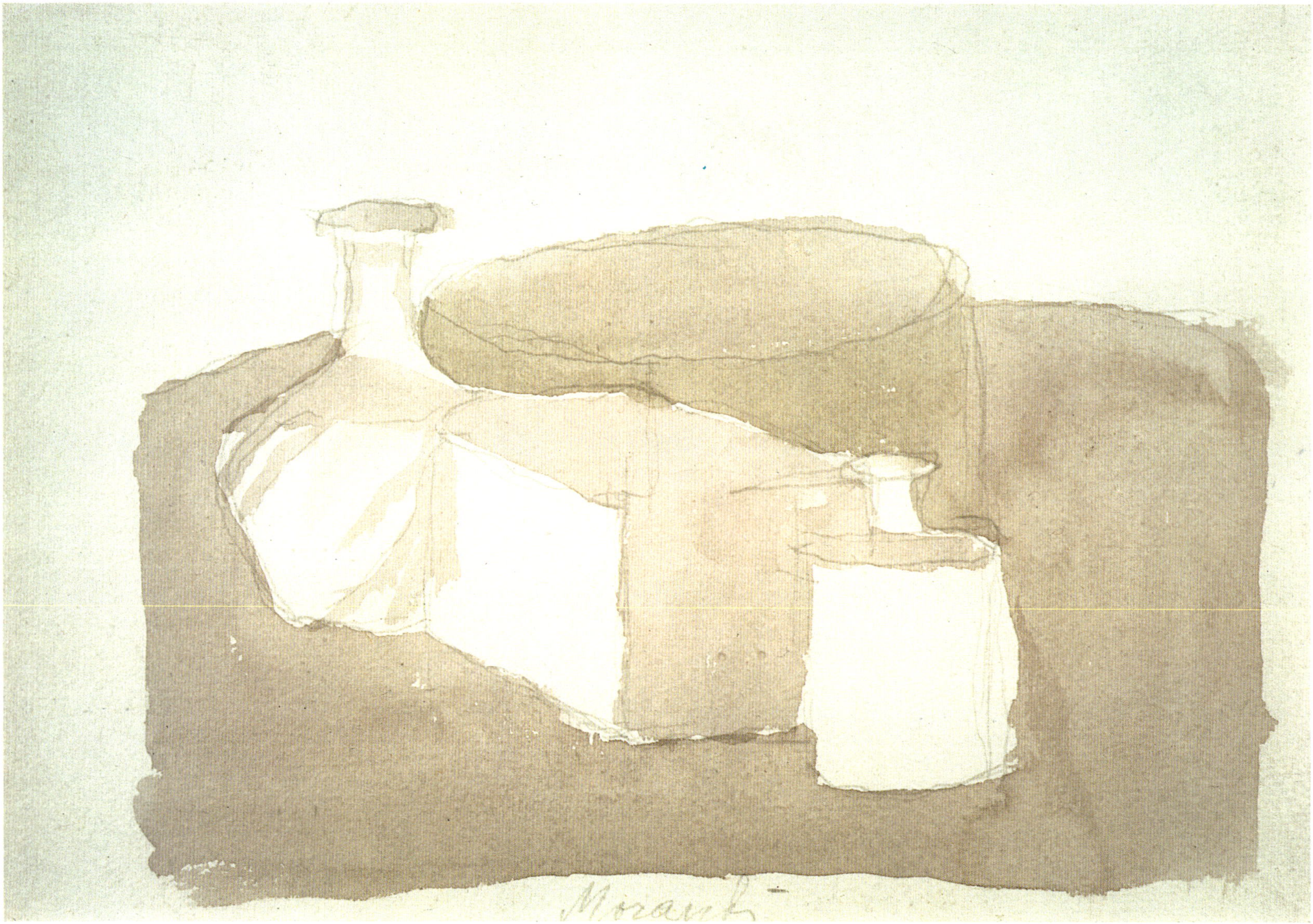

17.
Natura morta, 1956
acquerello su carta
15,9 × 23,8 cm
firmato in basso al centro
"Morandi"
datato sulla cornice "1956"
Torino, Galleria Civica d'Arte
Moderna - Fondazione
De Fornaris.

Provenienza: Milano, Galleria del Milione; Torino, P. Rossini; Torino, Pretura.

Esposizioni: Torino, 1957, ripr.; Madrid-Barcellona, 1984-1985, n. 74, ripr.; Marsiglia, 1985, n. 69, ripr.; Torino, 1986-1987.

Bibliografia: Zurlini, 1973, n. 9, ripr.; Riccio, 1982, n. 21, ripr.; Calvo Serraller, 1984, p. 65, ripr.; Hernandez, 1985, ripr.; Maggio Serra, 1986-1987, p. 289, ripr.; Mistrangelo, 1987, ripr.

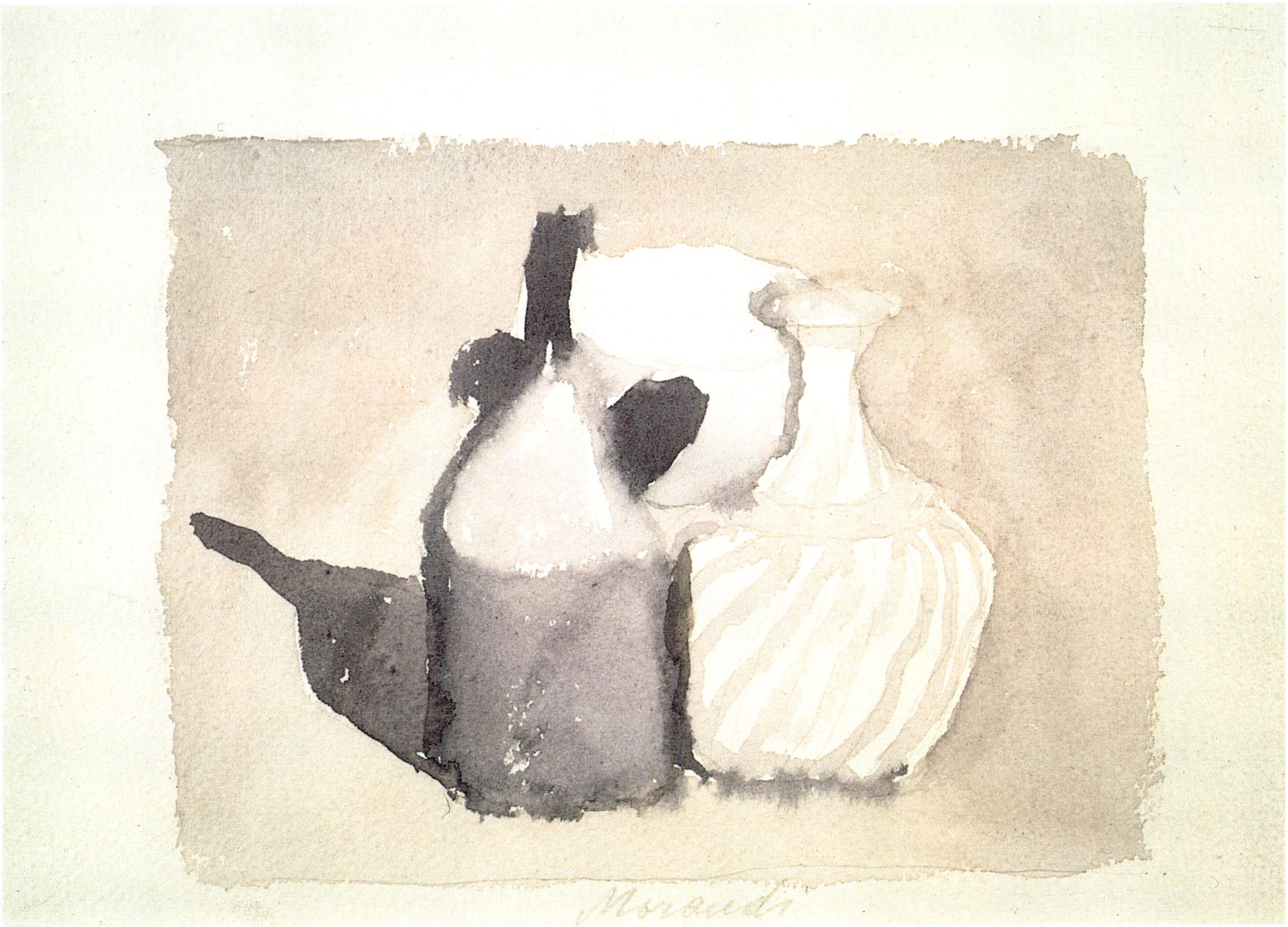

18.
Natura morta, 1956
acquerello su carta
16 × 24 cm
firmato in basso al centro
"Morandi"
collezione privata.

Esposizioni: Bologna, 1968; Roma, 1973, n. 89, ripr.; Sasso Marconi, 1984, p. 64, ripr.

Bibliografia: Leymarie, 1968, n. 8, ripr.; Zurlini, 1973, n. 11, ripr.

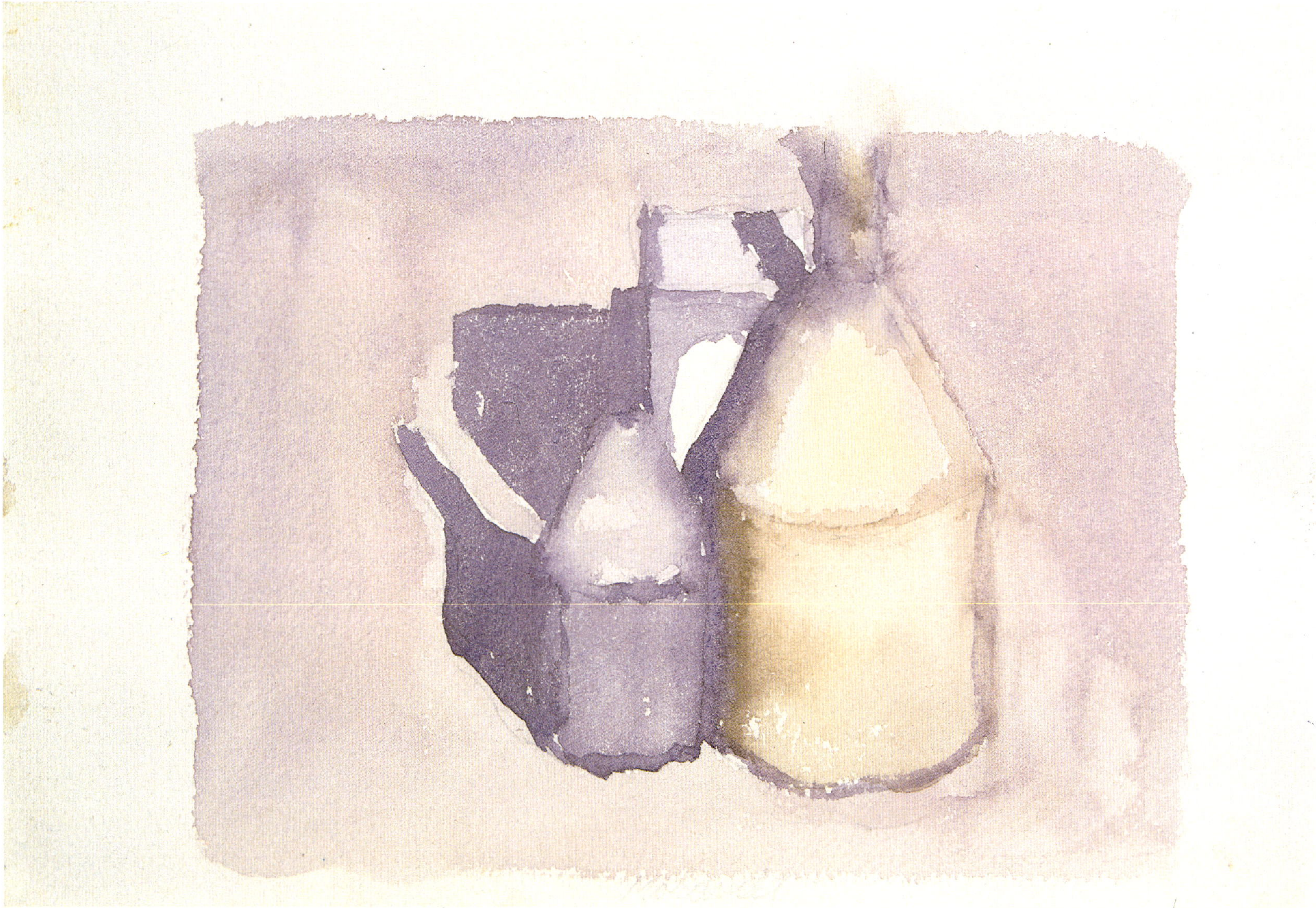

19.
Natura morta, 1956
acquerello su carta
16 × 24 cm
firmato in basso al centro
"Morandi"
Friburgo, Morat Institut für Kunst und Kunstwissenschaft.

Esposizioni: Francoforte, 1978; Colonia, 1980, n. 4, ripr. in copertina; Monaco, 1981, n. 108, ripr.; Nijmegen, 1982, n. 17, ripr.; Innsbruck, 1982, ripr.

Bibliografia: Morat, 1979, n. 16, ripr.; Jouvet-Schmied, 1982, n. 59, ripr.; Brandi, 1984, n. 25.

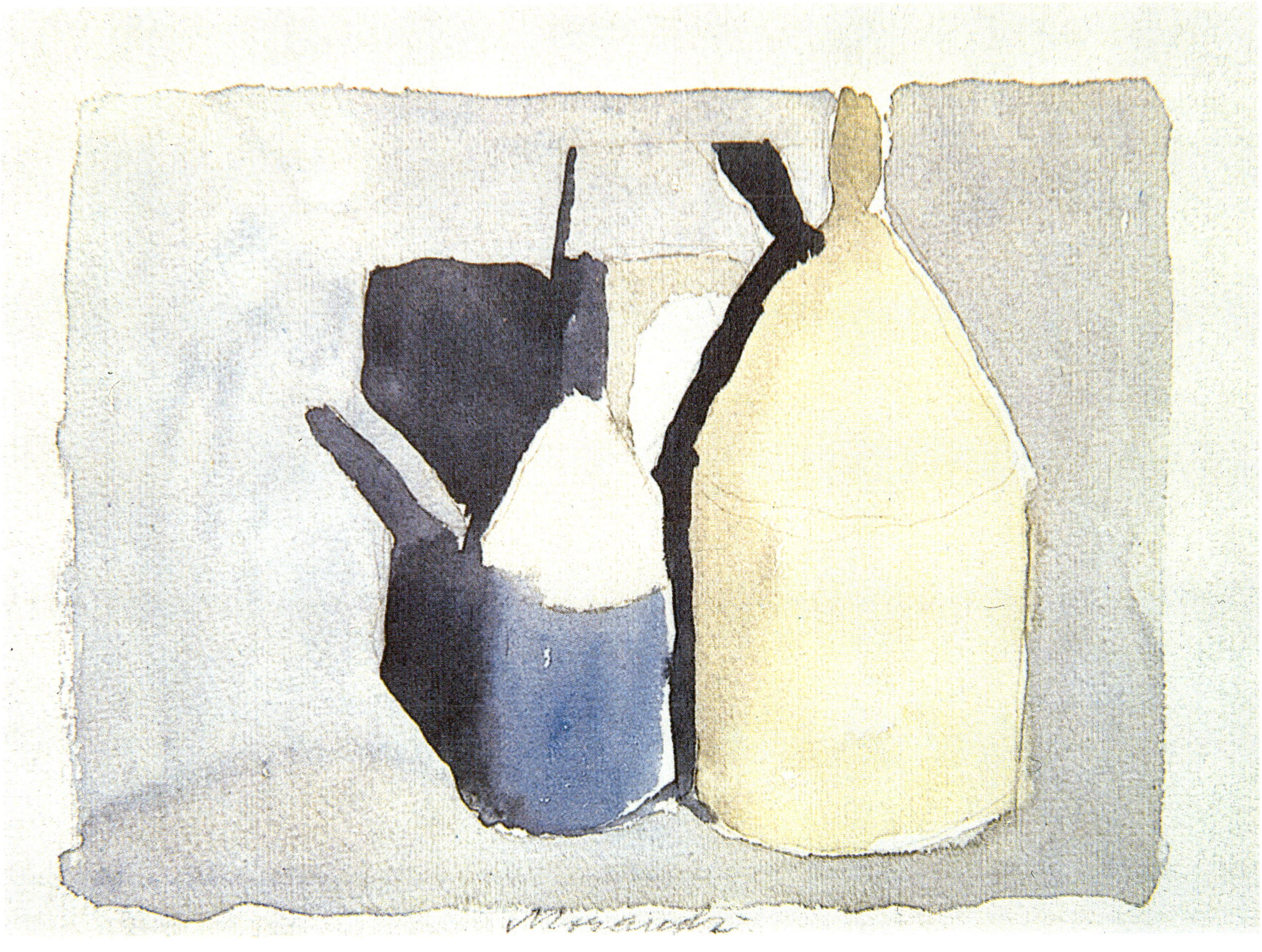

20.
Natura morta, 1956
acquerello su carta
16 × 23,9 cm
firmato in basso al centro
"Morandi"
datato sulla cornice "1956"
Torino, Galleria Civica d'Arte
Moderna - Fondazione
De Fornaris.

Provenienza: Milano, Galleria del Milione; Torino, P. Rossini; Torino, Pretura.

Esposizioni: Torino, 1986-1987.

Bibliografia: Riccio, 1982, n. 19, ripr.; Maggio Serra, 1986-1987, p. 288, ripr.

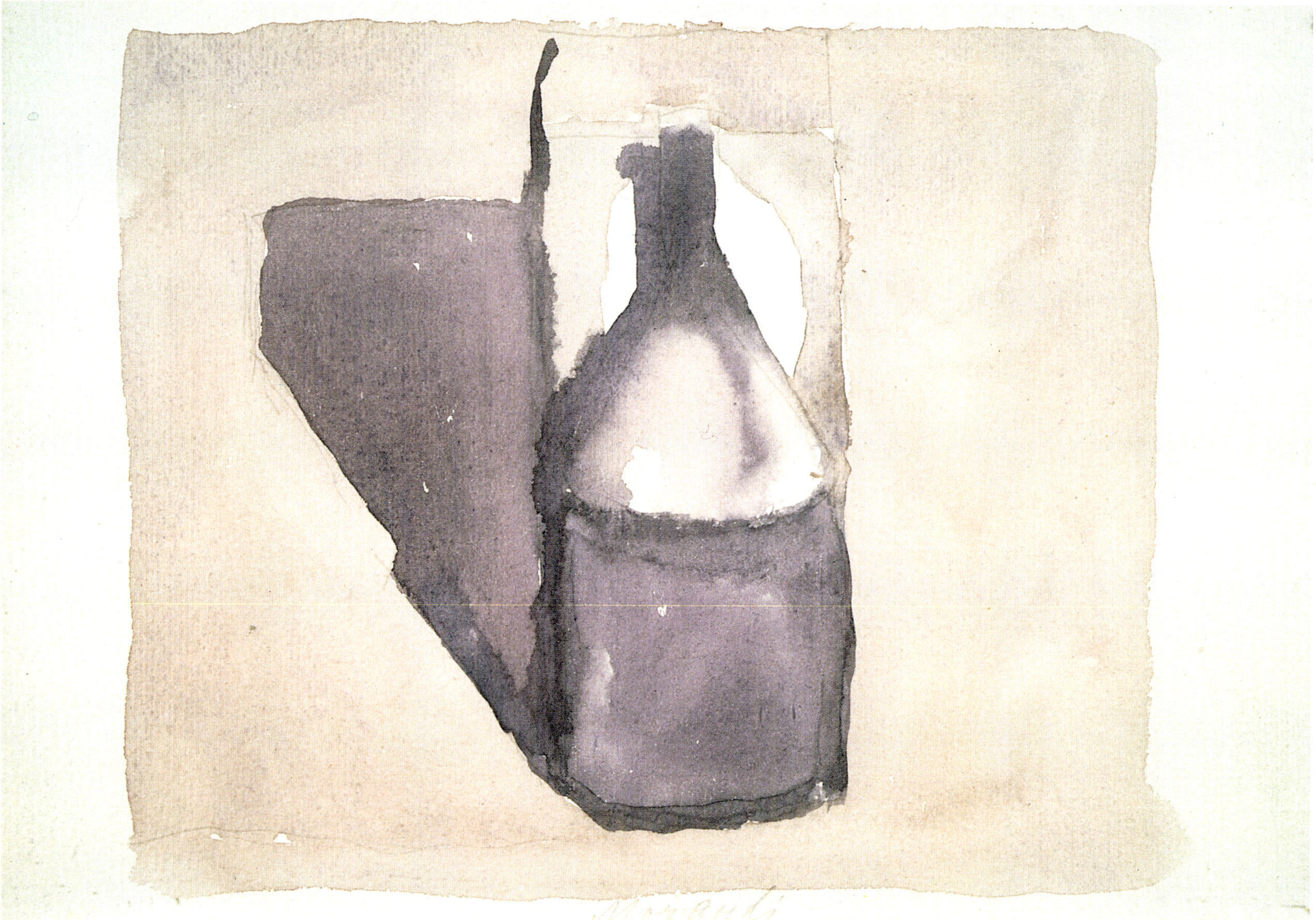

21.
Cortile di via Fondazza, 1956
acquerello su carta
19,5 × 13,1 cm
firmato in basso al centro
"Morandi"
Mestre, collezione privata.
Bibliografia: "Catalogo
Prandi n. 130", 1964, n. 335,
ripr. in copertina.

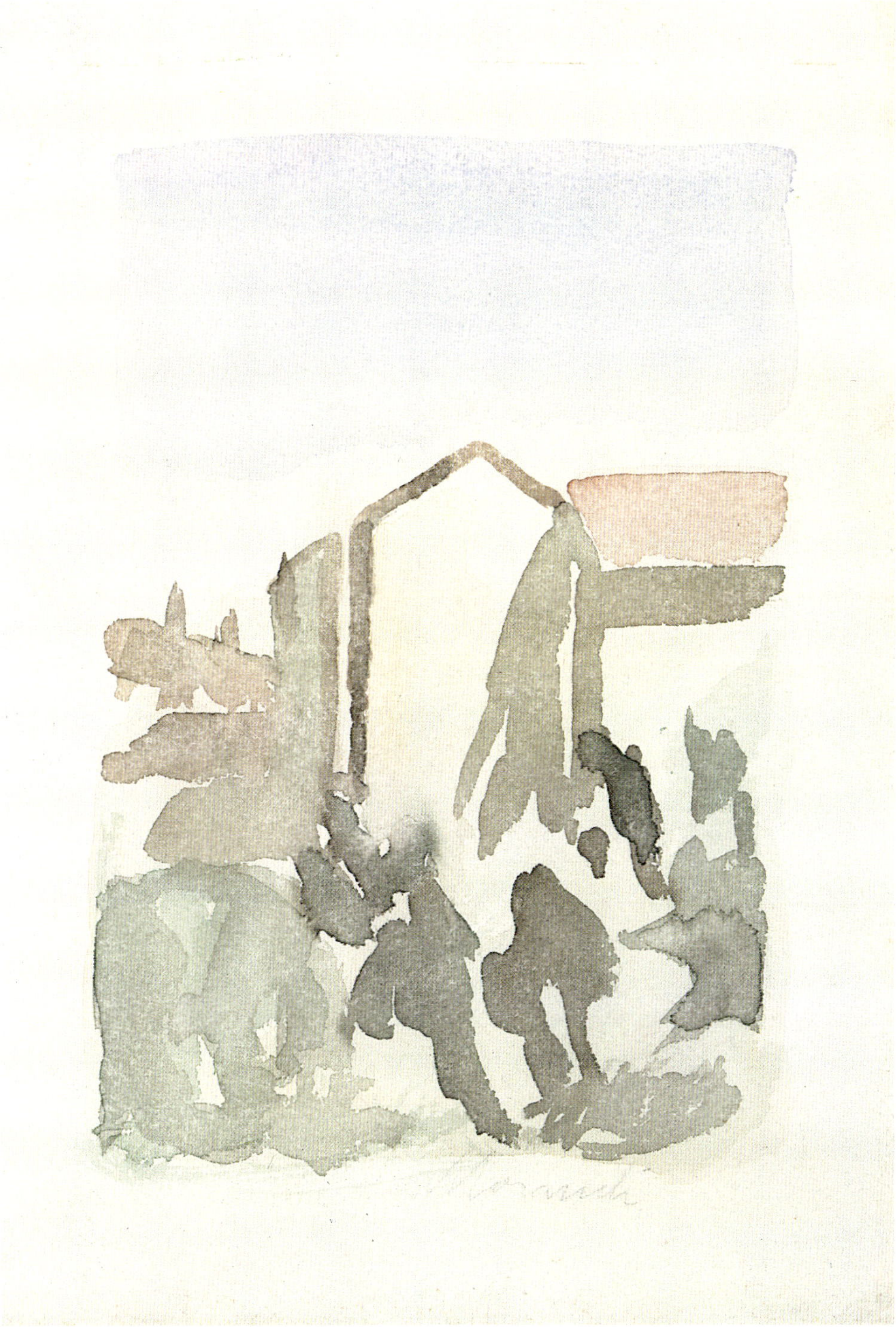

22.
Cortile di via Fondazza, 1956
acquerello su carta
31 × 21 cm
Bologna, collezione privata.

Esposizioni: Bologna, 1968; Reggio Emilia, 1971; Monaco, 1981, n. 105, ripr.; San Francisco - New York - Des Moines, 1981-1982, n. 67, ripr.

Bibliografia: Leymarie, 1968, n. 3, ripr.; "Catalogo Prandi n. 154", 1971, ripr. in copertina.

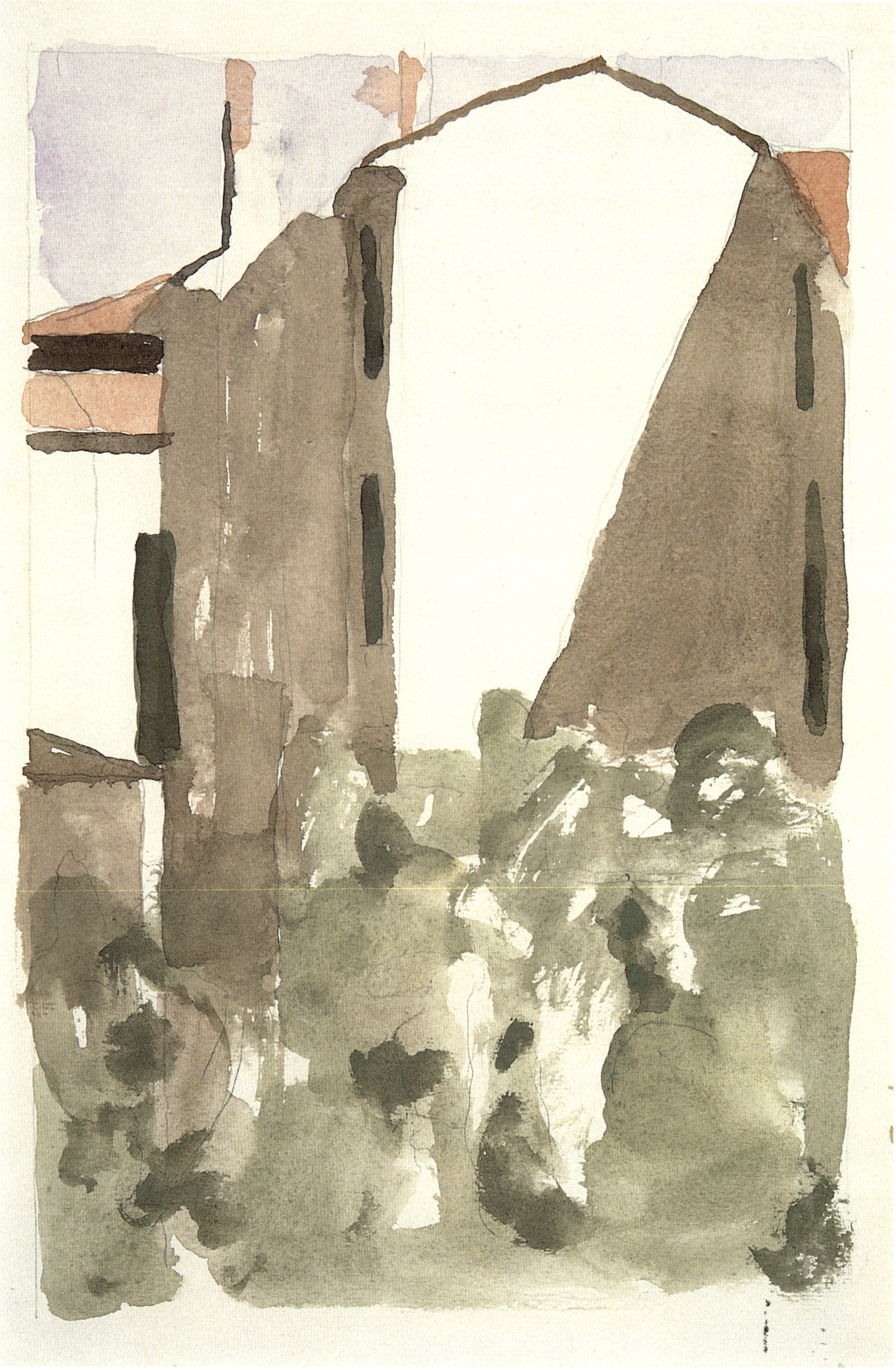

23.
Natura morta, 1957
acquerello su carta
20 × 30,5 cm
firmato e datato in basso al centro "Morandi 1957"
Milano, collezione privata.

Provenienza: Venezia, R. Pallucchini.

Esposizioni: Bologna, 1968; Londra-Parigi, 1970-1971, n. 82, ripr.; Milano, maggio-giugno 1971, n. 97, ripr.; Monaco, 1981, n. 109, ripr.

Bibliografia: Leymarie, 1968, n. 16, ripr.; Pignatti, 1981, p. 363, ripr.; Jouvet-Schmied, 1982, n. 66, ripr.

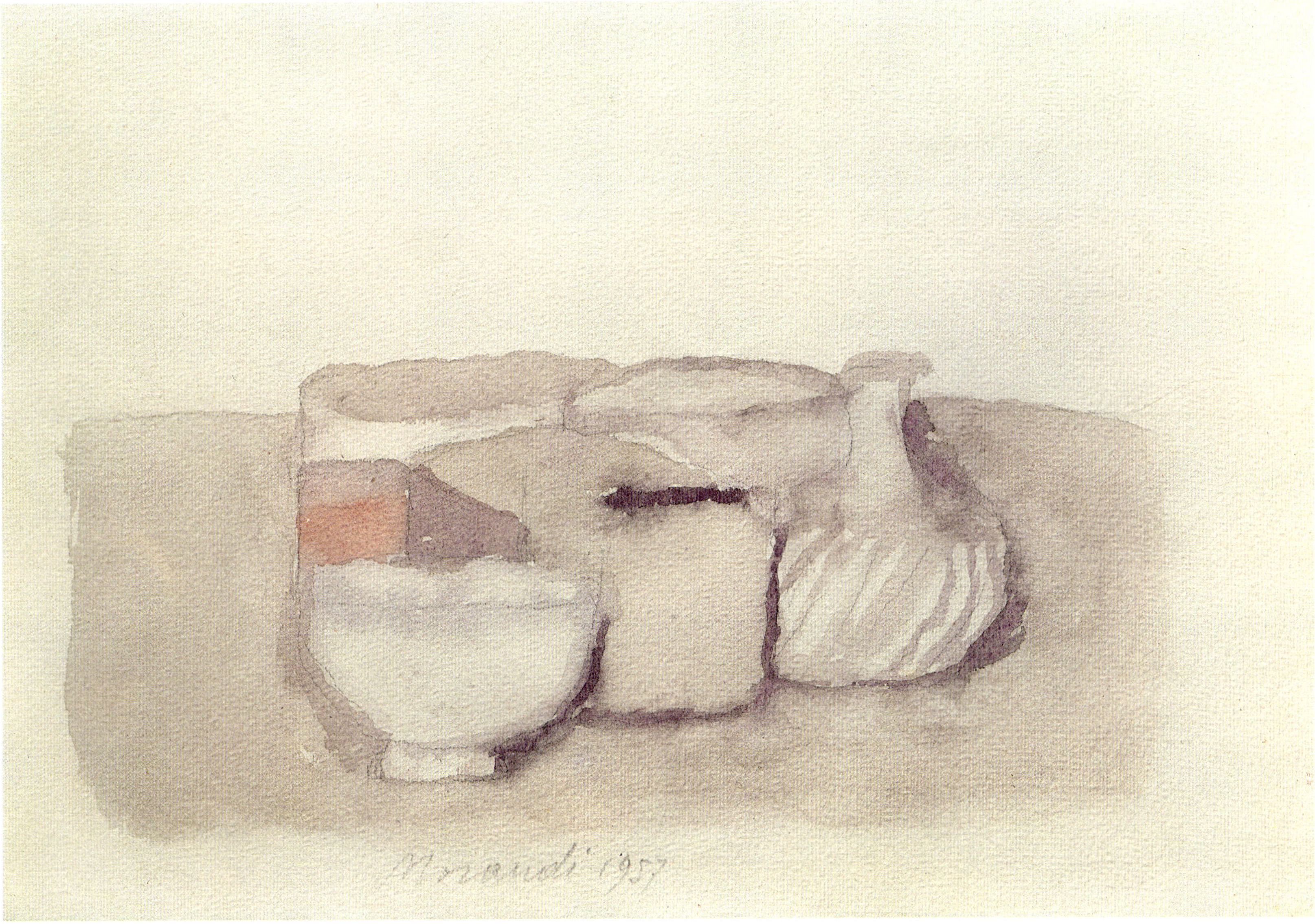

24.
Paesaggio, 1957
acquerello su carta
16,8 × 23 cm
firmato in basso a sinistra
"Morandi"
Milano, collezione privata.
Provenienza: Milano, Galleria del Milione; Torino, P. Rossini.

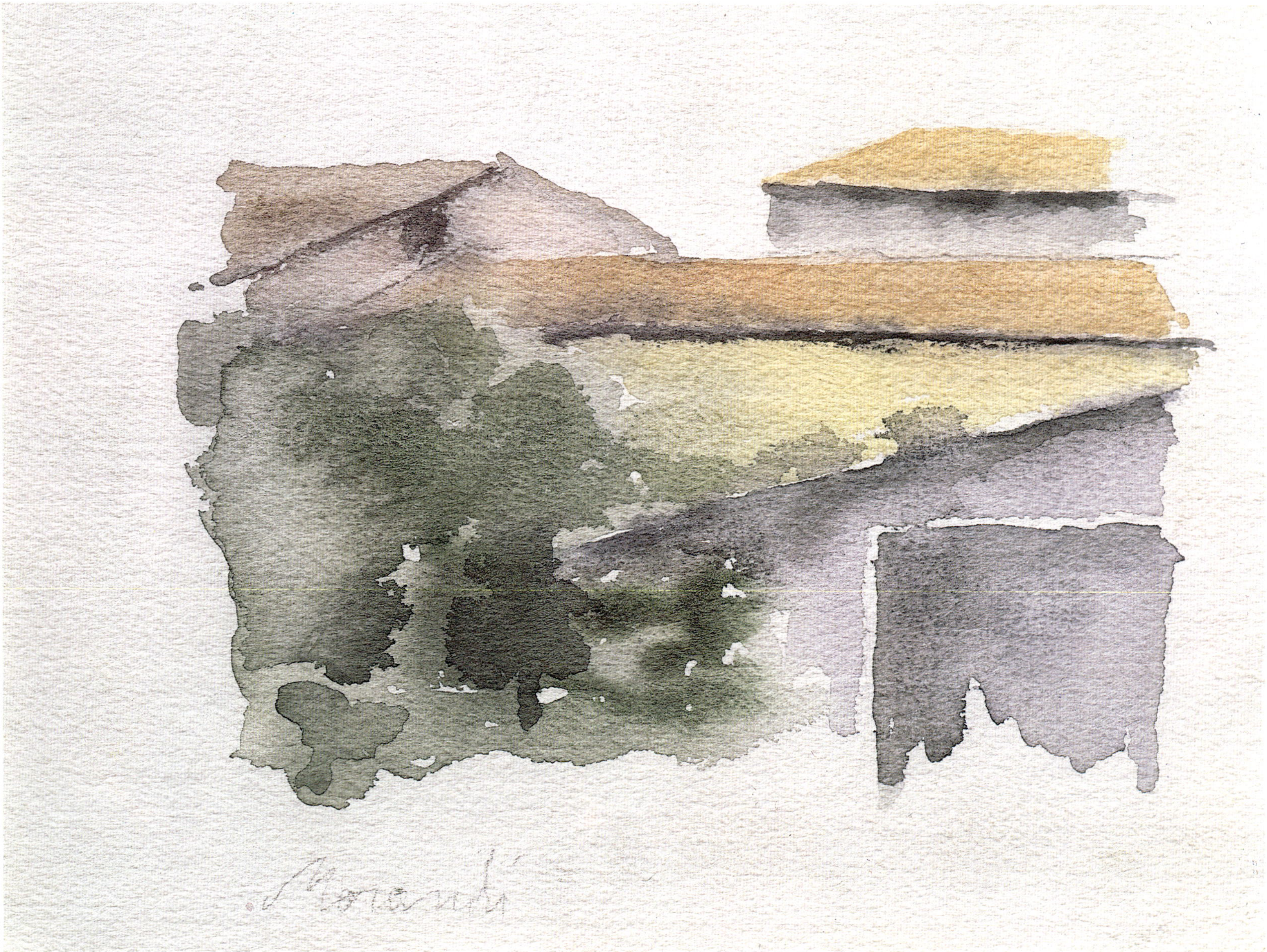

25.
Paesaggio (*Levico*), 1957
acquerello su carta
21 × 31 cm
firmato e datato in basso
al centro "Morandi 1957"
Modena, collezione privata.

Provenienza: Prato, Galleria Farsetti.

Esposizioni: Sasso Marconi, 1977, ripr.; Ferrara, 1978, n. 2 (acquerelli), ripr.; Madrid-Barcellona, 1984-1985, n. 73, ripr.; Marsiglia, 1985, n. 68, ripr.; Milano-Bologna, 1985-1986, n. 6, ripr.; Massa Carrara, 1988, n. 23, ripr.; Tampere, 1988-1989, n. 68, ripr.; Leningrado-Mosca, 1989, n. 66, ripr.; Londra, 1989, n. 66, ripr.; Locarno, 1989, n. 79, ripr.; Tübingen-Düsseldorf, 1989-1990, n. 141, ripr.; Crevalcore, 1990, n. 6b, ripr.; Bologna, 1990, n. 183, ripr.

Bibliografia: Prisco, 1984, pp. 52-53, ripr.

28.
Paesaggio (*Levico*), 1957
acquerello su carta
17,5 × 29,5 cm
firmato in basso al centro
"Morandi"
New York, collezione privata.

Esposizioni: San Francisco - New York - Des Moines, 1981-1982, n. 70, ripr.

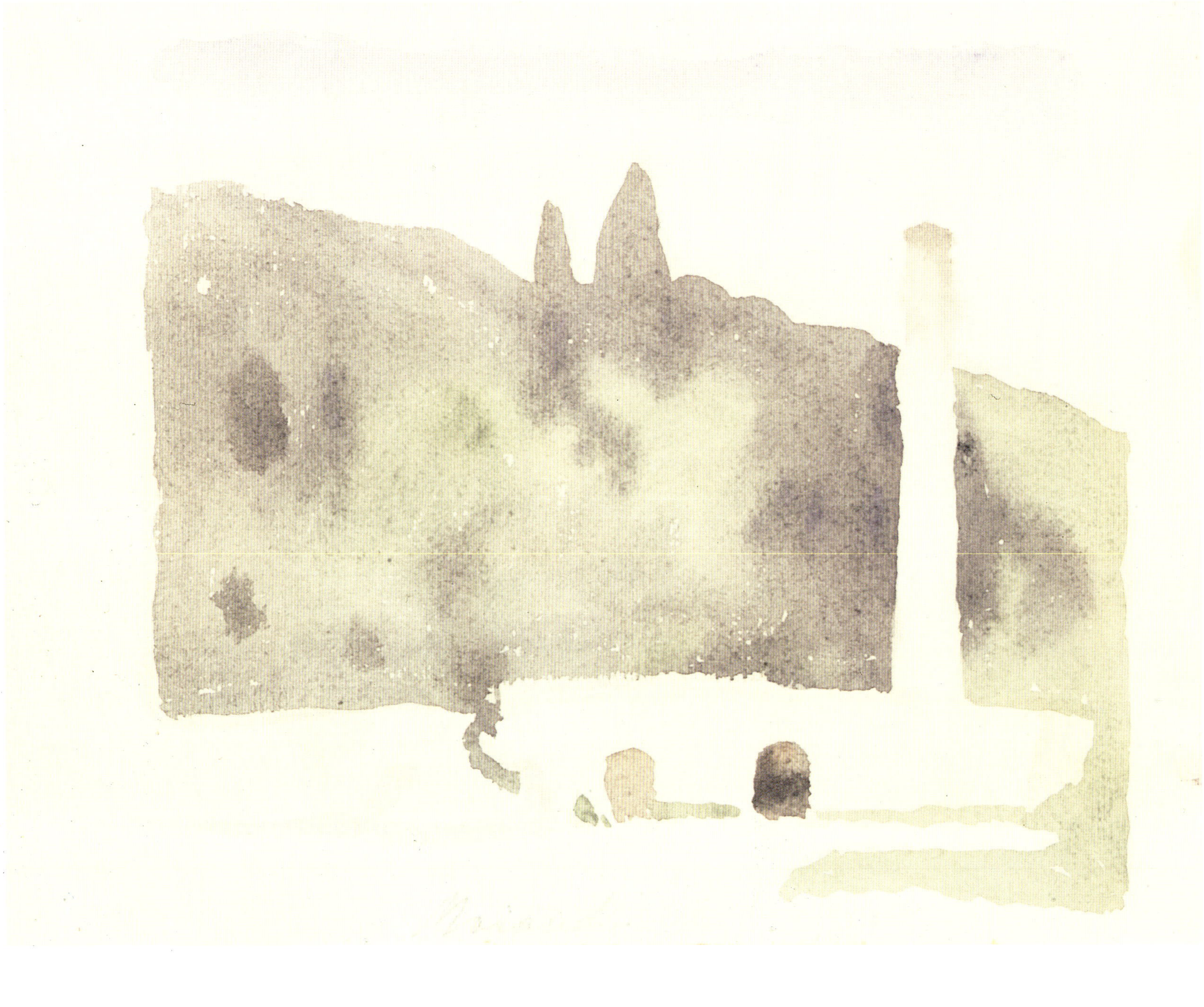

29.
Fiori, 1958
acquerello su carta
21 × 16 cm
firmato e datato al centro verso il basso "Morandi/958"
Bologna, collezione privata.

Esposizioni: Bologna, 1968; Londra, 1970, n. 83, ripr.; Parigi, 1971, n. 83, ripr.; Milano, maggio-giugno 1971, n. 98, ripr.; Mosca-Leningrado, 1973, n. 1 (acquerelli), ripr.; Ginevra, 1977-1978, n. 23; Ferrara, 1978, n. 6 (acquerelli), ripr.; Sasso Marconi, 1981, p. 52, ripr. Siena, 1990, n. 24, ripr.

Bibliografia: Leymarie, 1968, n. 24, ripr.; Zurlini, 1973, n. 16, ripr.; *Morandi, polemica bolognese*, in "Gazzetta del Popolo", 9 agosto 1978, ripr.; Folon, 1985, n. 46, ripr.

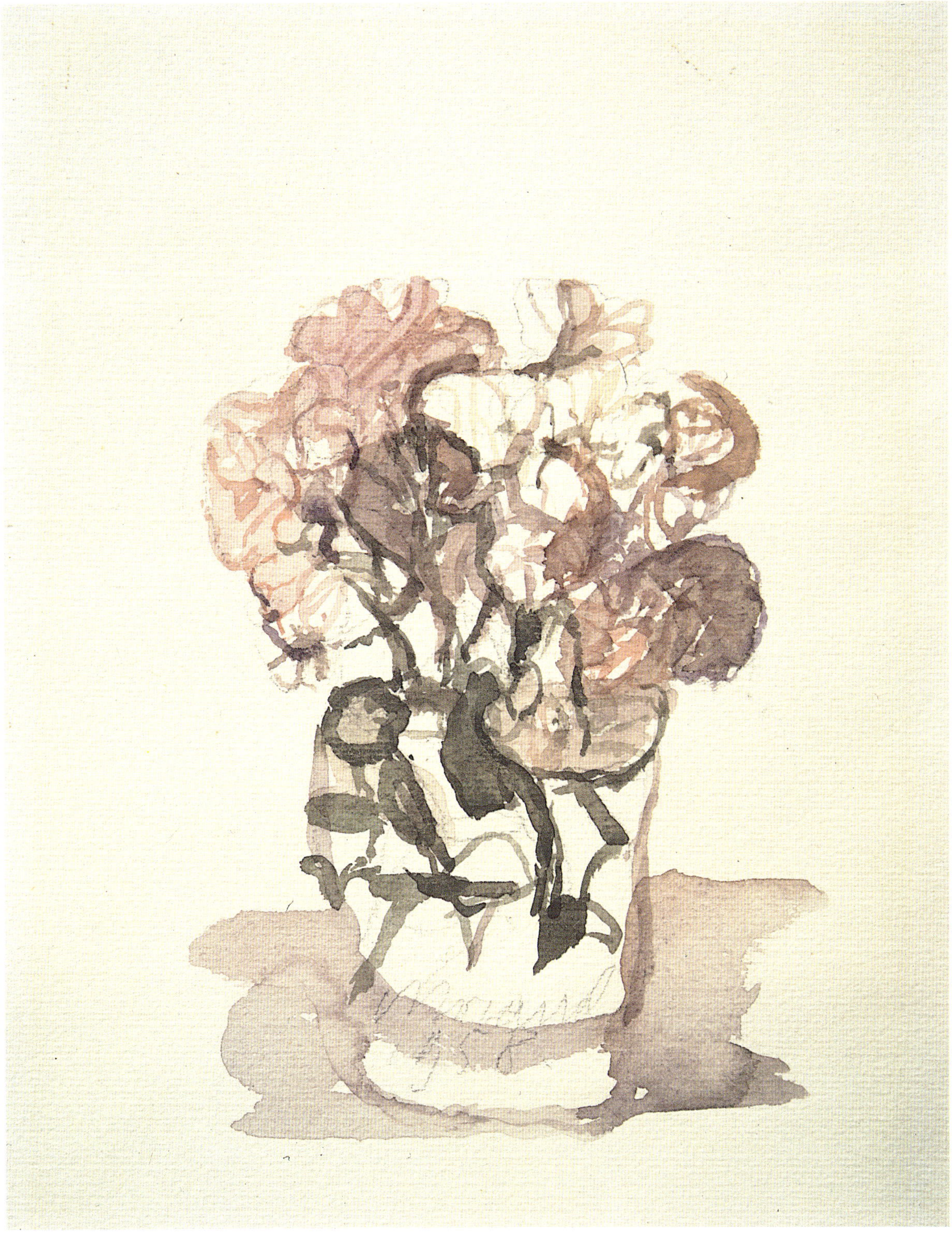

30.
Fiori, 1958
acquerello su carta
27,3 × 21,2 cm
firmato al centro "Morandi"
Pavia, collezione privata.

Provenienza: Milano, Galleria del Milione.

Esposizioni: Siena, 1990, n. 25, ripr.

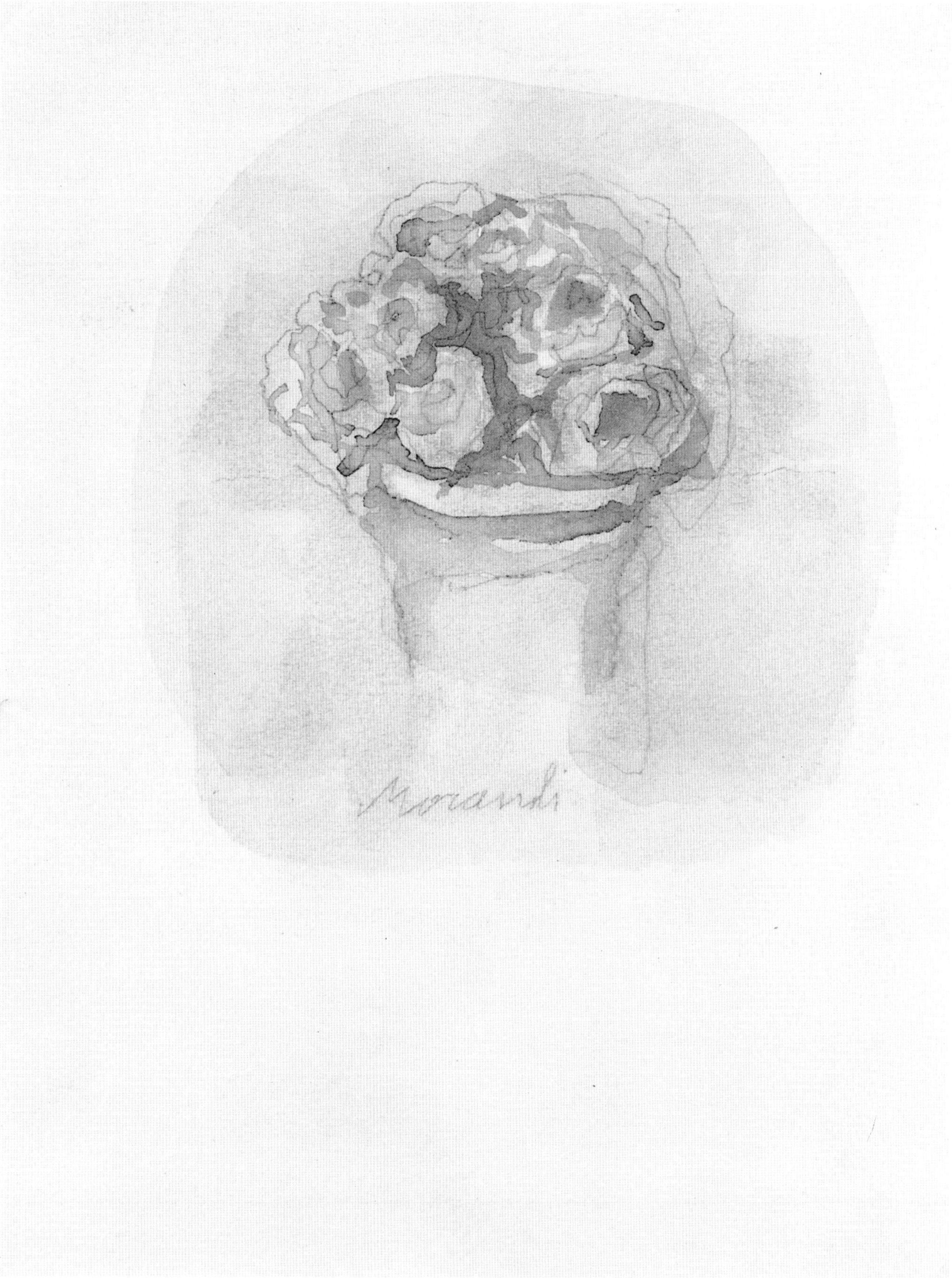

31.
Fiori, 1958
acquerello su carta
22 × 21,5 cm
firmato in basso al centro
"Morandi"
opera autenticata da Anna
e Maria Teresa Morandi,
il 14 marzo 1981
Milano, collezione privata.

Provenienza: Milano, Galleria del Milione.

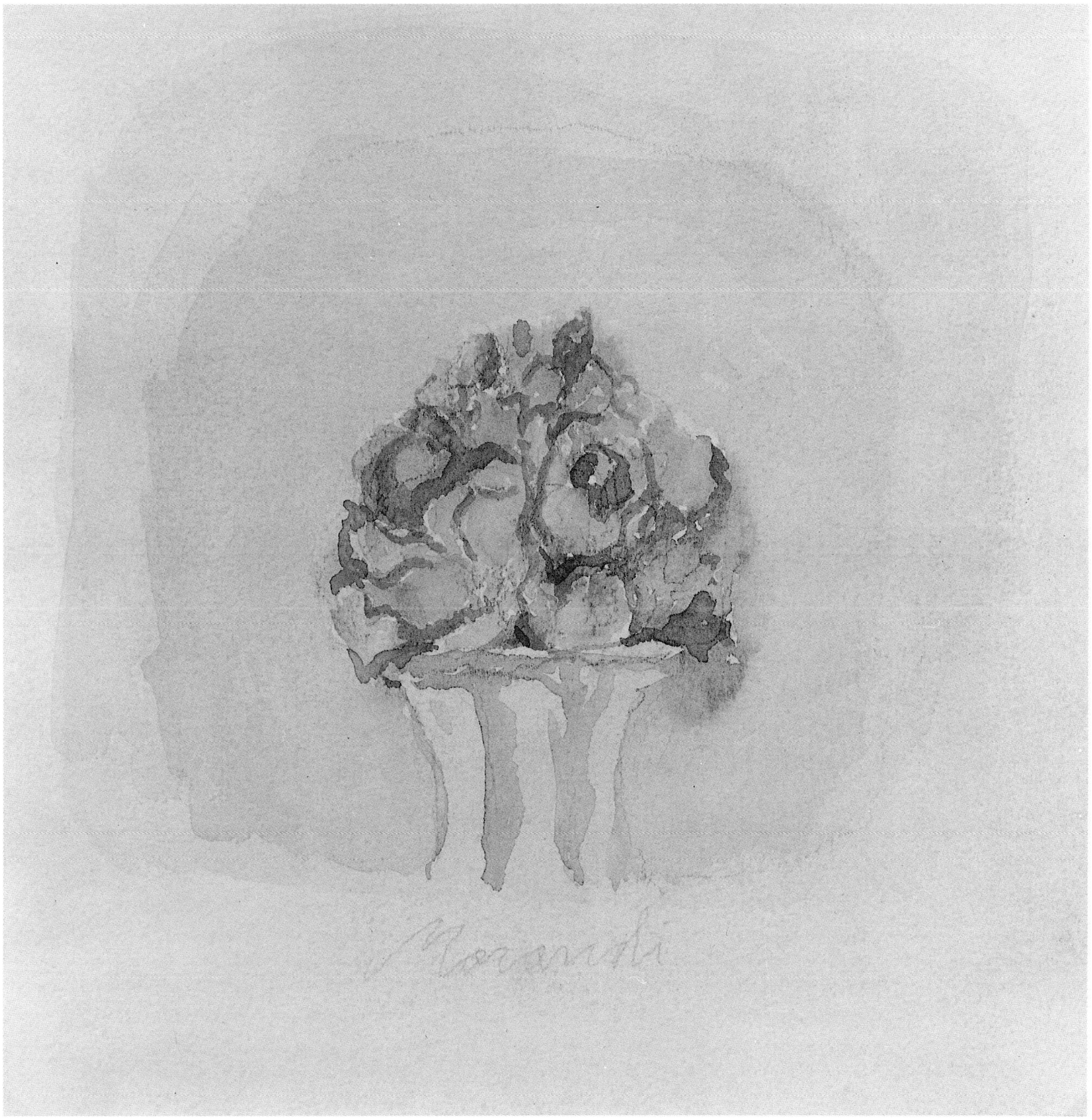

32.
Natura morta, 1958
acquerello su carta
23,5 × 32 cm
firmato in basso verso sinistra
"Morandi"
Torino, collezione Marina e Antonio Forchino.

Esposizioni: New York, 1960-1961, n. 50, ripr.; Bologna, 1968; Madrid-Barcellona, 1984-1985, n. 75, ripr.; Marsiglia, 1985, n. 70, ripr.; Milano-Bologna, 1985-1986, n. 10, ripr.; Tampere, 1988-1989, n. 76, ripr.; Leningrado-Mosca, 1989, n. 74, ripr.; Londra, 1989, n. 74, ripr.; Locarno, 1989, n. 82, ripr.; Tübingen-Düsseldorf, 1989-1990, n. 147, ripr.; Crevalcore, 1990, n. 21a, ripr.; Bologna, 1990, n. 189, ripr.

Bibliografia: Leymarie, 1968, n. 23, ripr.

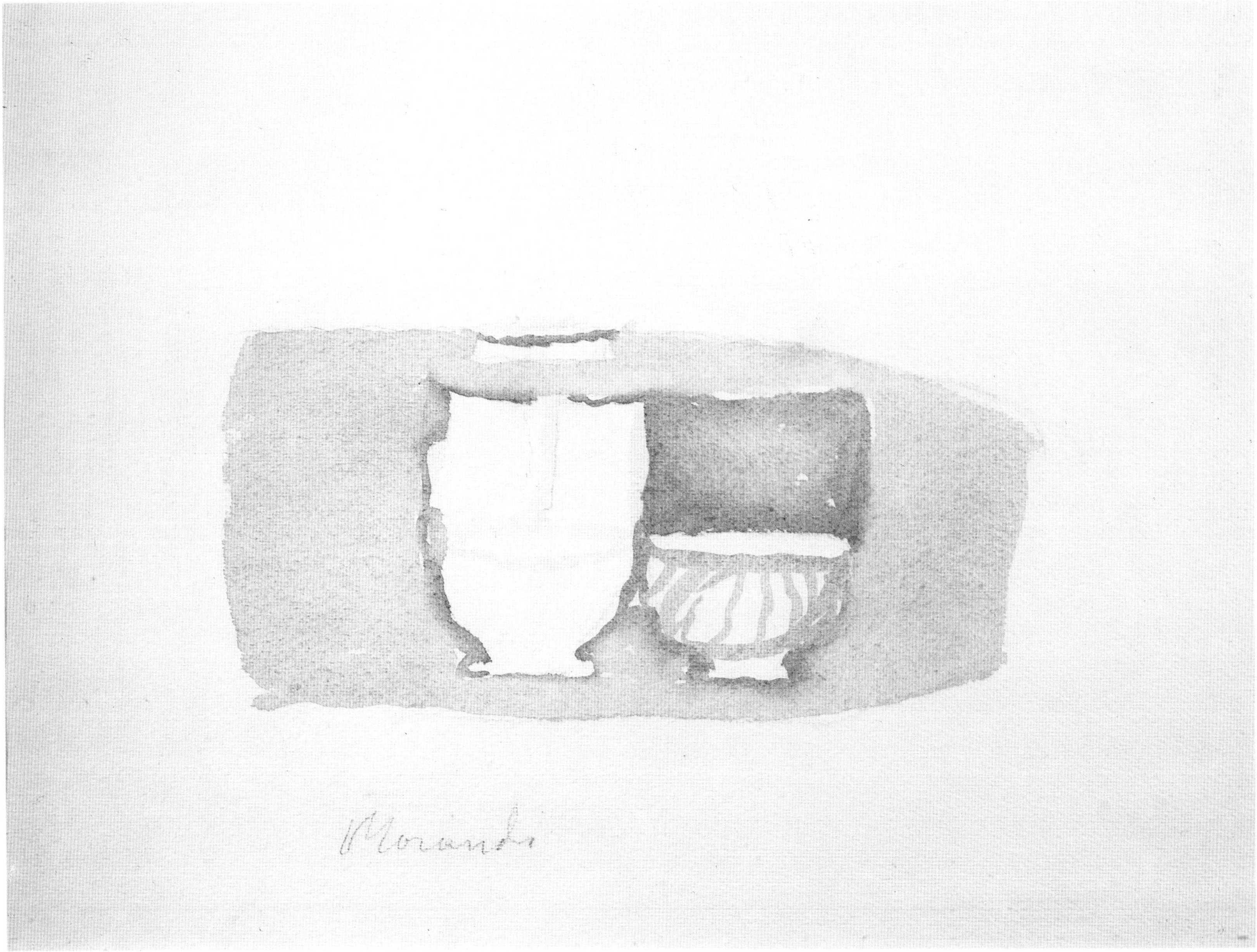

33.
Natura morta, 1958
acquerello su carta
16 × 21,5 cm
firmato in basso verso sinistra
"Morandi"
Firenze, collezione privata.

Esposizioni: Madrid-Barcellona, 1984-1985, n. 81, ripr.; Marsiglia, 1985, n. 76, ripr.

Dono dell'artista nel dicembre 1958.

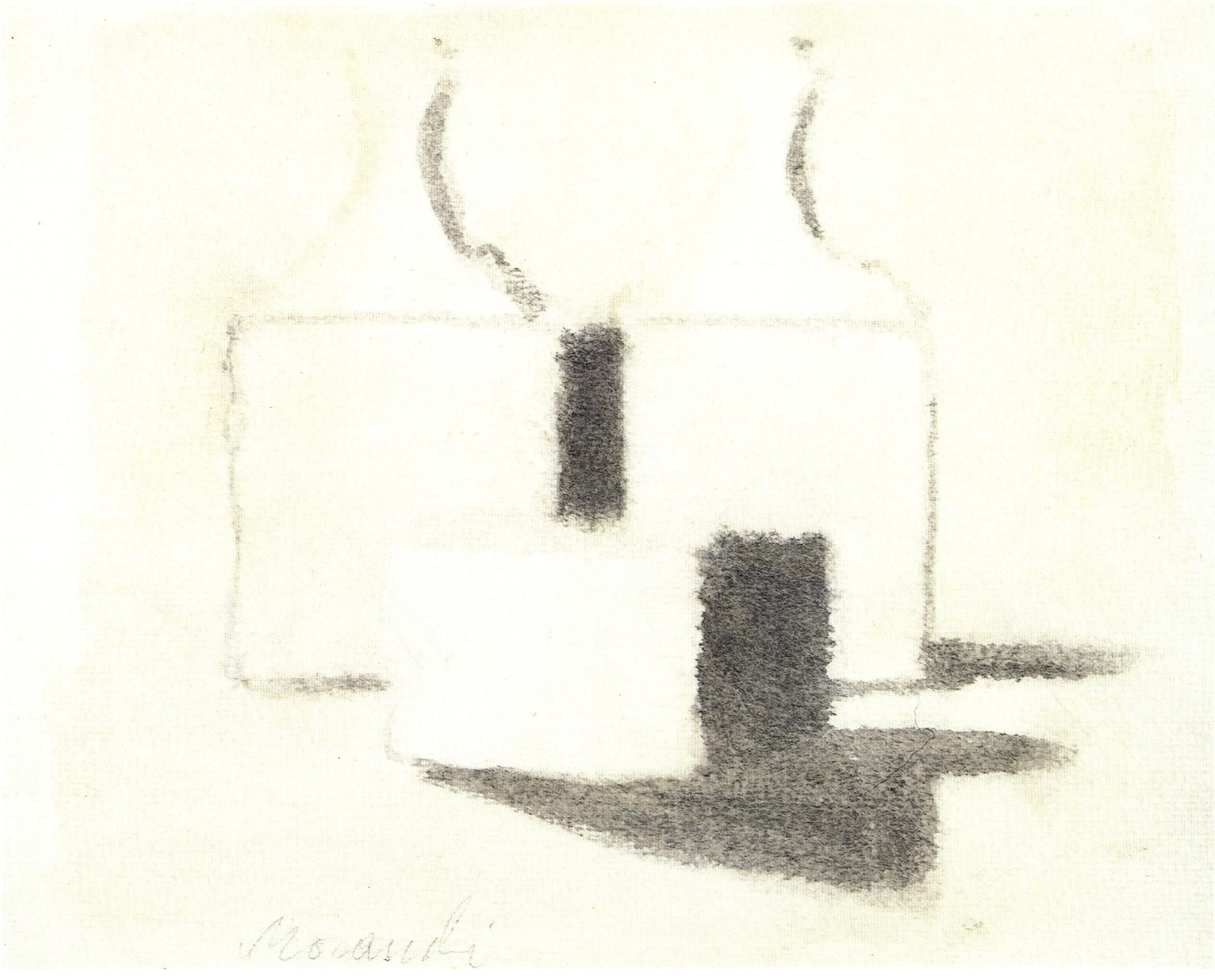

34.
Paesaggio (*Casa in rovina*),
1958
acquerello su carta
31 × 21 cm
firmato e datato in basso
al centro "Morandi 1958"
Modena, collezione privata.

Esposizioni: Bologna, 1968; Sasso Marconi, 1981, p. 56, ripr.; Sasso Marconi, 1984, p. 77, ripr.; Madrid-Barcellona, 1984-1985, n. 76, ripr.; Marsiglia, 1985, n. 71, ripr.; Milano-Bologna, 1985-1986, n. 12, ripr.

Bibliografia: Leymarie, 1968, n. 26, ripr.

35.
Paesaggio (*Casa in rovina*),
1958
acquerello su carta
21 × 16 cm
firmato e datato in basso
al centro "Morandi 1958"
Napoli, collezione privata.
Esposizioni: Ferrara, 1978, n. 5 (acquerelli), ripr.; Sasso Marconi, 1979, p. 27, ripr.

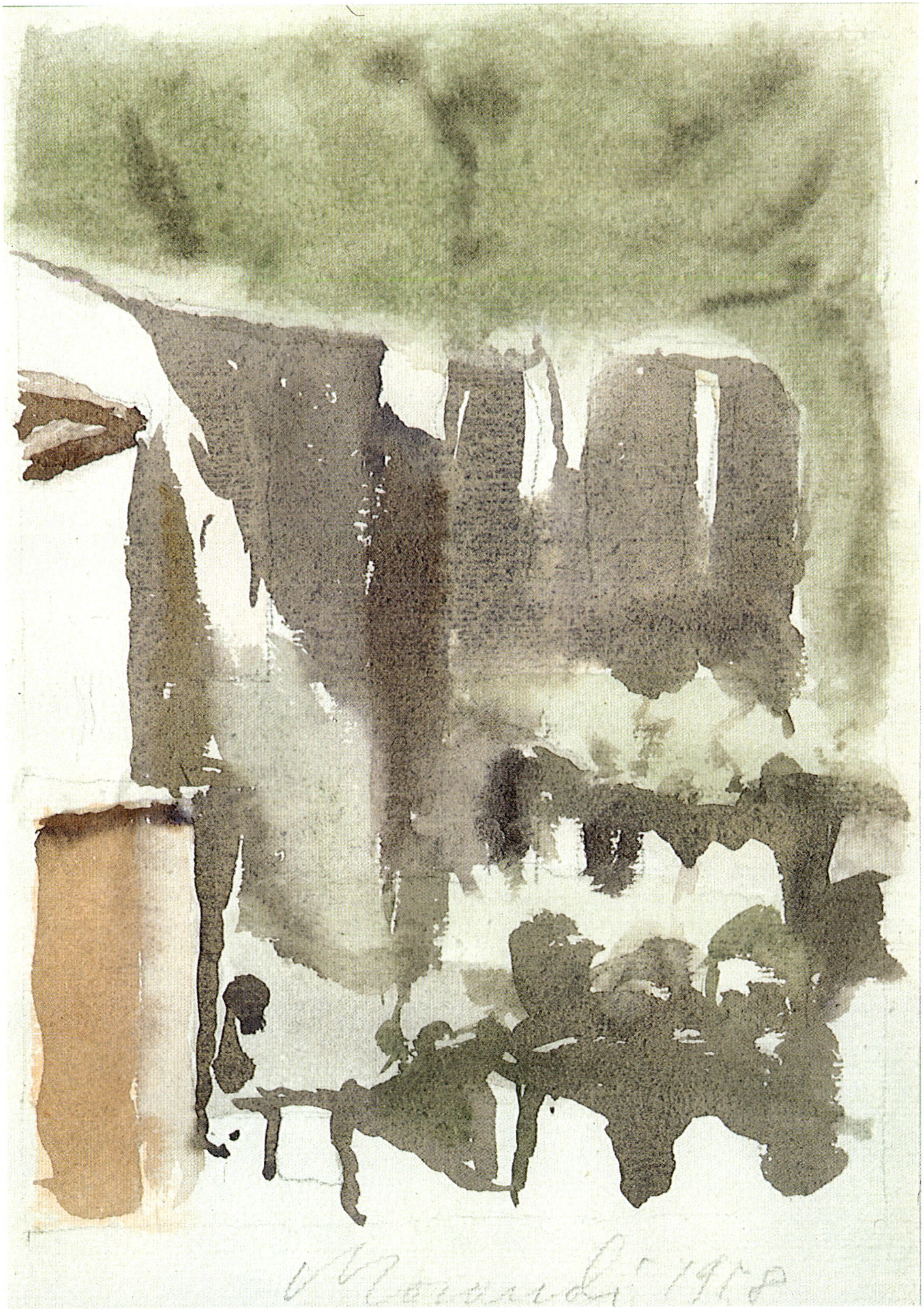

36.
Paesaggio, 1958
acquerello su carta
14,5 × 21 cm
firmato in basso al centro
"Morandi"
Torino, collezione privata.

Provenienza: Milano, Galleria del Milione.

Bibliografia: Basile, 1986, ripr.

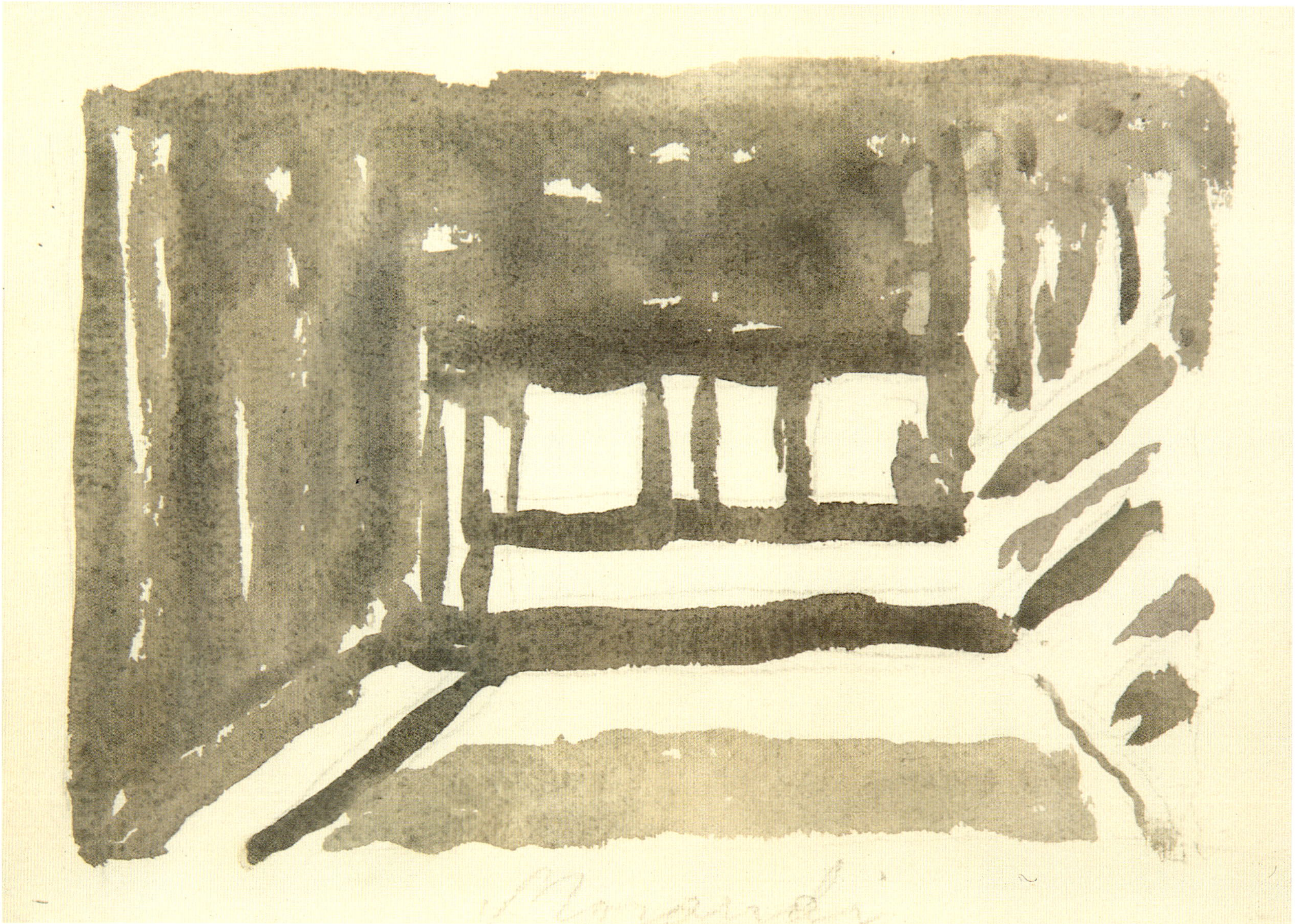

37.
Paesaggio, 1958
acquerello su carta
21 × 16 cm
firmato in basso al centro
"Morandi"
Milano, collezione privata.
Esposizioni: Ferrara, 1978, n. 9 (acquerelli), ripr.; Sasso Marconi, 1981, p. 50, ripr.

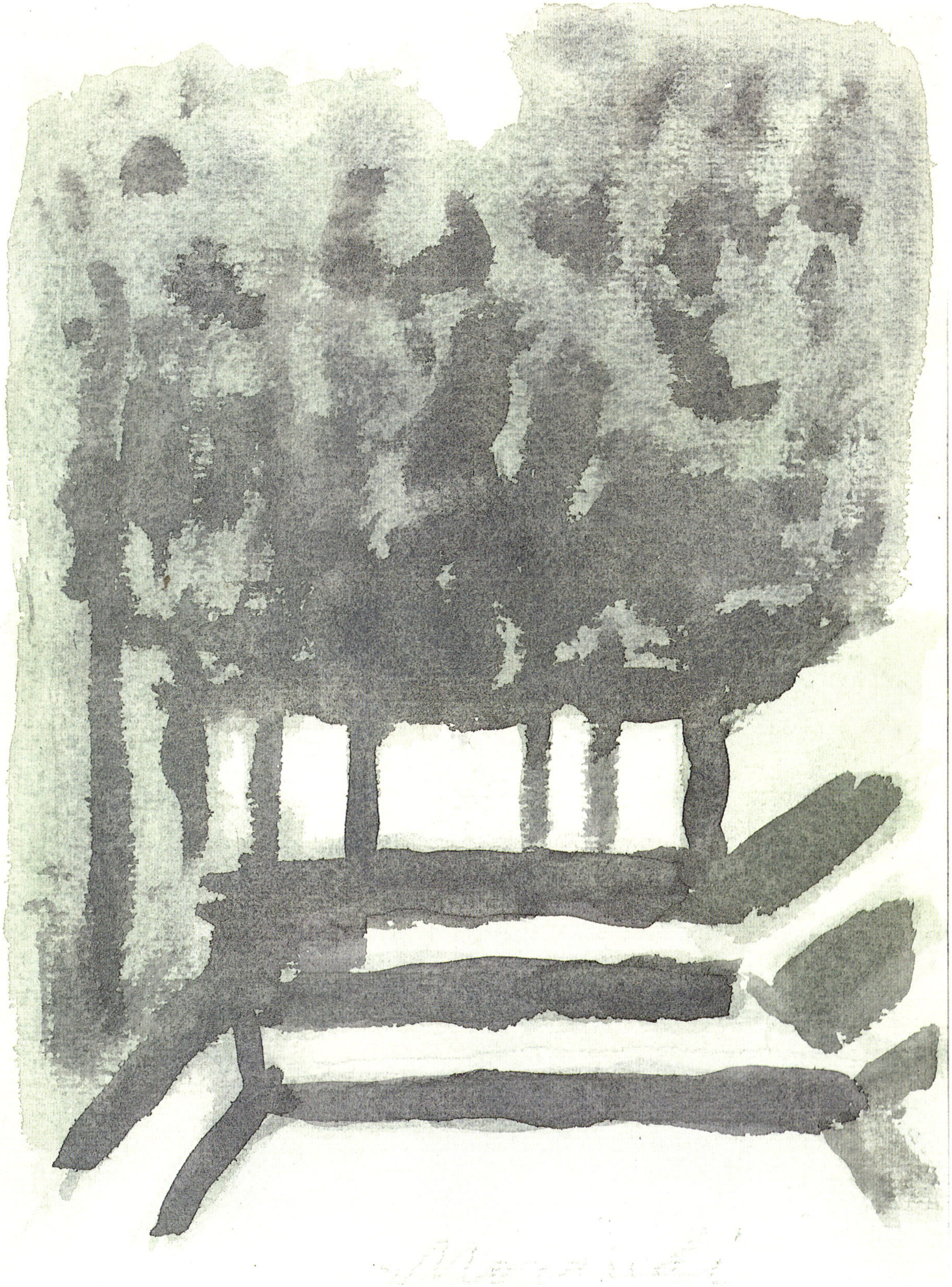

38.
Paesaggio, 1958
acquerello su carta
30,5 × 22,5 cm
firmato in basso a destra
"Morandi"
Gallarate, collezione privata.
Provenienza: Milano, Galleria del Milione; Milano, P. Zucchini; Gallarate, N. Bassetti; Milano, P. Pozzi.

39.
Paesaggio, 1958
acquerello su carta
22 × 24 cm
firmato in basso al centro
"Morandi"
Pescara, collezione privata.
Provenienza: Milano, Galleria del Milione; Bologna, Galleria Marescalchi.

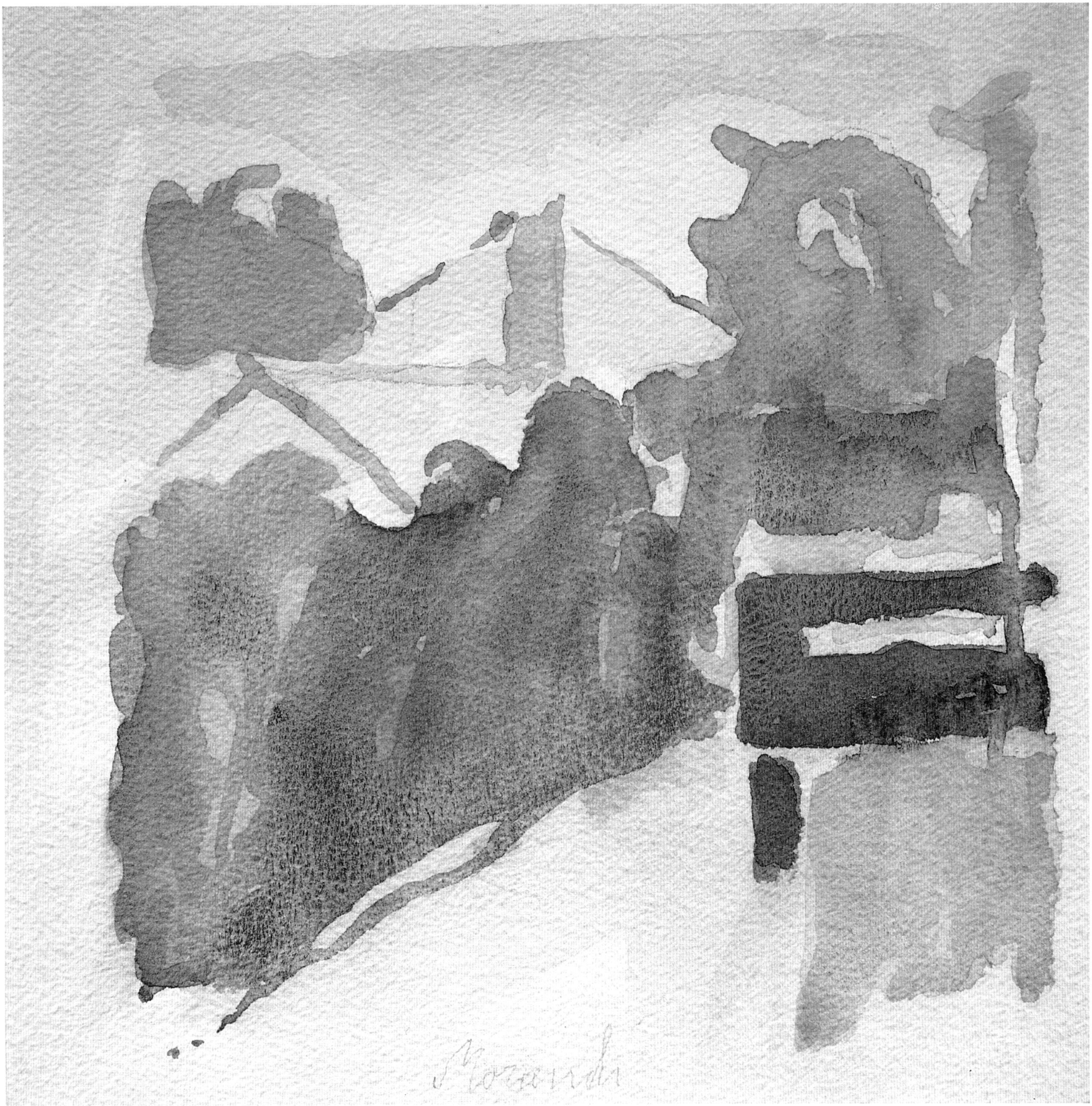

40.
Paesaggio, 1958
acquerello su carta
30,5 × 22 cm
firmato in basso verso sinistra
"Morandi"
Pavia, collezione privata.
Provenienza: Milano, Galleria del Milione; Pavia, L. Molina.

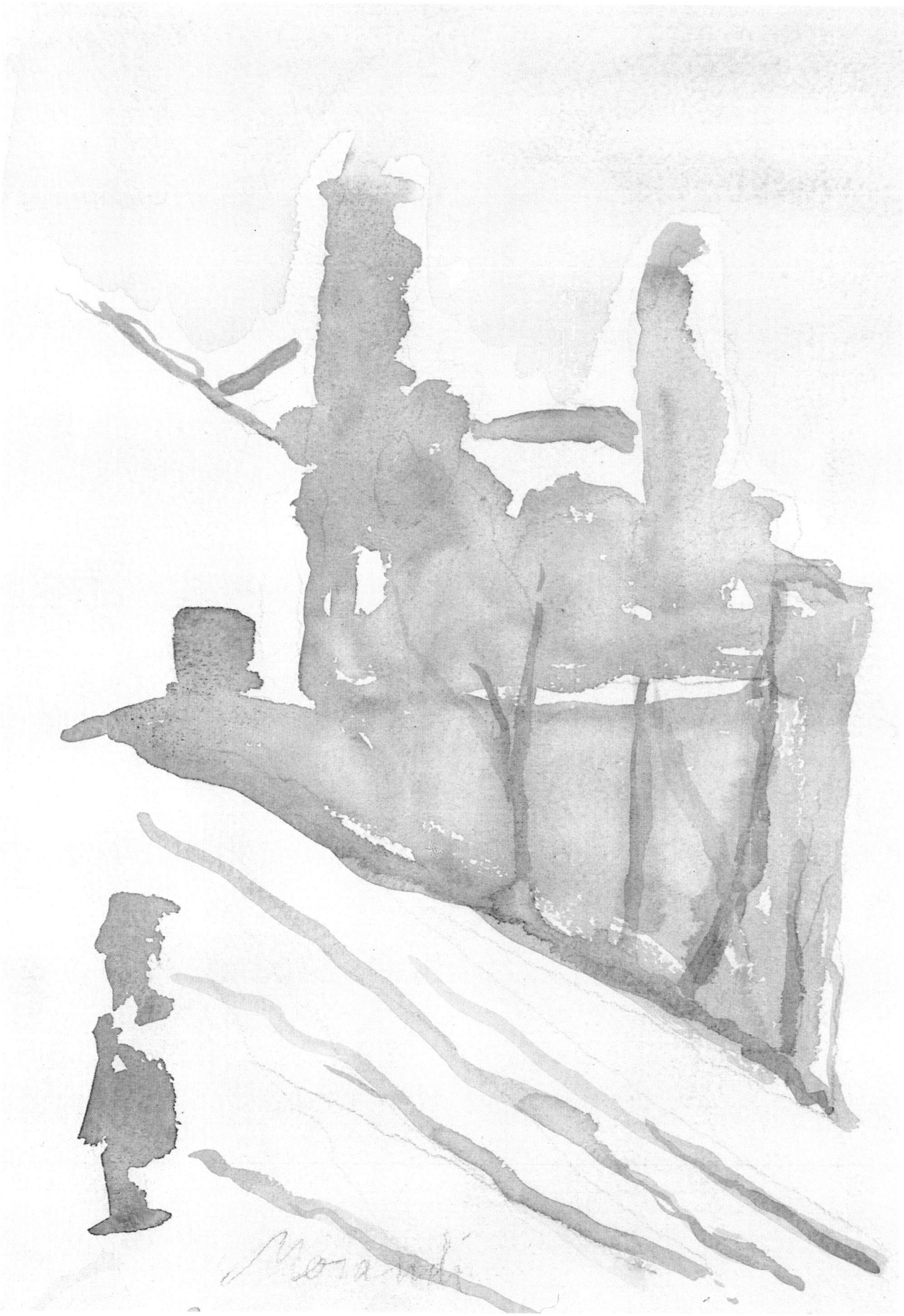

41.
Paesaggio, 1958
acquerello su carta
31,8 × 18,7 cm
firmato in basso al centro
"Morandi"
Friburgo, Morat Institut für
Kunst und Kunstwissenschaft.

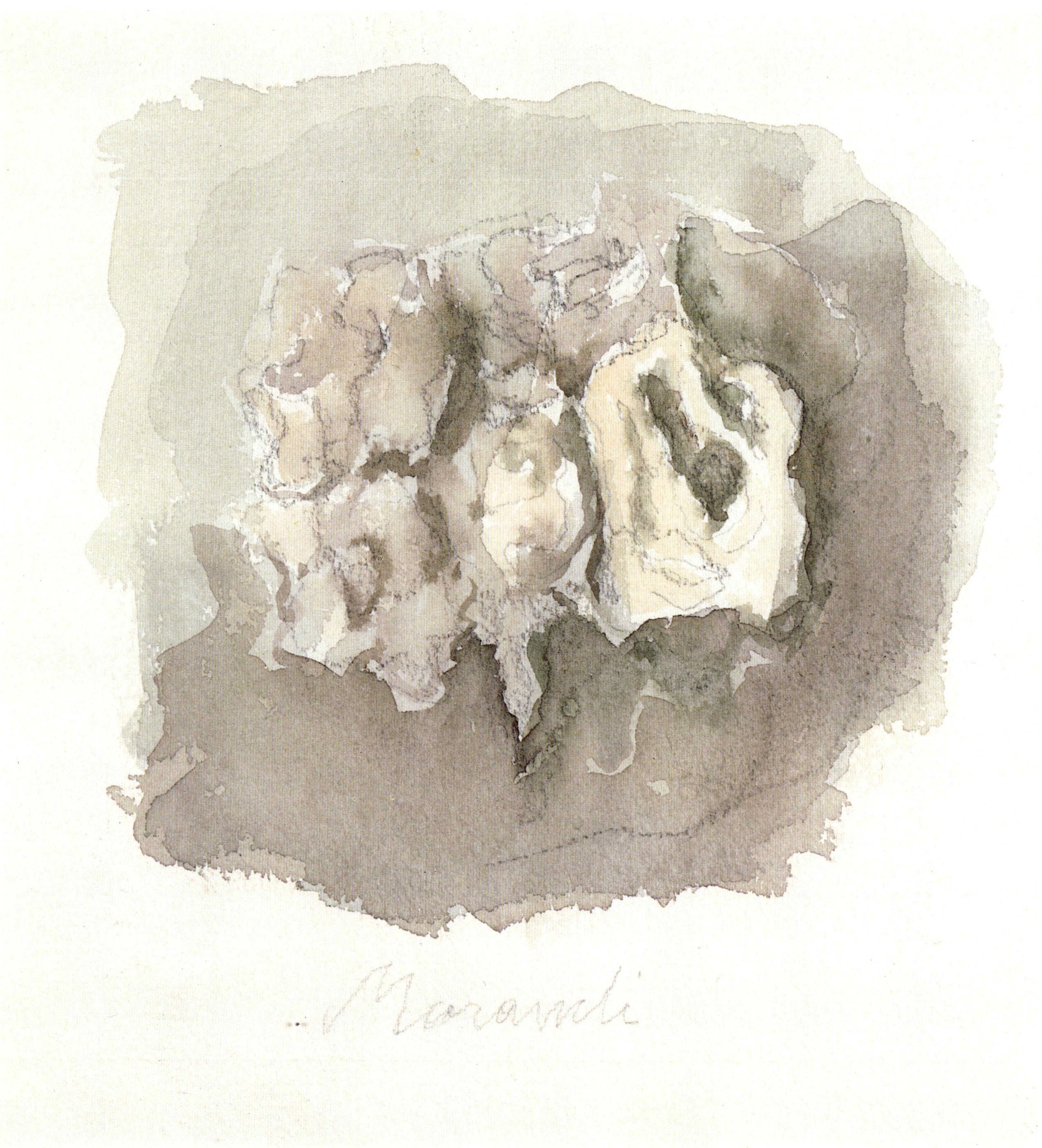
Morandi

42.
Fiori, 1959
acquerello su carta
21,8 × 21,2 cm
firmato in basso al centro
"Morandi"
Modena, collezione privata.

Provenienza: Prato, Galleria Farsetti.

Esposizioni: Tampere, 1988-1989, n. 77, ripr.; Leningrado-Mosca, 1989, n. 75, ripr.; Londra, 1989, n. 75, ripr.; Locarno, 1989, n. 83, ripr.; Tübingen-Düsseldorf, 1989-1990, n. 148, ripr.; Crevalcore, 1990, n. 18a, ripr.; Bologna, 1990, n. 190, ripr.; Siena, 1990, n. 26, ripr.

43.
Natura morta, 1959
acquerello su carta
20,4 × 33 cm
firmato in basso al centro
"Morandi"
Milano, collezione privata.

Provenienza: Milano, F. Russoli.

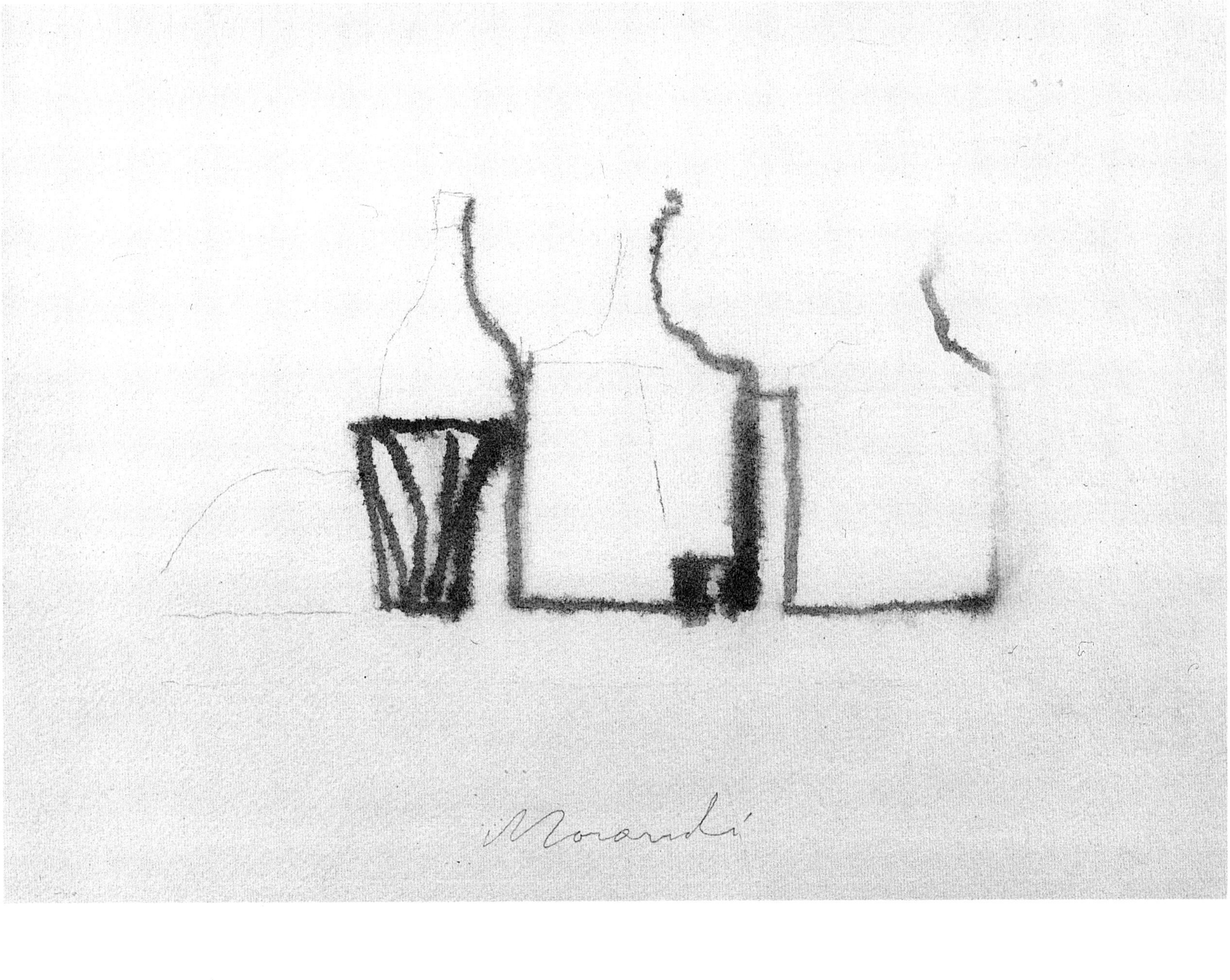

44.
Natura morta, 1959
acquerello su carta
15,8 × 27,7 cm
firmato verso destra
"Morandi"
Modena, collezione privata.

Provenienza: Reggio Emilia, Libreria Prandi.

Esposizioni: Tampere, 1988-1989, n. 83, ripr.; Leningrado-Mosca, 1989, n. 81, ripr.; Londra, 1989, n. 81, ripr.; Locarno, 1989; Tübingen-Düsseldorf, 1989-1990, n. 152, ripr.; Crevalcore, 1990, n. 19a, ripr.; Bologna, 1990, n. 195, ripr.

Bibliografia: "Catalogo Prandi n. 198", 1988-1989, n. 454, ripr.

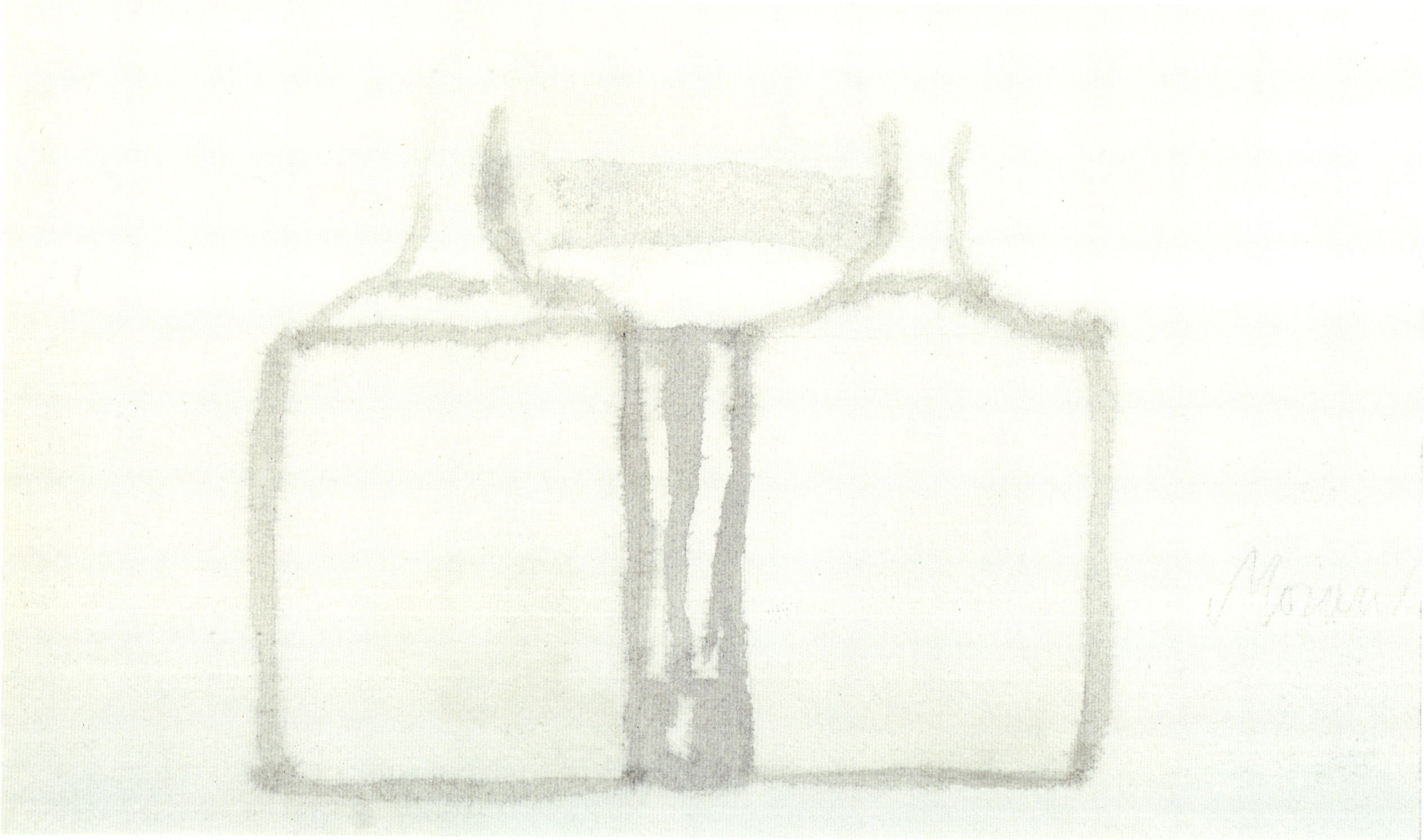

45.
Natura morta, 1959
acquerello su carta
16 × 23,6 cm
firmato in basso al centro
"Morandi"
sul verso, dedica e data "A
Ettore Gian Ferrari 8.4.1959"
Milano, collezione privata.

Provenienza: Milano, E. Gian Ferrari.

Esposizioni: Acqui Terme, 1981, ripr.; Firenze, 1981, ripr.; Milano-Bologna, 1985-1986, n. 20, ripr.; Tampere, 1988-1989, n. 80, ripr.; Leningrado-Mosca, 1989, n. 78, ripr.; Londra, 1989, n. 78, ripr.; Giappone, 1989-1990, n. 94, ripr.; Bologna, 1990, n. 193, ripr.

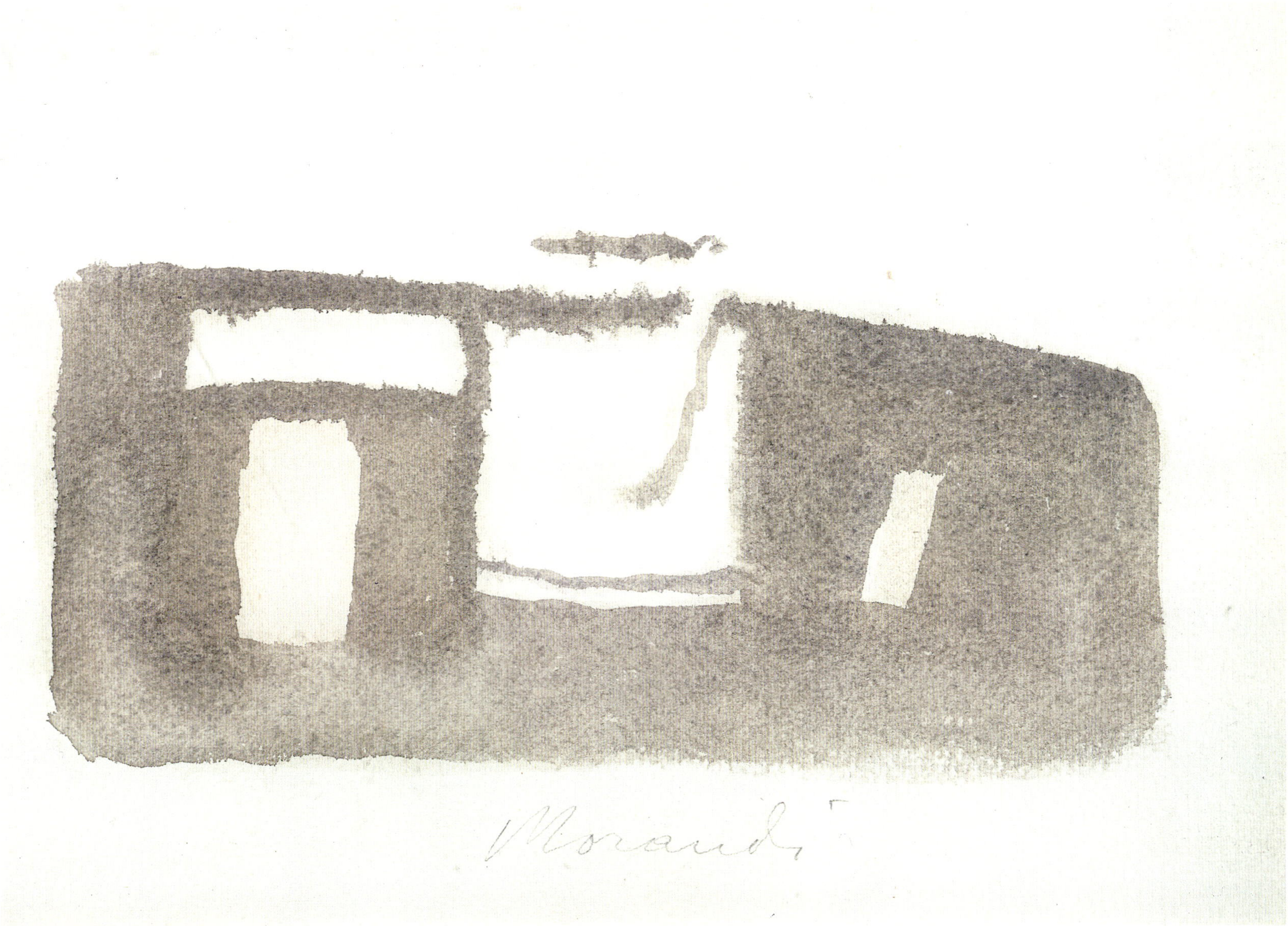

46.
Natura morta, 1959
acquerello su carta
16 × 21 cm
firmato in basso al centro
"Morandi"
Milano, collezione privata.
Provenienza: Milano, G. Ghiringhelli; Bergamo, R. Zanchi.

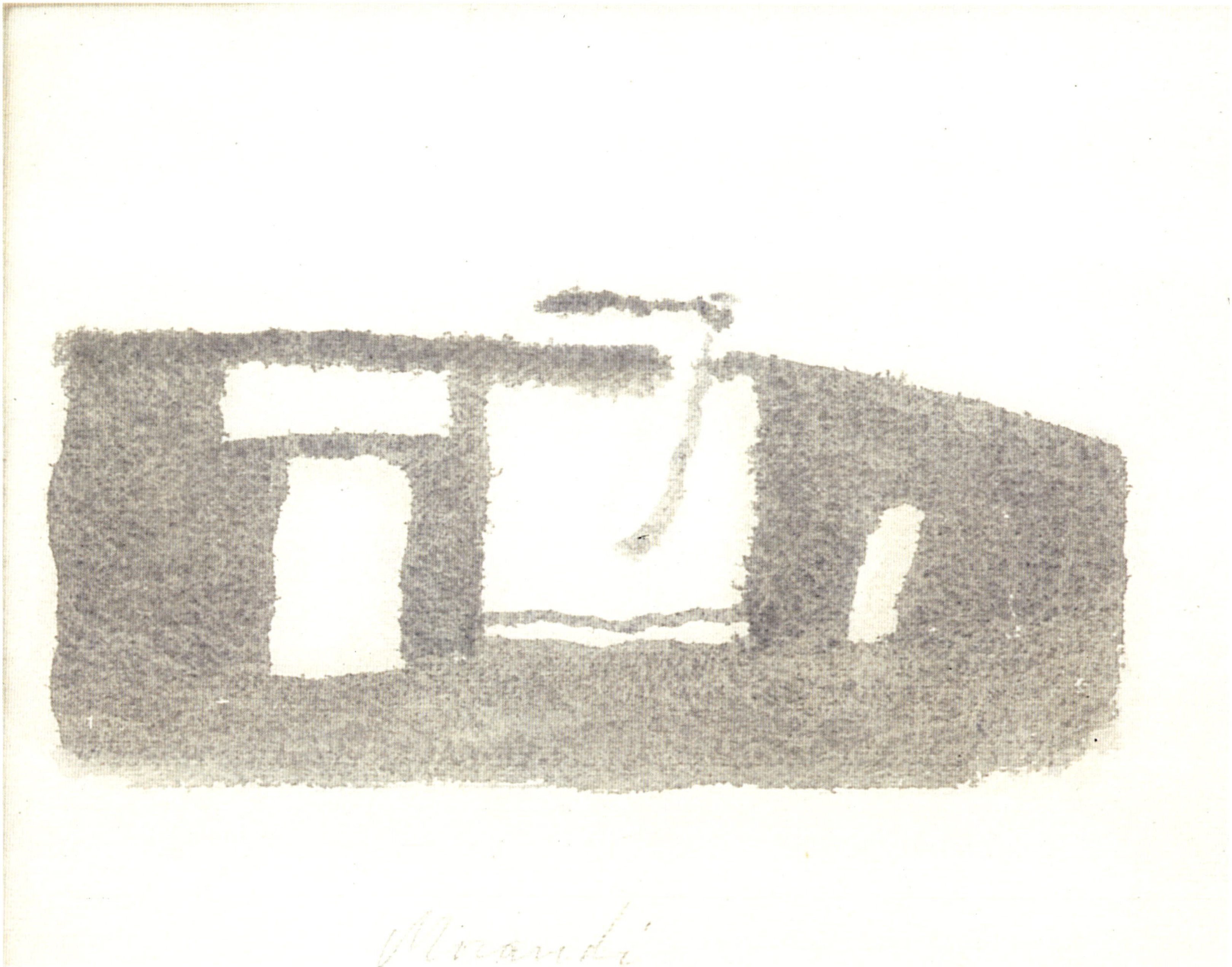

47.
Natura morta, 1959
acquerello su carta
18,5 × 27 cm
firmato in basso verso sinistra "Morandi"
sul verso, a matita, data e dedica autografa dell'artista "Al Signor Efrem Tavoni Giorgio Morandi - Bologna 18 dicembre 1959"
Milano, collezione privata.

Provenienza: Sasso Marconi, E. Tavoni; Bologna, Galleria de' Foscherari.

Esposizioni: Bologna, 1968; Londra, 1970, n. 85, ripr.; Parigi, 1971, n. 85, ripr.; Milano, maggio-giugno 1971, n. 100, ripr.; Verona, 1977, ripr.

Bibliografia: Leymarie, 1968, n. 33 (misure errate), ripr.; Zurlini, 1973, n. 23, ripr.

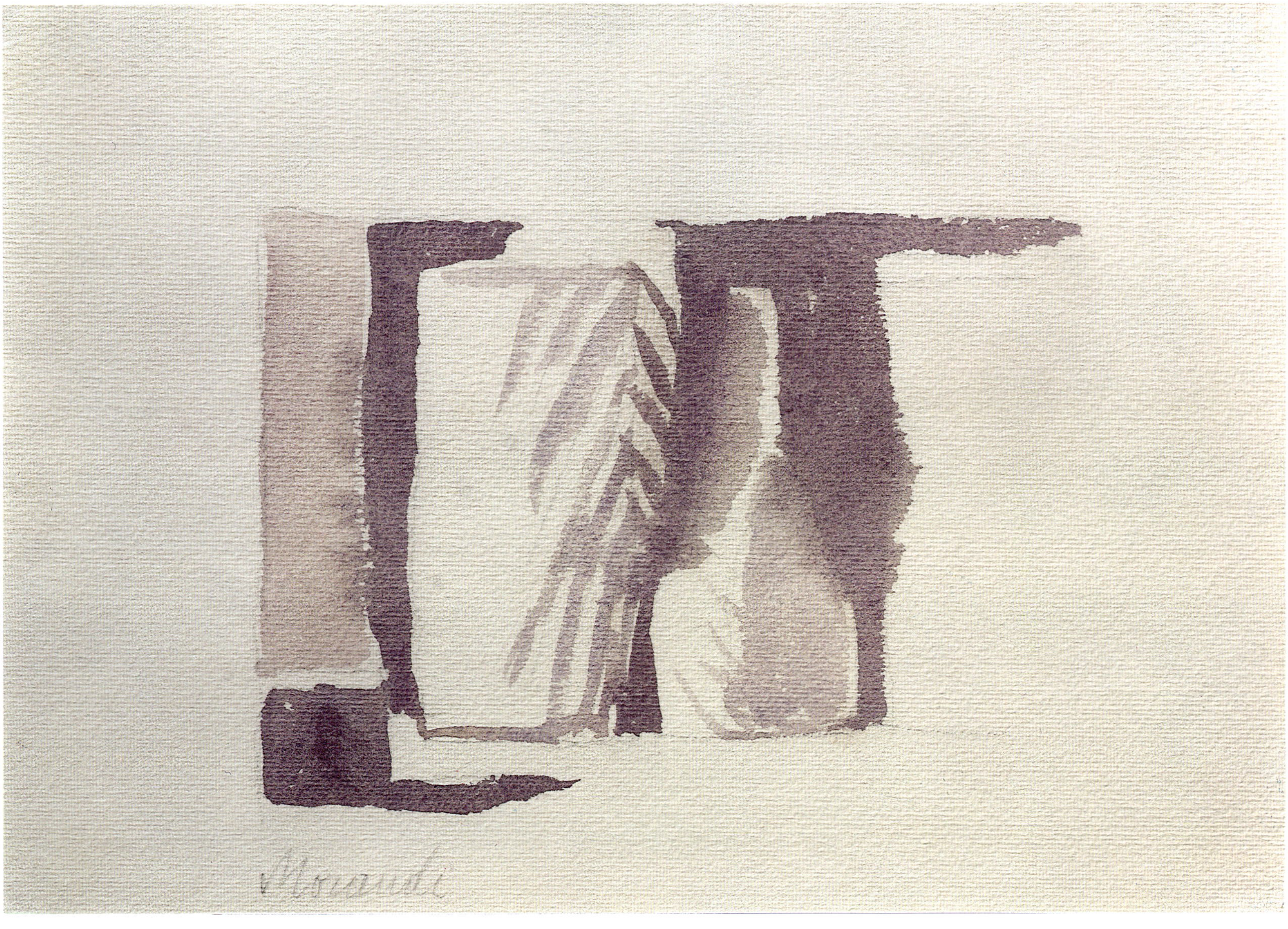

48.
Natura morta, 1959
acquerello su carta
17,8 × 25,8 cm
firmato in basso verso sinistra
"Morandi"
Faenza, collezione privata.

Provenienza: Bologna, Galleria Marescalchi.

Esposizioni: Acqui Terme, 1981, ripr.

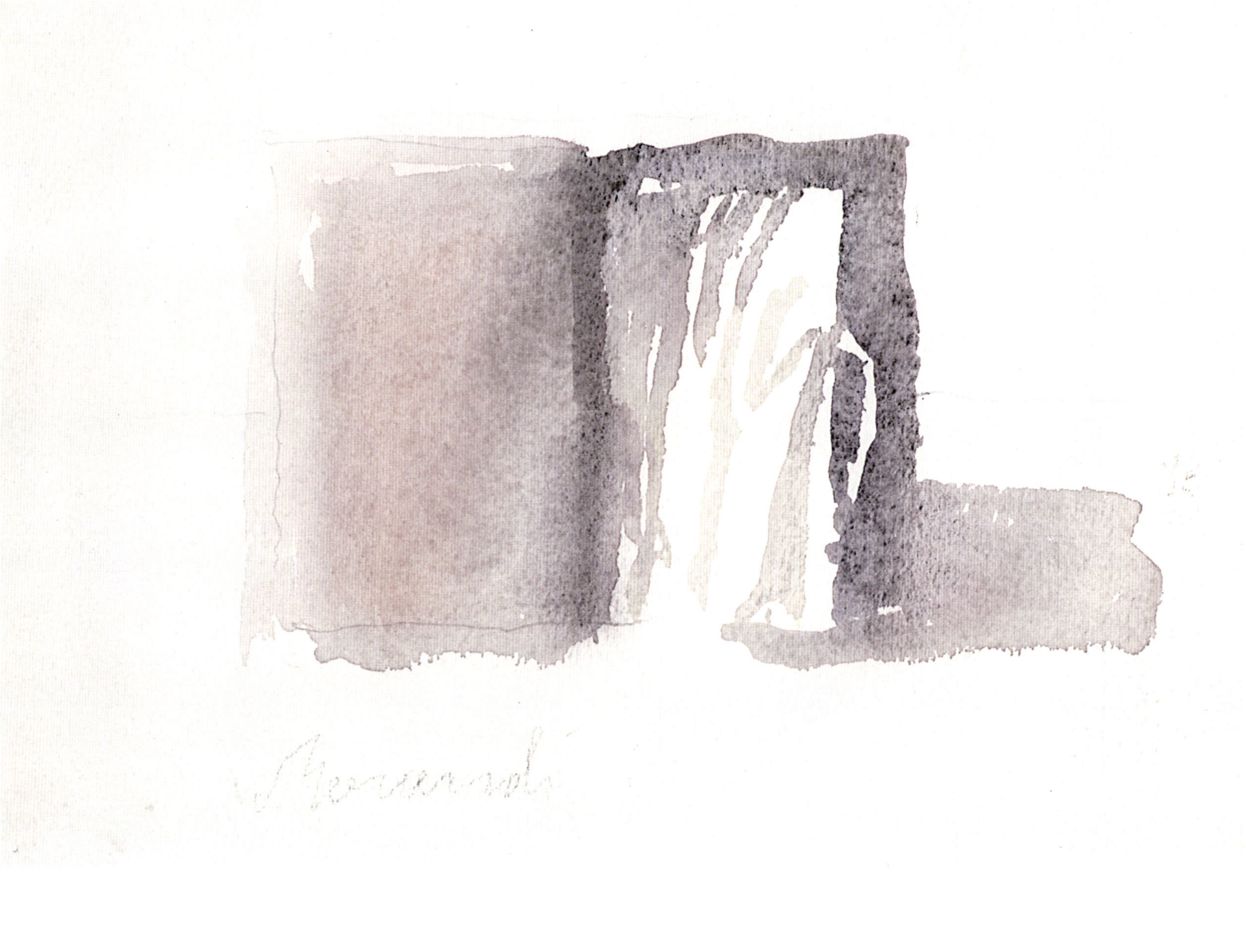

49.
Natura morta, 1959
acquerello su carta
15 × 20 cm
firmato in basso verso destra
"Morandi"
Milano, collezione privata.

Esposizioni: Milano, maggio-giugno 1972, n. 15, ripr.

Bibliografia: Zurlini, 1973, n. 29, ripr.

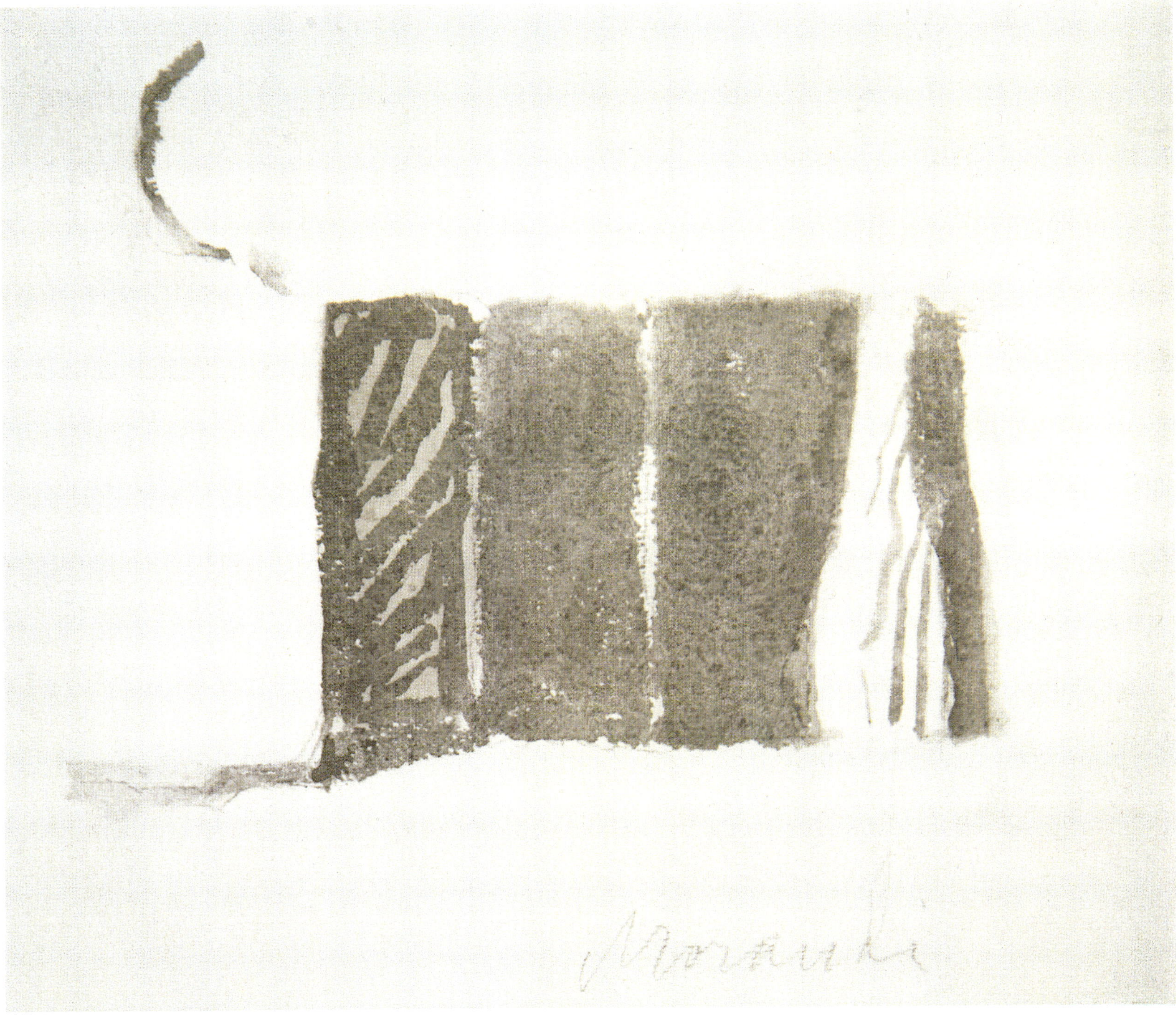

50.
Natura morta, 1959
acquerello su carta
21 × 31 cm
firmato in basso al centro
"Morandi"
Como, collezione privata.

Provenienza: Milano, Galleria del Milione; Sasso Marconi, E. Tavoni.

Esposizioni: Sasso Marconi, 1984, p. 64, ripr.; Madrid-Barcellona, 1984-1985, n. 79, ripr.; Marsiglia, 1985, n. 74, ripr.

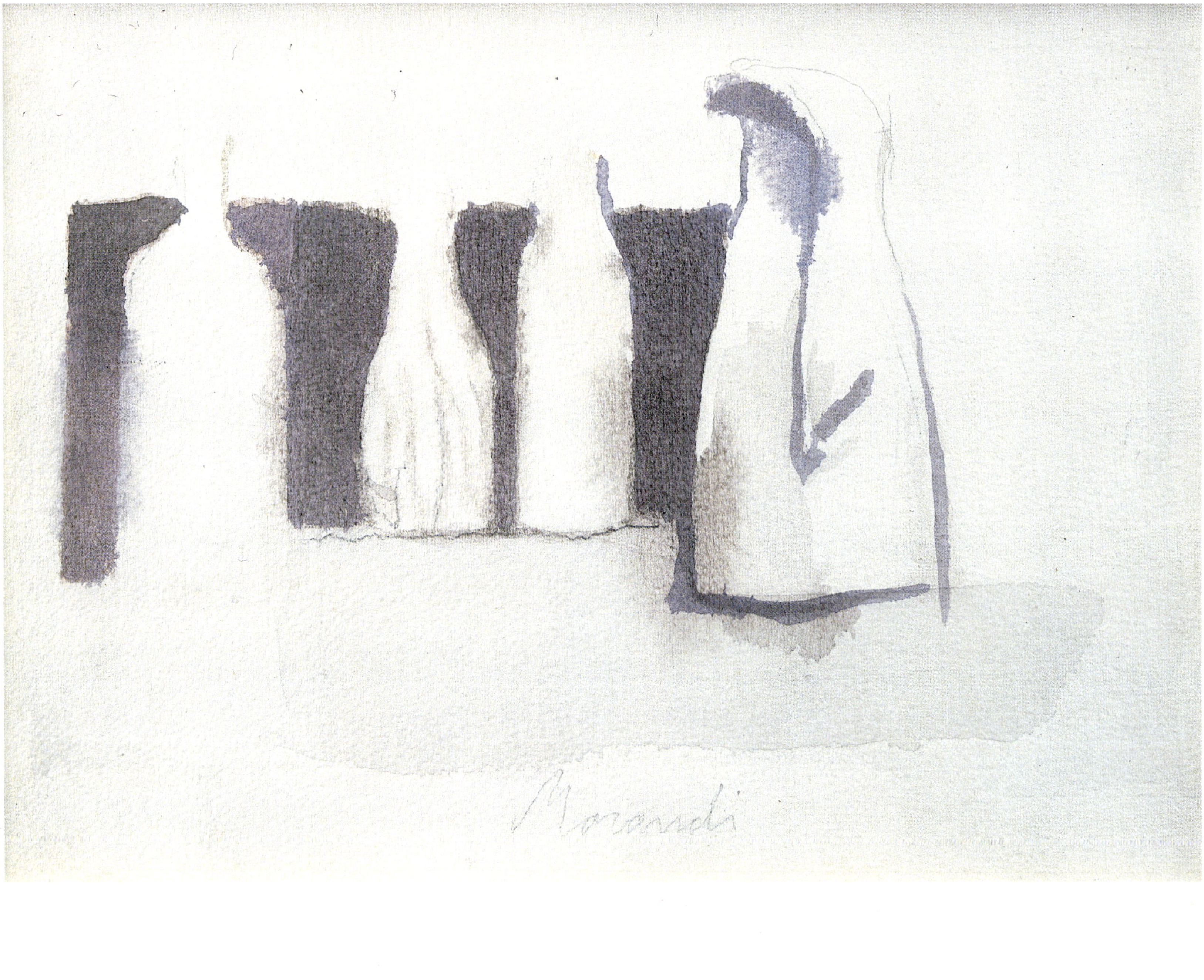

51.
Natura morta, 1959
acquerello su carta
16 × 24 cm
firmato in basso a sinistra
"Morandi"
Bologna, collezione privata.

Esposizioni: Bologna, 1968; Roma, 1973, n. 98, ripr.; Ferrara, 1978, n. 10 (acquerelli), ripr.; Monaco, 1981, n. 116, ripr.

Bibliografia: Leymarie, 1968, n. 47, ripr.; Zurlini, 1973, n. 34, ripr.

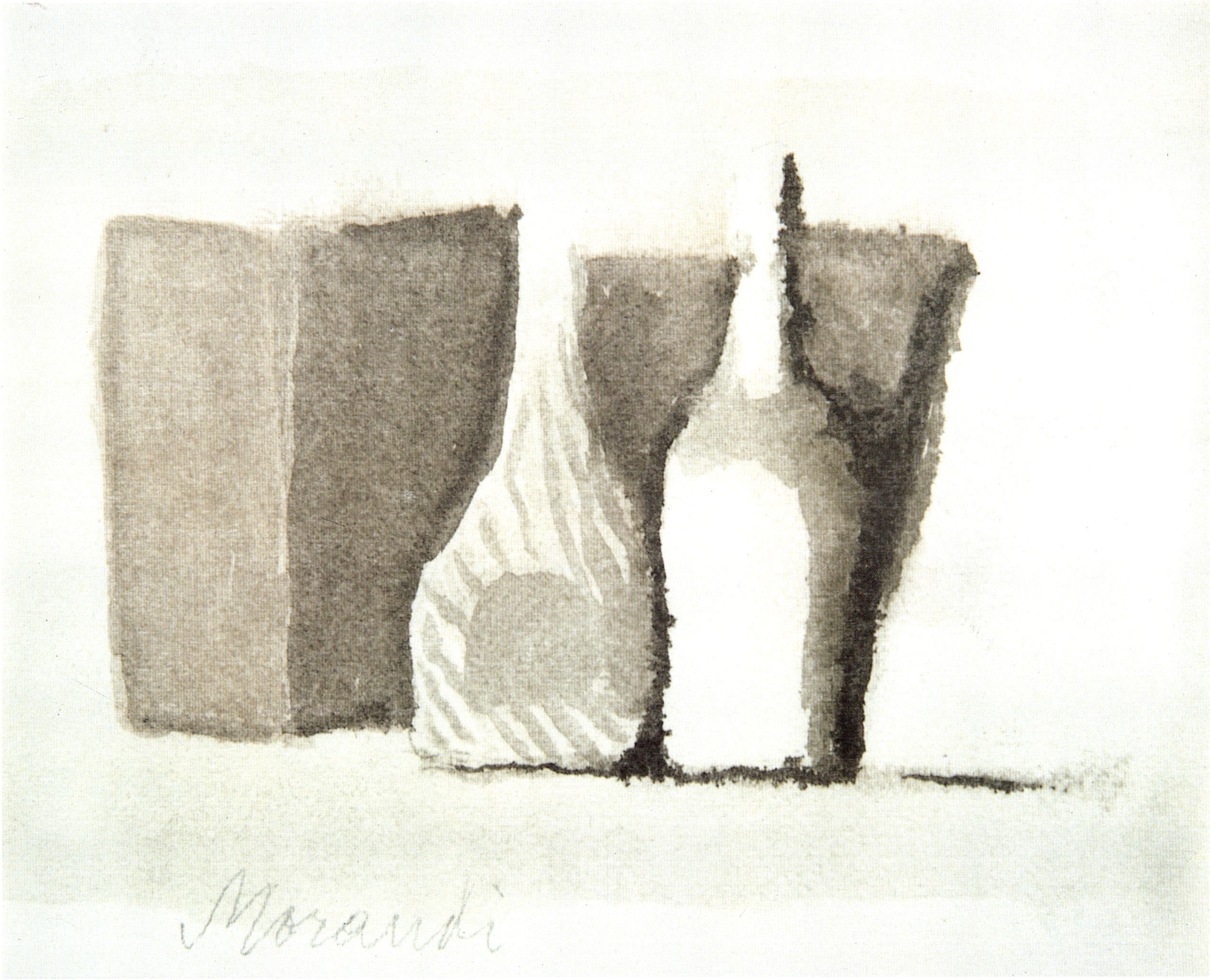

52.
Natura morta, 1959
acquerello su carta
27 × 37 cm
firmato in basso al centro
"Morandi"
seconda firma semicancellata
sotto a quella definitiva
Bologna, collezione privata.

Esposizioni: Bologna, 1966, n. 11 (acquerelli), ripr.; Bologna, 1968; Ferrara, 1978, n. 11 (acquerelli), ripr.; Monaco, 1981, n. 118, ripr.; San Francisco - New York - Des Moines, 1981-1982, n. 73, ripr.; Sasso Marconi, 1984, p. 73, ripr.; Madrid-Barcellona, 1984-1985, n. 78, ripr.; Marsiglia, 1985, n. 73, ripr.; Milano-Bologna, 1985-1986, n. 19, ripr.; Parigi, 1987, n. 59, ripr.; Tampere, 1988-1989, n. 82, ripr.; Leningrado-Mosca, 1989, n. 80, ripr.; Londra, 1989, n. 80, ripr.; Locarno, 1989; Tübingen-Düsseldorf, 1989-1990, n. 151, ripr.; Crevalcore, 1990, n. 20b, ripr.; Bologna, 1990, n. 194, ripr.

Bibliografia: Leymarie, 1968, n. 43, ripr.; Zurlini, 1973, n. 31, ripr.

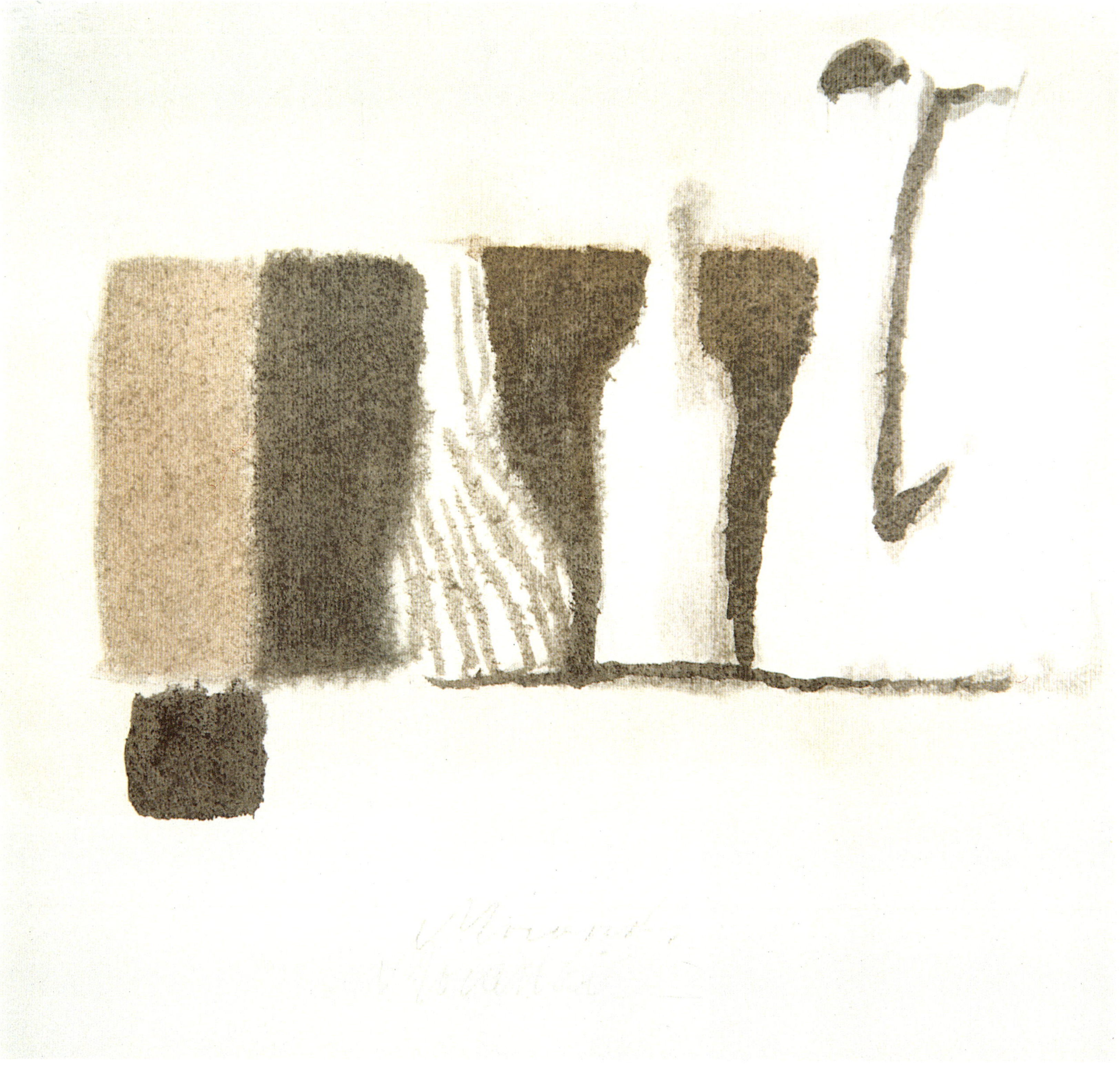

53.
Natura morta, 1959
acquerello su carta
16 × 21 cm
firmato in basso al centro
"Morandi"
Udine, collezione privata.

Provenienza: Bologna, Galleria de' Foscherari.

Esposizioni: Bologna, 1968.

Bibliografia: Leymarie, 1968, n. 32b, ripr.

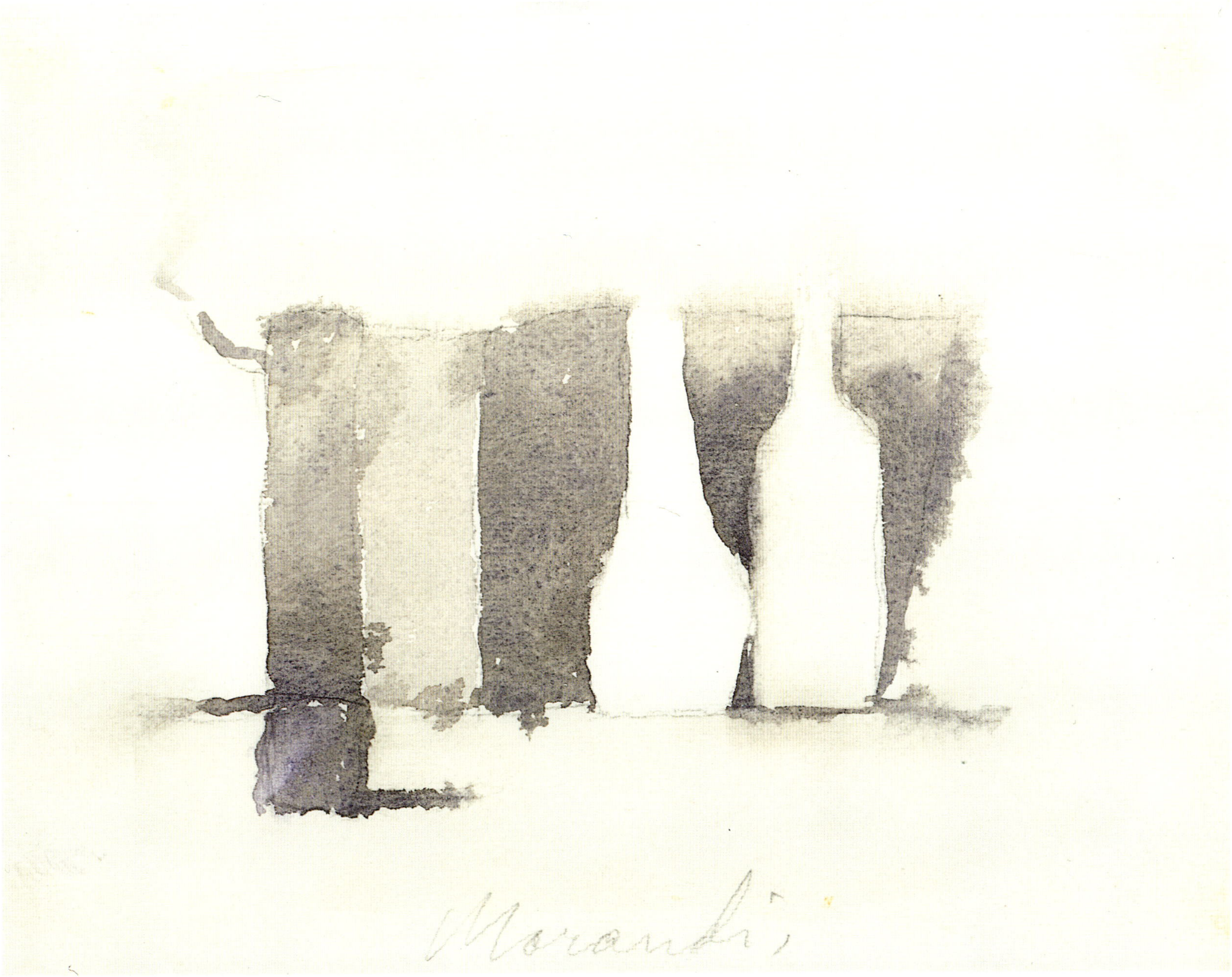

54.
Natura morta, 1959
acquerello su carta
18,3 × 22,6 cm
firmato in basso verso destra
"Morandi"
Torino, collezione privata.

Provenienza: Milano, Galleria del Milione; Bologna, Galleria Marescalchi.

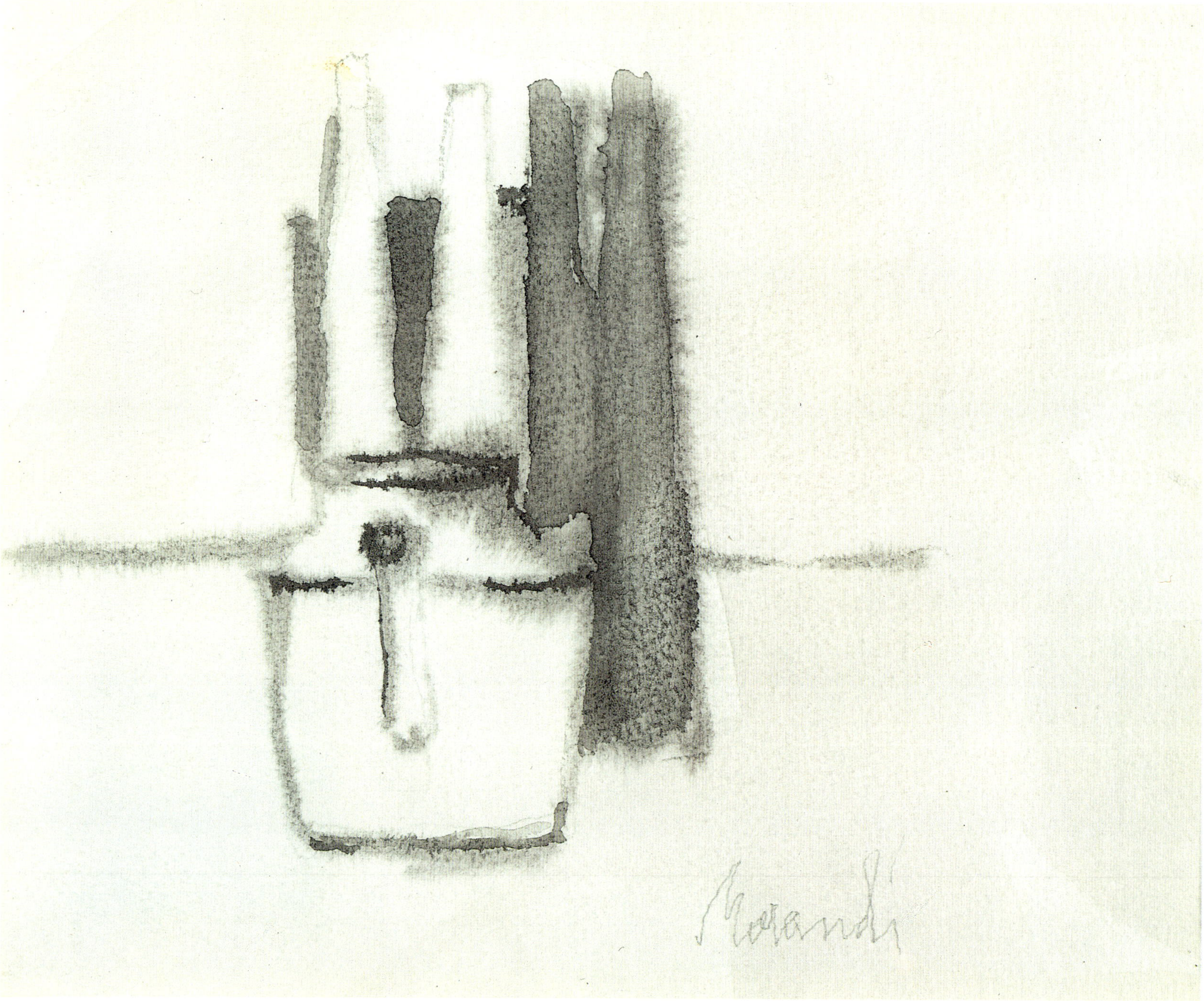

55.
Natura morta, 1959
acquerello su carta
25,6 × 17,3 cm
firmato in basso a destra
"Morandi"
Gallarate, collezione privata.
Provenienza: Milano, Galleria del Milione; Spoleto, F. Lauriti; Gallarate, L. Marengo; Gallarate, A. Mariani.

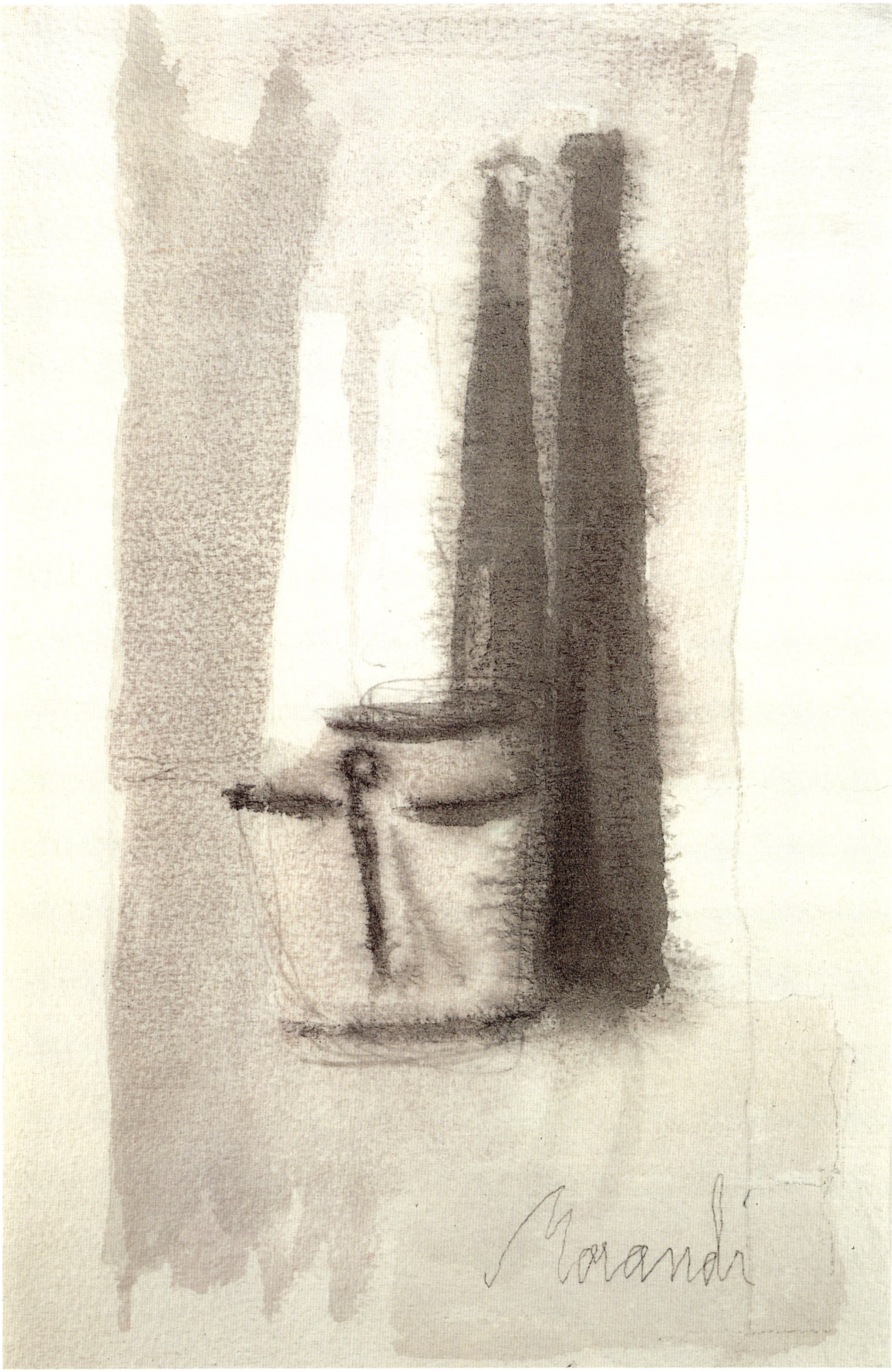

56.
Natura morta, 1959
acquerello su carta
16,2 × 20,7 cm
firmato in basso a destra
"Morandi"
sul retro la dedica "Al Signor Gordon"
Friburgo, Morat Institut für Kunst und Kunstwissenschaft.

Provenienza: Palm Beach, J. Gordon.

Esposizioni: Monaco, 1981, n. 119, ripr.; Nijmegen, 1982, n. 22, ripr.; Innsbruck, 1982, ripr.

Bibliografia: Johnson, 1964, n. 46, ripr.; Brandi, 1984, n. 31.

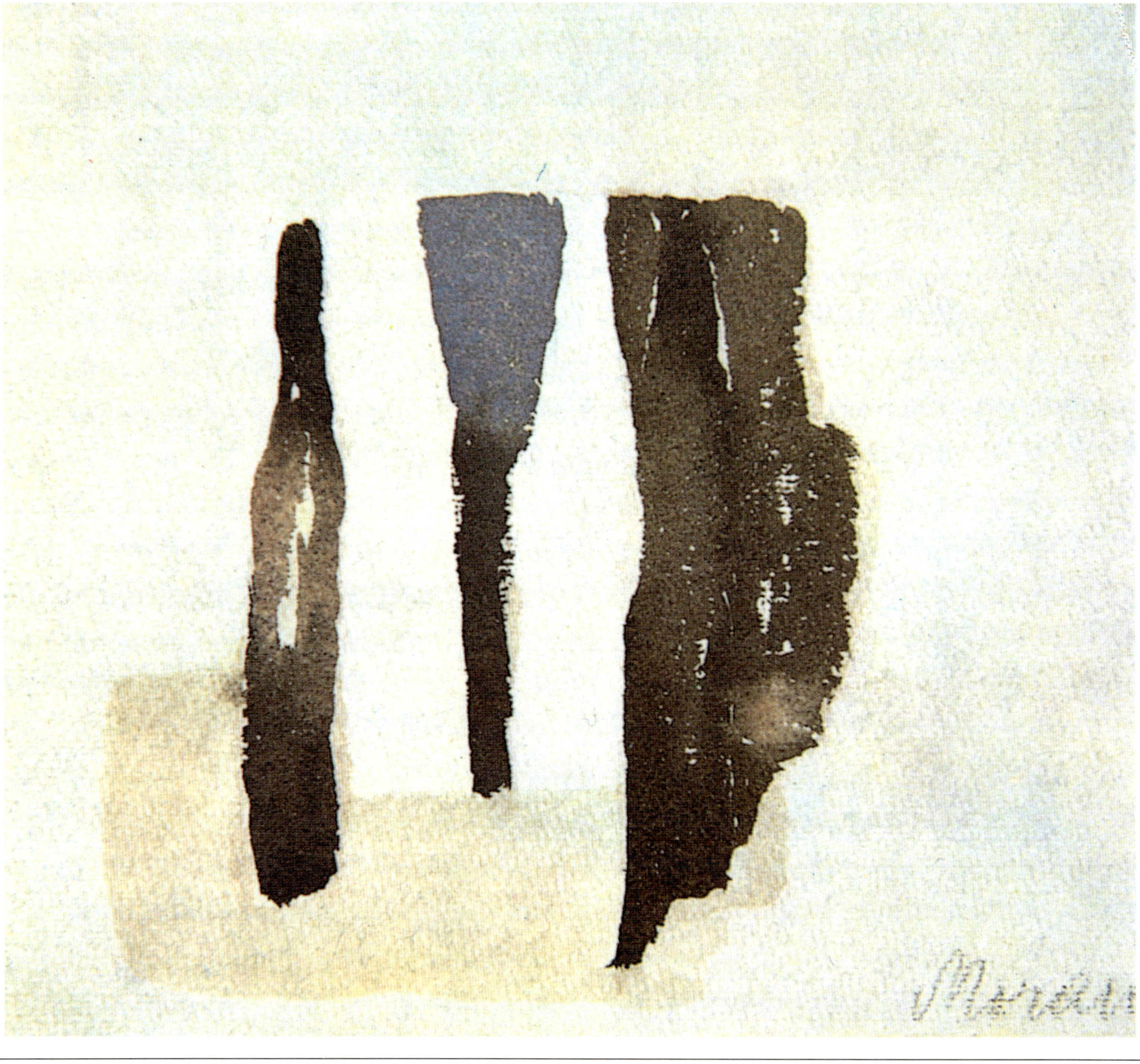

57.
Natura morta, 1959
acquerello su carta
48,3 × 54,6 cm
firmato in basso al centro
"Morandi"
Milano, collezione privata.

Provenienza: New York, collezione privata; New York, World House Galleries.

58.
Natura morta, 1959
acquerello su carta
26 × 34 cm
firmato e datato in basso
verso sinistra "Morandi 1959"
Milano, collezione privata.

Provenienza: Milano, Galleria del Milione.

59.
Paesaggio, 1959
acquerello su carta
21 × 16 cm
firmato in basso al centro
"Morandi"
Bologna, collezione privata.

Esposizioni: Bologna, 1968; Londra-Parigi, 1970-1971, n. 86, ripr.; Milano, maggio-giugno 1971, n. 101, ripr.; Leningrado-Mosca, 1973, n. 3, ripr.; Ferrara, 1978, n. 8 (acquerelli), ripr.; Monaco, 1981, n. 115, ripr.; Sasso Marconi, 1984, p. 65, ripr.; Madrid-Barcellona, 1984-1985, n. 80, ripr.; Marsiglia, 1985, n. 75, ripr.; Milano-Bologna, 1985-1986, n. 18, ripr.; Parigi, 1987, n. 58, ripr.; Tampere, 1988-1989, n. 78, ripr.; Leningrado-Mosca, 1989, n. 76, ripr.; Londra, 1989, n. 76, ripr.; Locarno, 1989; Tübingen-Düsseldorf, 1989-1990, n. 149, ripr.; Bologna, 1990, n. 191, ripr.

Bibliografia: Leymarie, 1968, n. 34, ripr.; Zurlini, 1973, n. 27, ripr.

60.
Paesaggio, 1959
acquerello su carta
16,5 × 21,5 cm
firmato in basso a sinistra
"Morandi"
Friburgo, Morat Institut für Kunst und Kunstwissenschaft.

Provenienza: Torino, P. Rossini; Ginevra, Galerie Krugier; Badenweiler, R.W. Paegert.

Esposizioni: New York, 1967, n. 44, ripr.; Ginevra, ottobre 1968, n. 50, ripr.; Ginevra, dicembre 1968, n. 46, ripr.; Colonia, 1980, n. 8; Monaco, 1981, n. 114, ripr.

61.
Paesaggio, 1959
acquerello su carta
25 × 34 cm
firmato e datato in basso
a sinistra "Morandi 1959"
Roma, collezione privata.

Provenienza: Roma, C. Brandi.

Esposizioni: Roma, 1973, n. 97, ripr.; Siena, 1989, p. 61, ripr.

Bibliografia: Brandi, 1990, ripr.

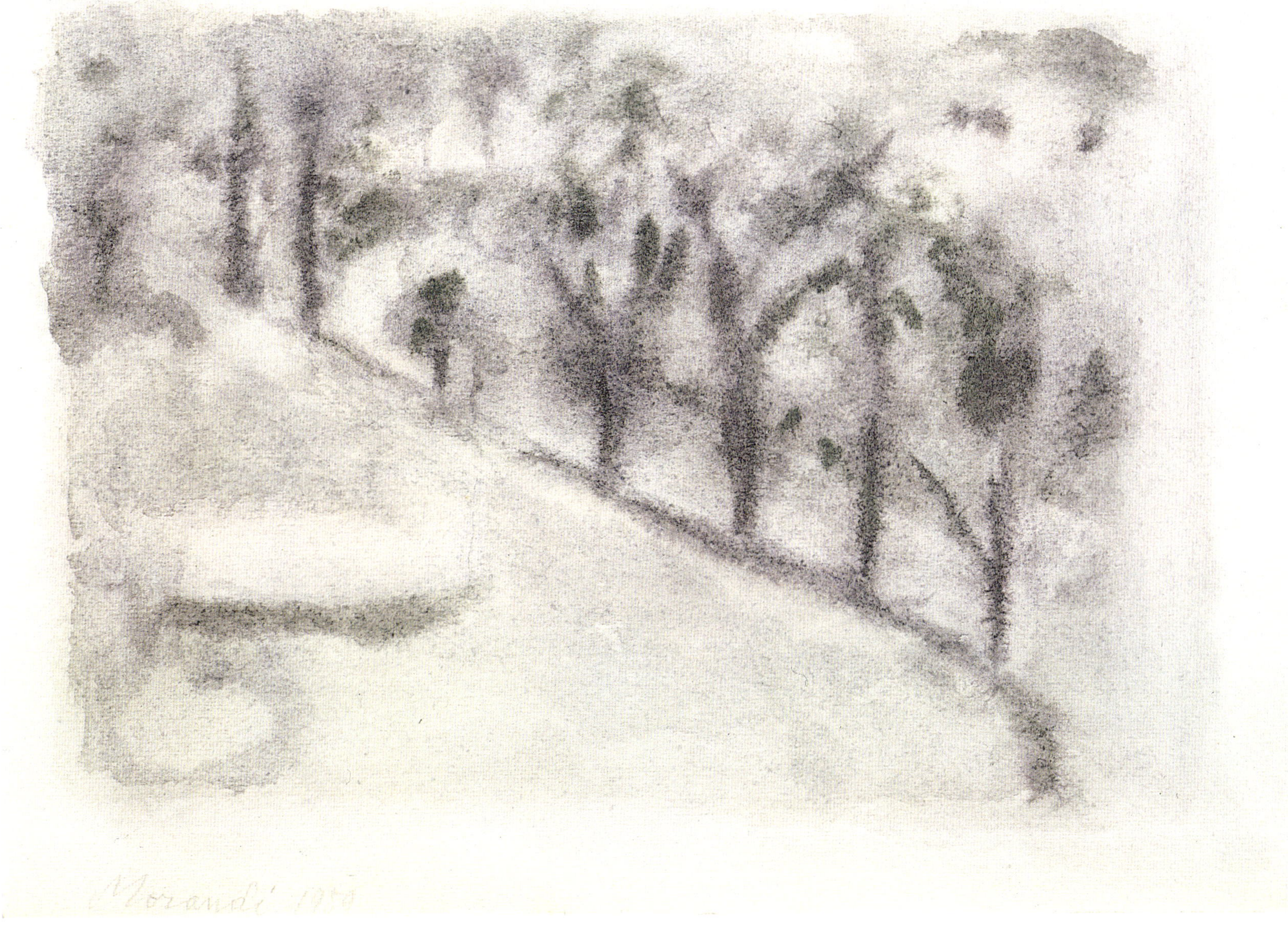

62.
Cortile di via Fondazza, 1959
acquerello su carta
31 × 21 cm
firmato in basso al centro
"Morandi"
Bologna, collezione privata.

Provenienza: Bologna, D. Zanasi.

Esposizioni: Bologna, 1968.

Bibliografia: Leymarie, 1968, n. 44a, ripr.; Birolli, 1968, ripr.

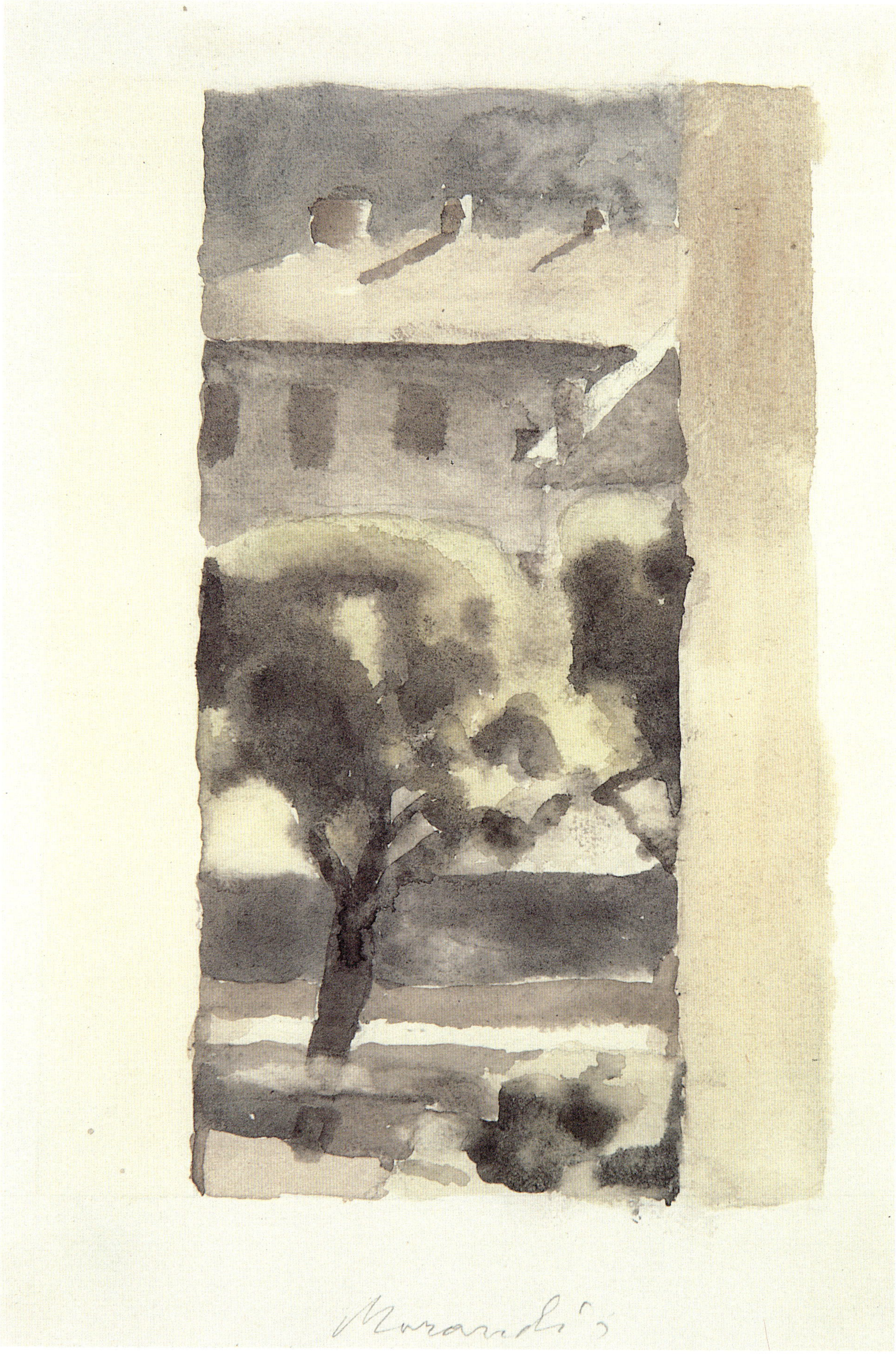

63.
Paesaggio, 1959
acquerello su carta
25 × 34 cm
Bologna, collezione privata.

Esposizioni: Bologna, 1968; Roma, 1973, n. 100, ripr.; Ginevra, 1977-1978, n. 24, ripr.

Bibliografia: Leymarie, 1968, n. 48, ripr.; Azzolini, 1969, ripr. (capovolto).

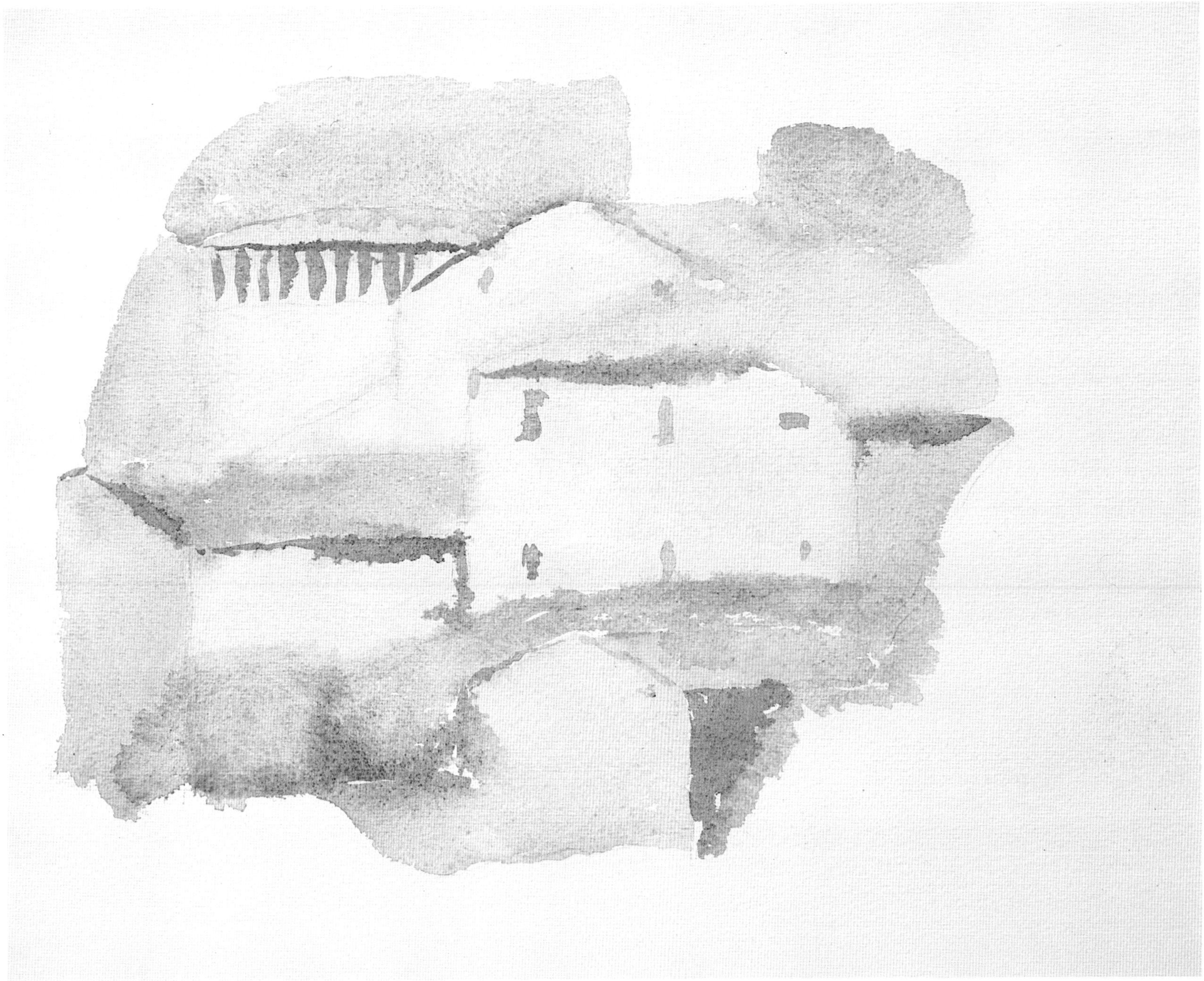

64.
Paesaggio, 1959
acquerello su carta
25 × 34 cm
firmato e datato in basso
al centro "Morandi 1959"
collezione privata.

Esposizioni: Bologna, 1968; Roma, 1973, n. 96, ripr.

Bibliografia: Leymarie, 1968, n. 36, ripr.; Zurlini, 1973, n. 33, ripr.

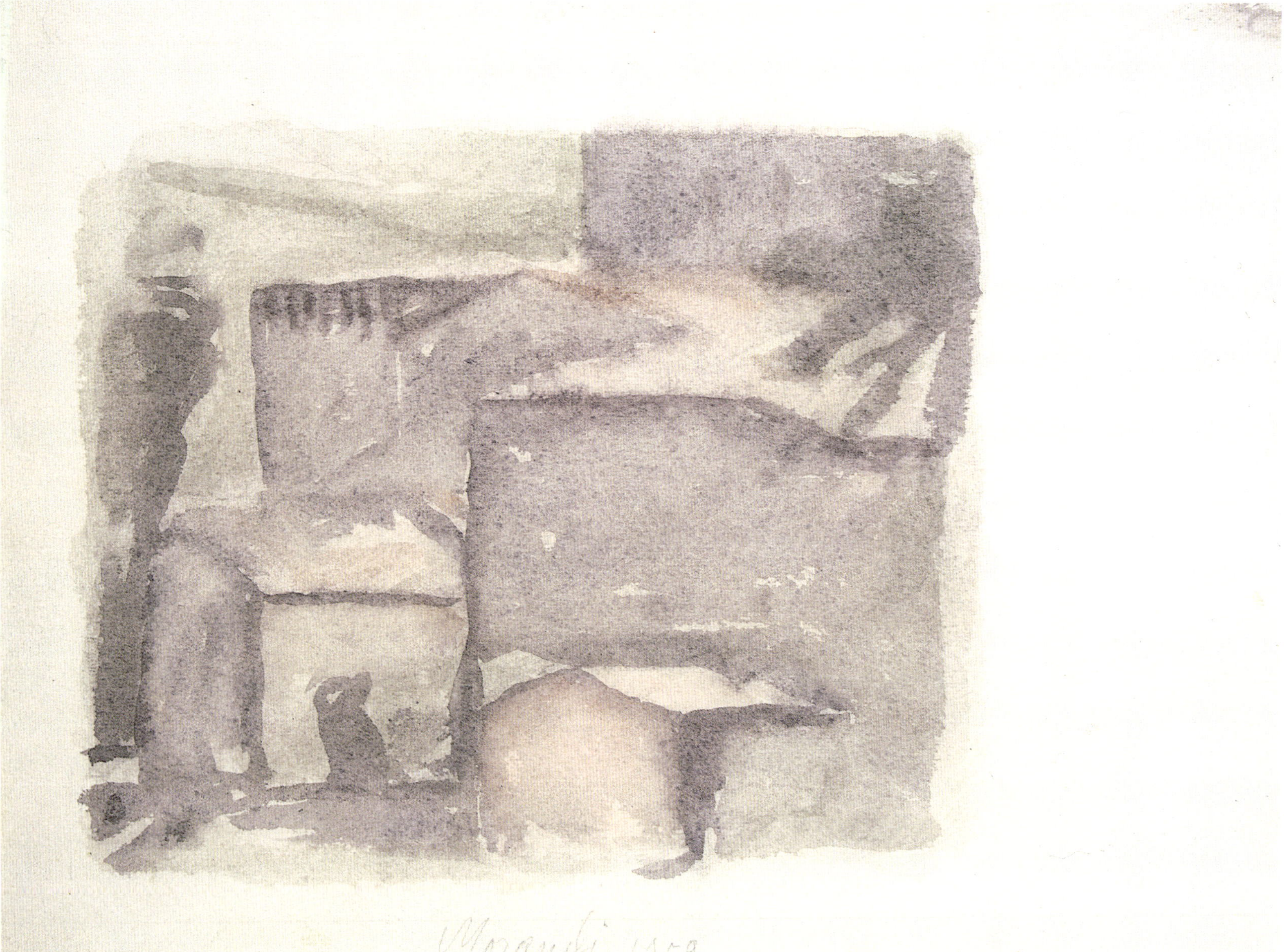

65.
Fiori, 1960
acquerello su carta
27 × 18 cm
firmato e datato in basso
al centro "Morandi/1960"
Milano, collezione privata.

Provenienza: Milano, G. Ghiringhelli; Bergamo, R. Zanchi.

Esposizioni: Siena, 1990, n. 27, ripr.

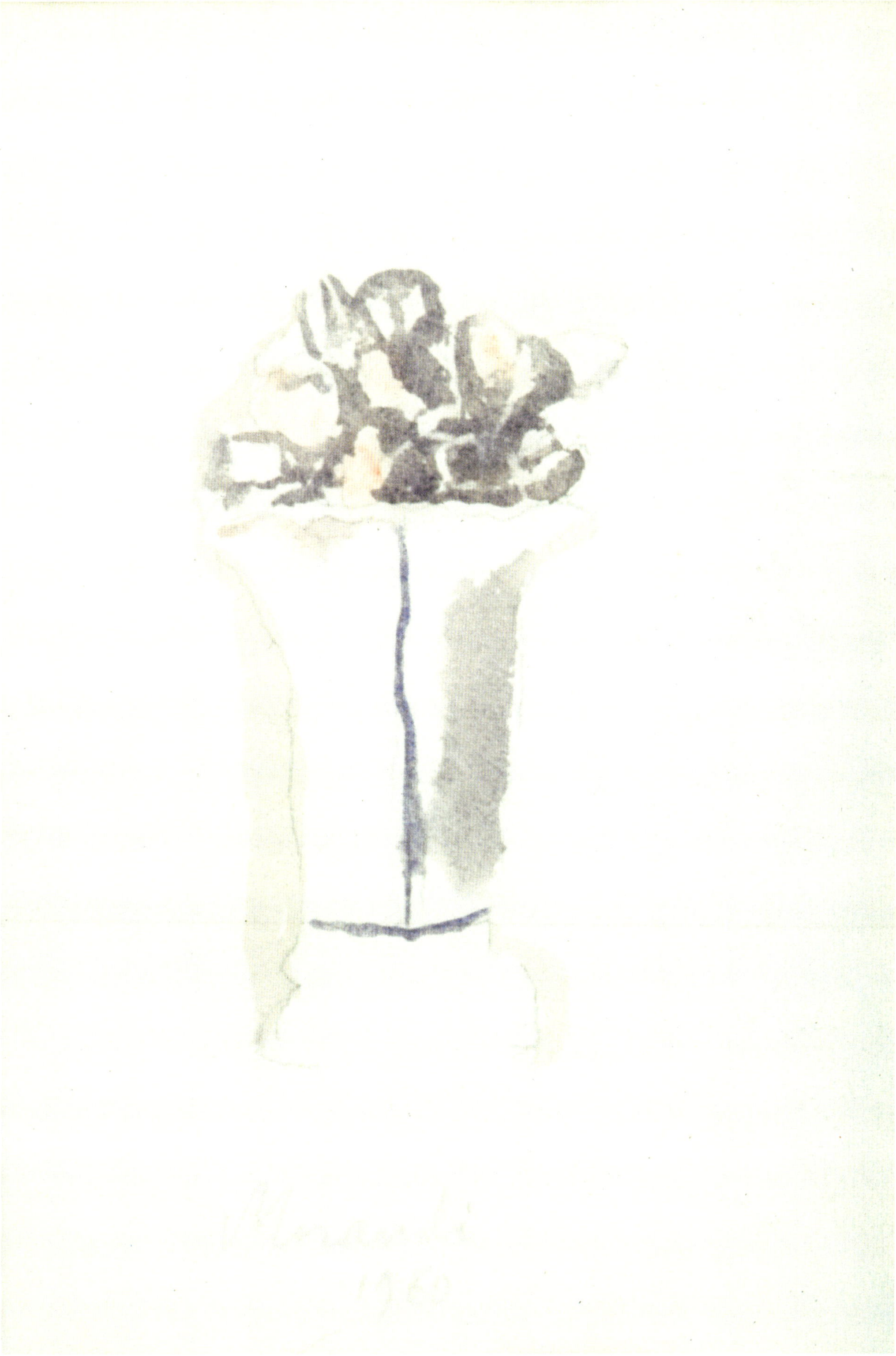

66.
Natura morta, 1960
acquerello su carta
21 × 27 cm
firmato in basso verso sinistra
"Morandi"
collezione privata.

Esposizioni: Milano-Bologna, 1985-1986, n. 22, ripr. (anche in copertina e manifesto); Parigi, 1987, n. 60, ripr.; Tampere, 1988-1989, n. 84, ripr.; Leningrado-Mosca, 1989, n. 82, ripr.; Londra, 1989, n. 82, ripr.; Locarno, 1989, n. 85, ripr.; Tübingen-Düsseldorf, 1989-1990, n. 153, ripr.; Crevalcore, 1990, n. 8c, ripr.; Bologna, 1990, n. 196, ripr.

Bibliografia: Saloniemi, 1988, ripr.; Suomela, 1988, ripr.; Sandqvist, 1988, ripr.; Piri, 1988, ripr.; Andreae, 1989, ripr.; Bessenich, 1990, ripr.; *La metafisica degli oggetti comuni*, in "Corriere della Sera", 13 maggio 1990, p. 9, ripr.; D'Amico, 1990, pp. 78-79, ripr.; Tosatto, 1990, p. 80, ripr.; Anzani, 1990, p. 3, ripr.; Pasquali, 1990, "Art Dossier", p. 47, ripr.

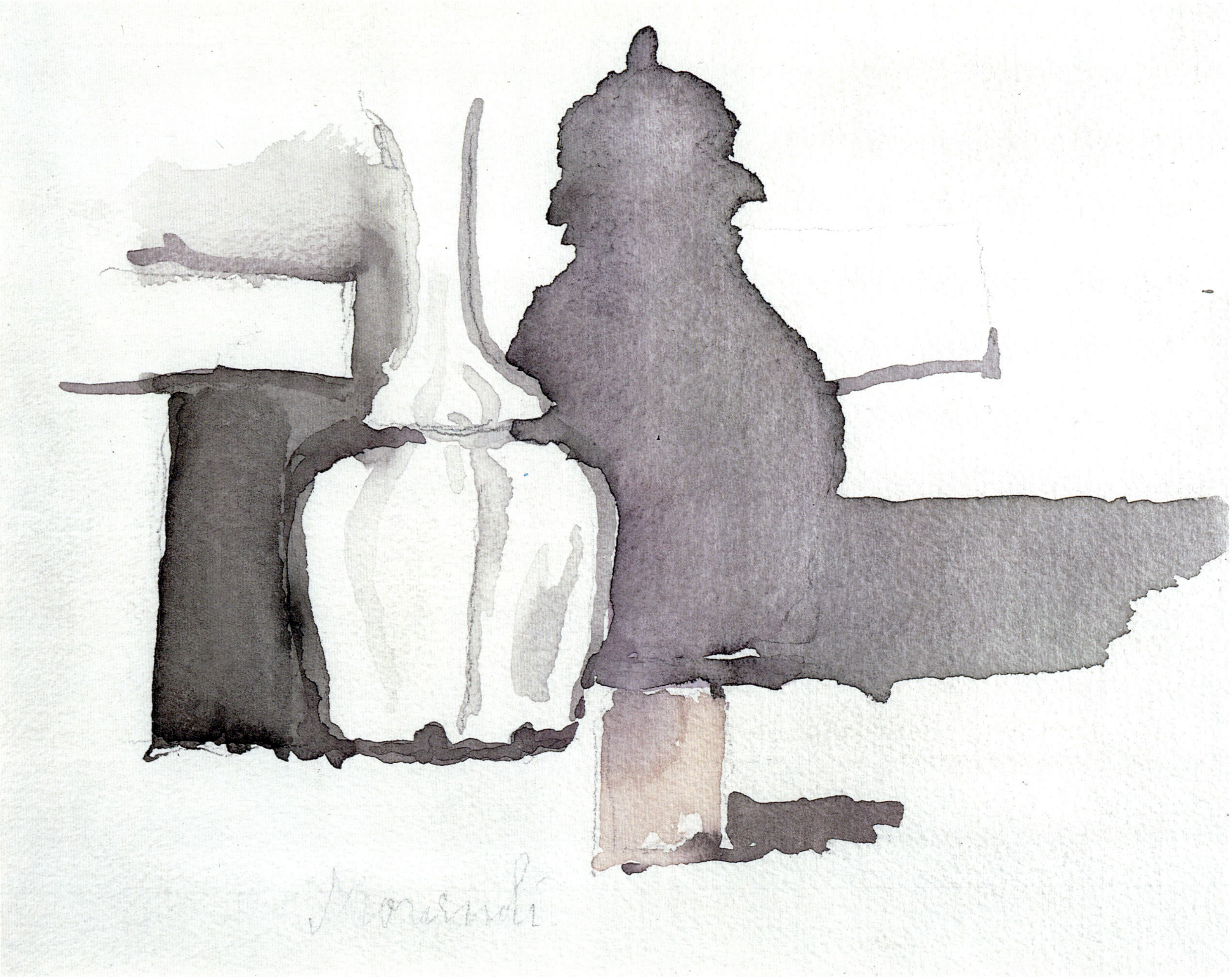

67.
Natura morta, 1960
acquerello su carta
20 × 24 cm
firmato in basso al centro
"Morandi"
Milano, collezione privata.

Provenienza: Milano, Galleria Annunciata.

Bibliografia: Vaccari, *Protagonisti i quadri*, in "Amica", 15 maggio 1989, pp. 94-95, ripr.

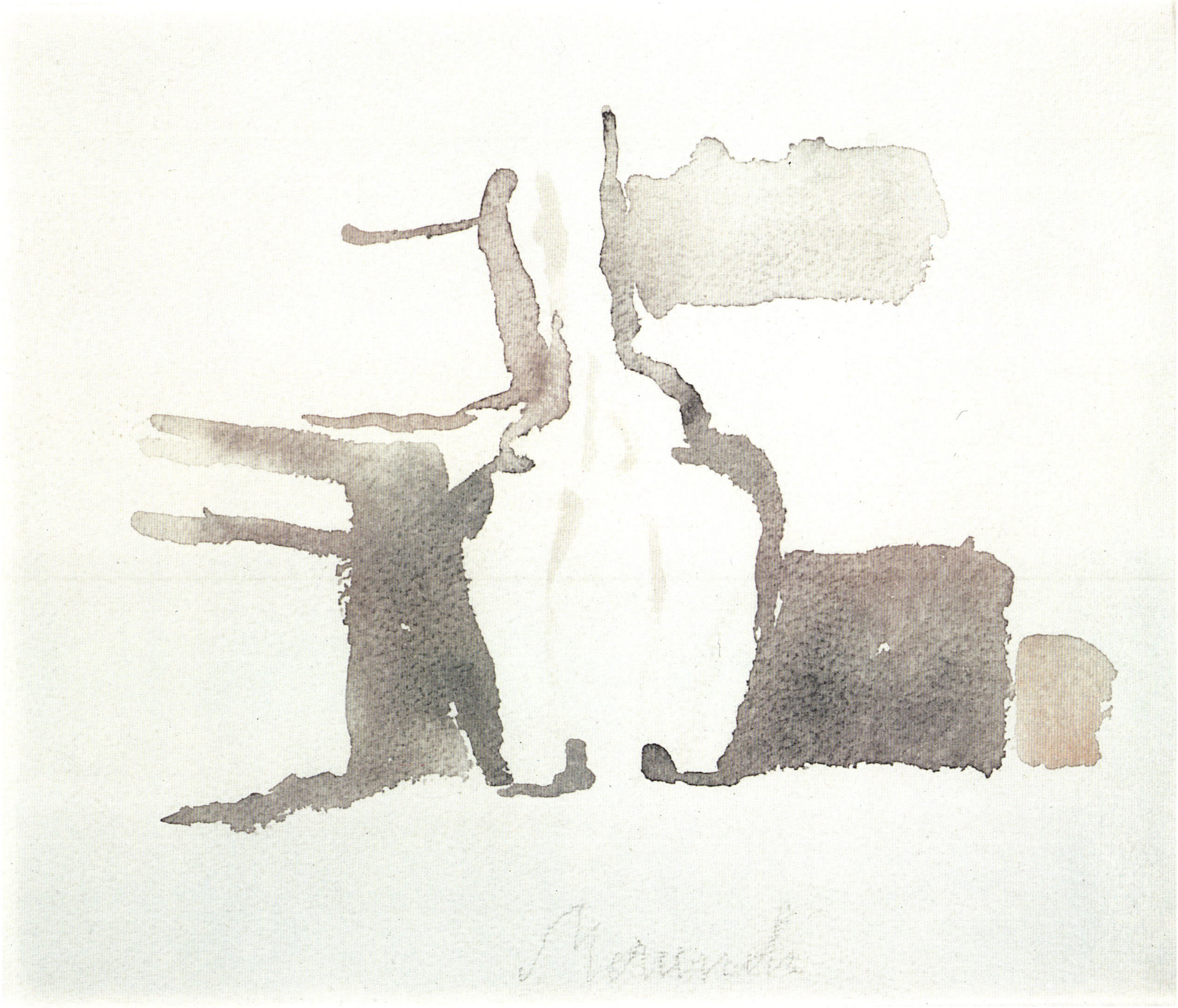

68.
Natura morta, 1960
acquerello su carta
19 × 24 cm
firmato in basso a destra
"Morandi"
Palermo, collezione privata.
Provenienza: Roma, R. Guttuso.

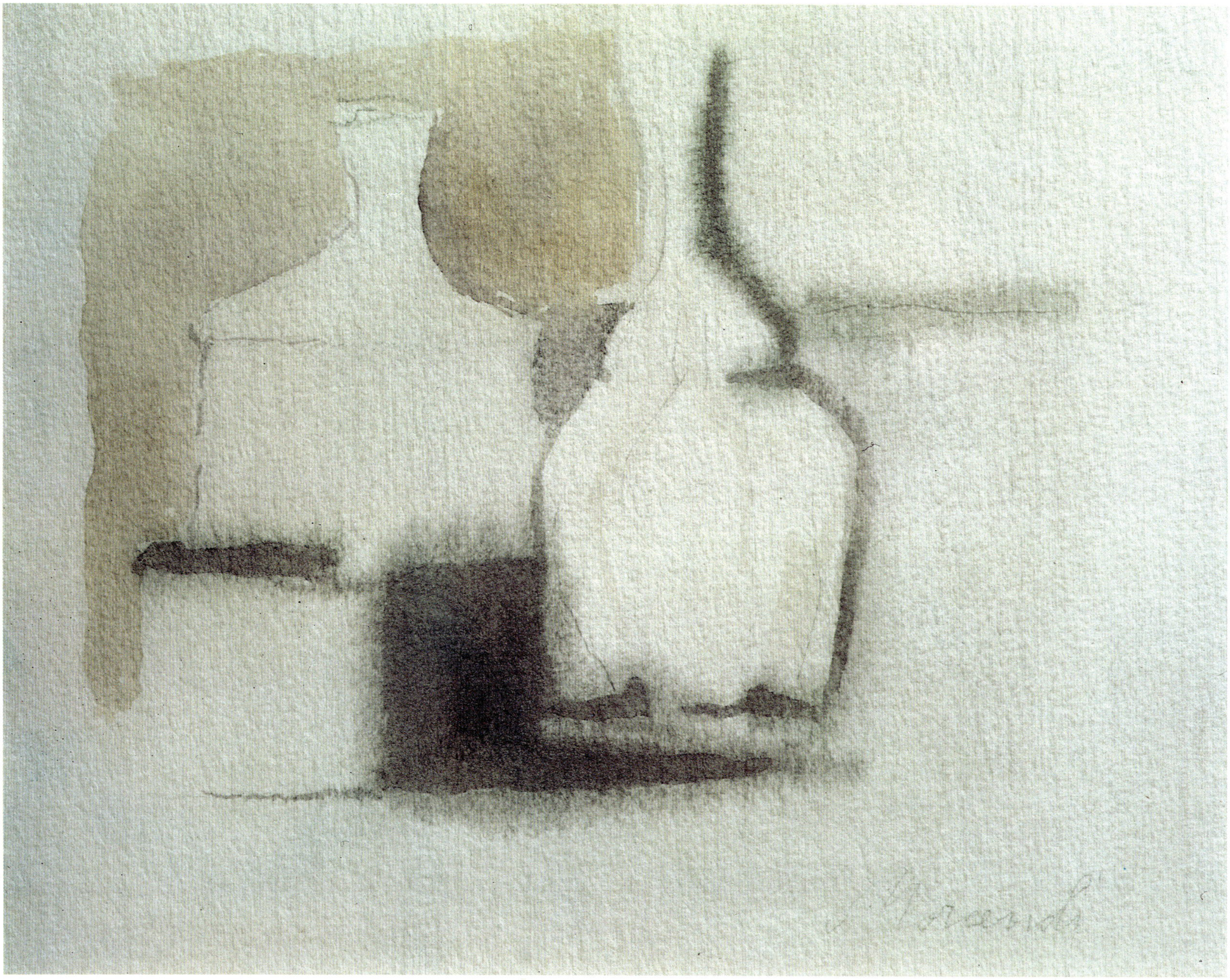

69.
Natura morta, 1960
acquerello su carta
20 × 24 cm
firmato in basso a destra
"Morandi"
Milano, collezione privata.
Provenienza: Milano, Galleria del Milione; Torino, P. Rossini.

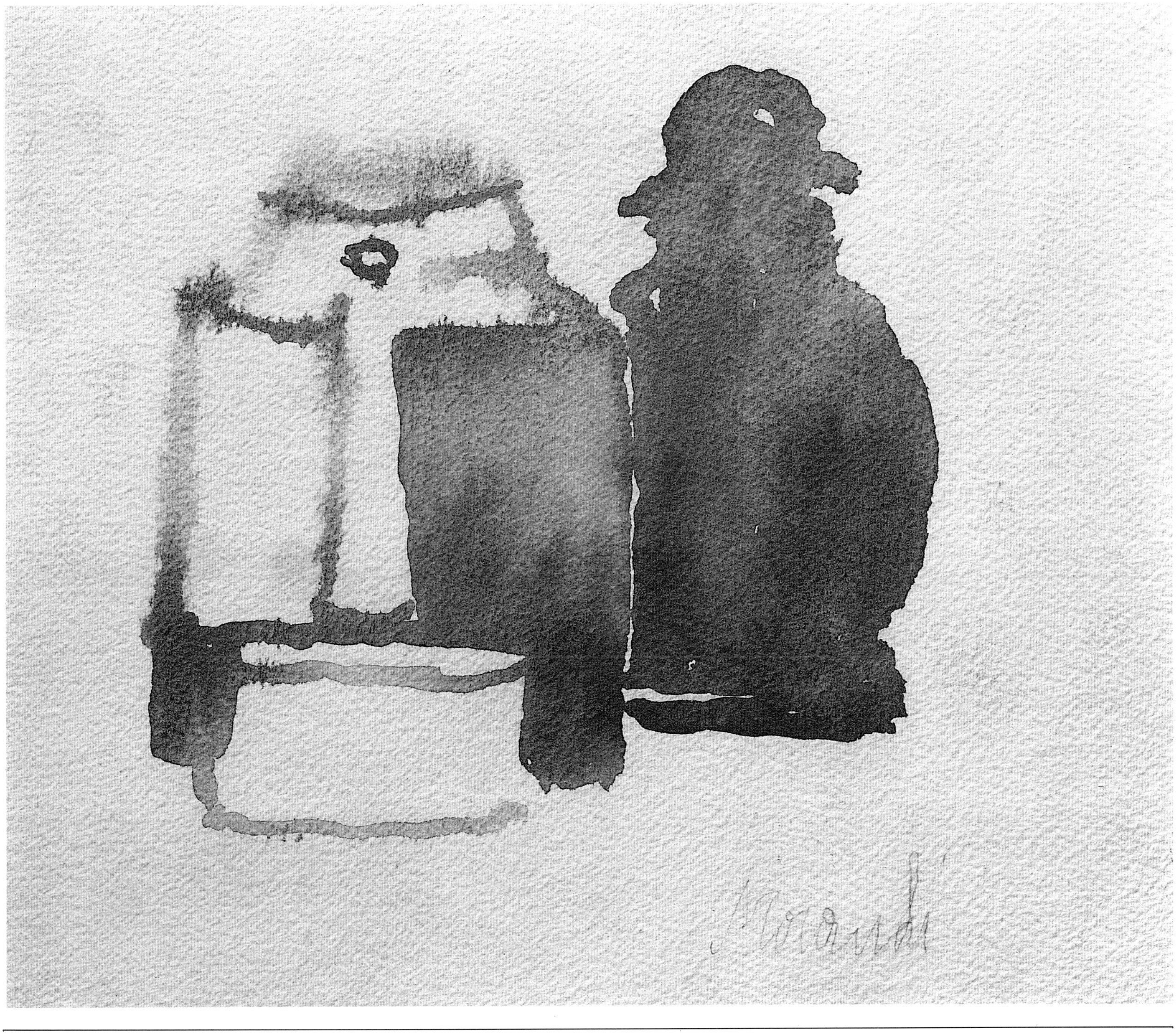

70.
Natura morta, 1960
acquerello su carta
25 × 34 cm
firmato in basso al centro
"Morandi"
collezione privata.

Esposizioni: Bologna, 1968; Roma, 1973, n. 102, ripr.

Bibliografia: Leymarie, 1968, n. 46, ripr.; Zurlini, 1973, n. 32, ripr.

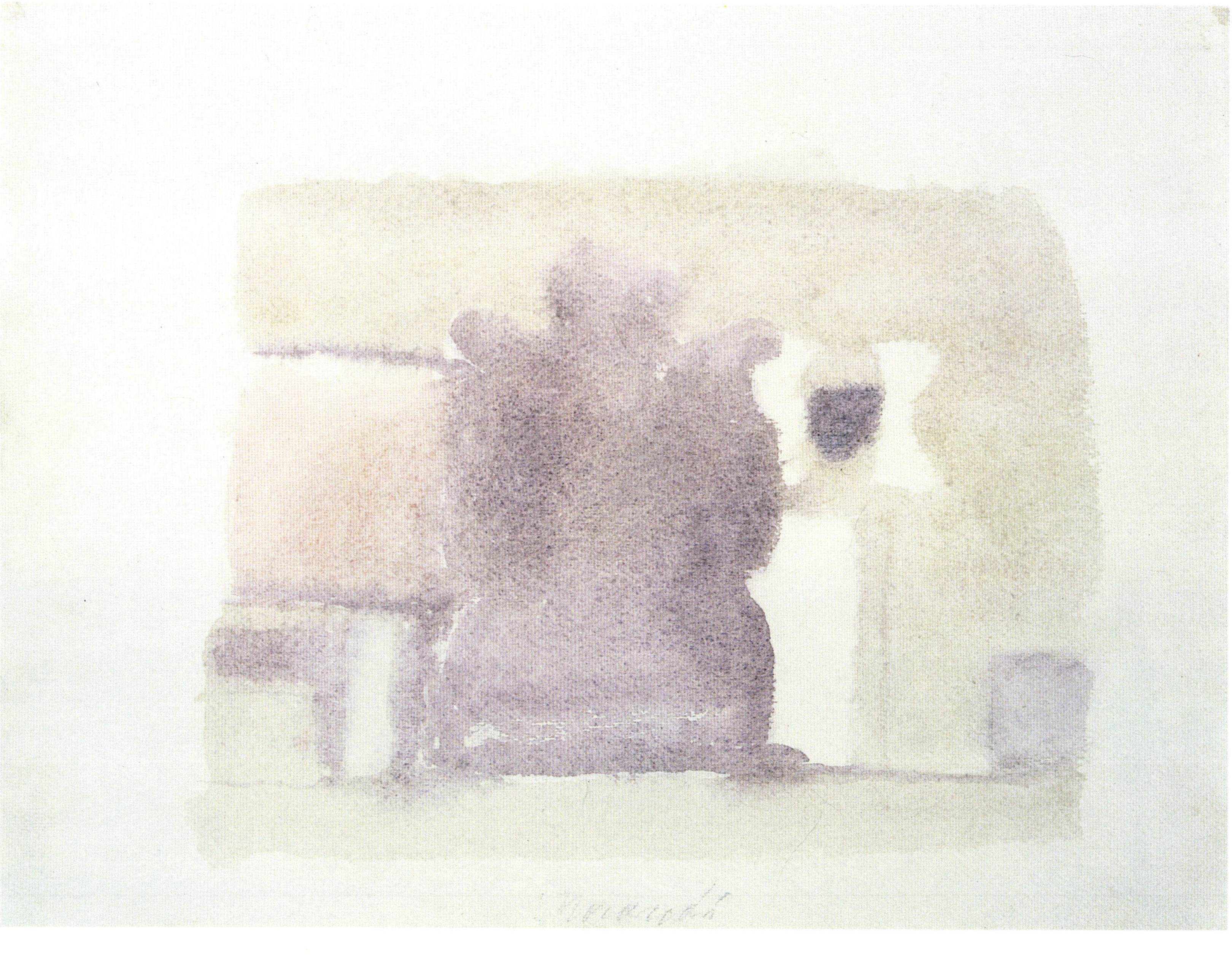

71.
Natura morta, 1960
acquerello su carta
16,4 × 21,3 cm
firmato in basso a destra
"Morandi"
Roma, collezione privata.

Provenienza: Bologna, G. Balboni; Roma, V. Fede.

Esposizioni: Bologna, 1968; Londra, 1970-1971, n. 84, ripr.; Parigi, 1971, n. 84, ripr.; Milano, maggio-giugno 1971, n. 99, ripr.; Verona, 1977, ripr.

Bibliografia: Leymarie, 1968, n. 32a, ripr.; Zurlini, 1973, n. 20, ripr.

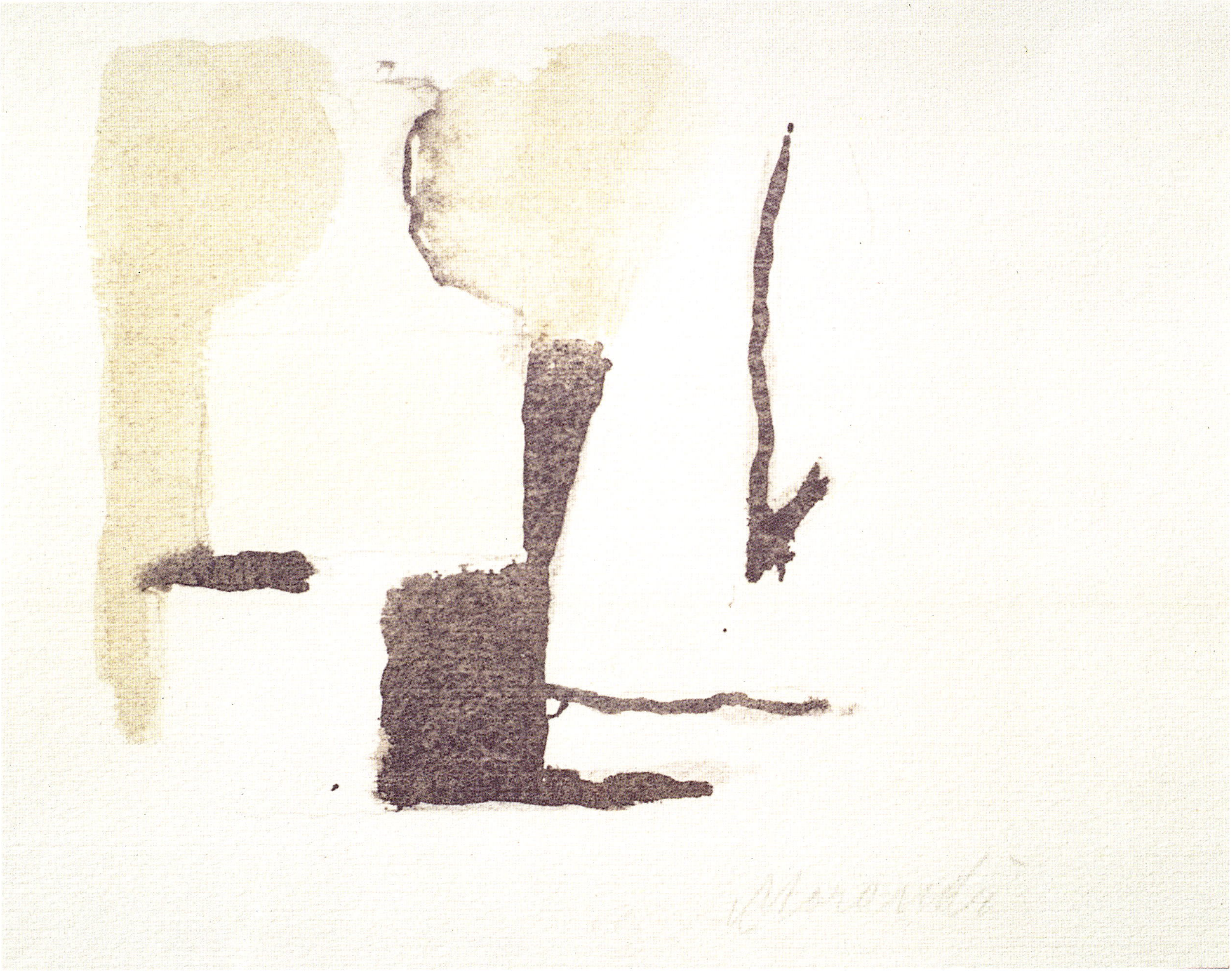

72.
Natura morta, 1960
acquerello su carta
17,7 × 27,7 cm
firmato in basso verso sinistra
"Morandi"
Milano, collezione privata.
Provenienza: Milano, Galleria del Milione.

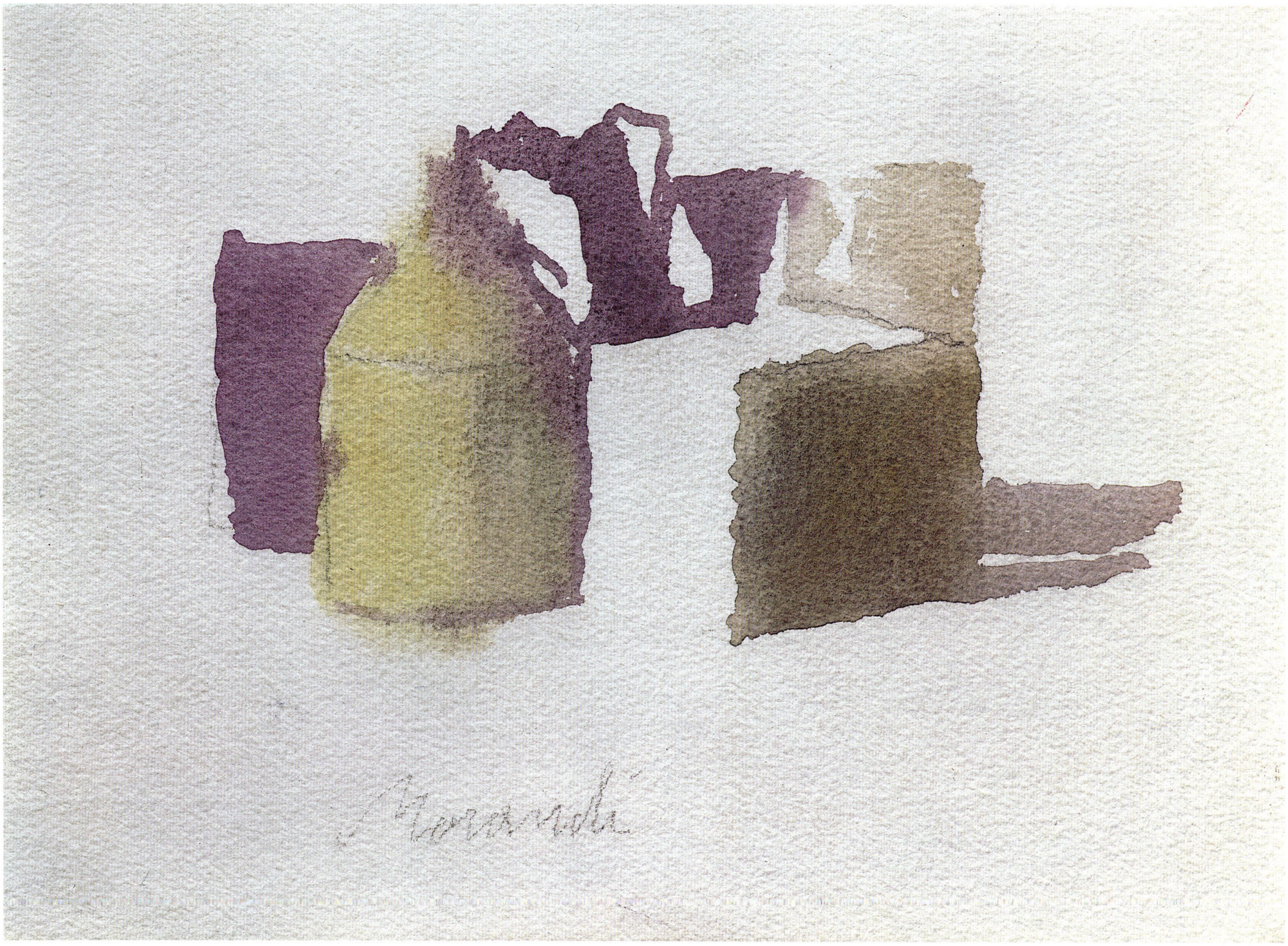

73.
Natura morta, 1960
acquerello su carta
18,5 × 27 cm
firmato a destra "Morandi"
Torino, Galleria Civica d'Arte Moderna - Fondazione De Fornaris.

Provenienza: Milano, Galleria del Milione; Torino, P. Rossini; Torino, Pretura.

Esposizioni: Torino, 1986-1987.

Bibliografia: Riccio, 1982, n. 18, ripr.; Maggio Serra, 1986-1987, p. 291, ripr.

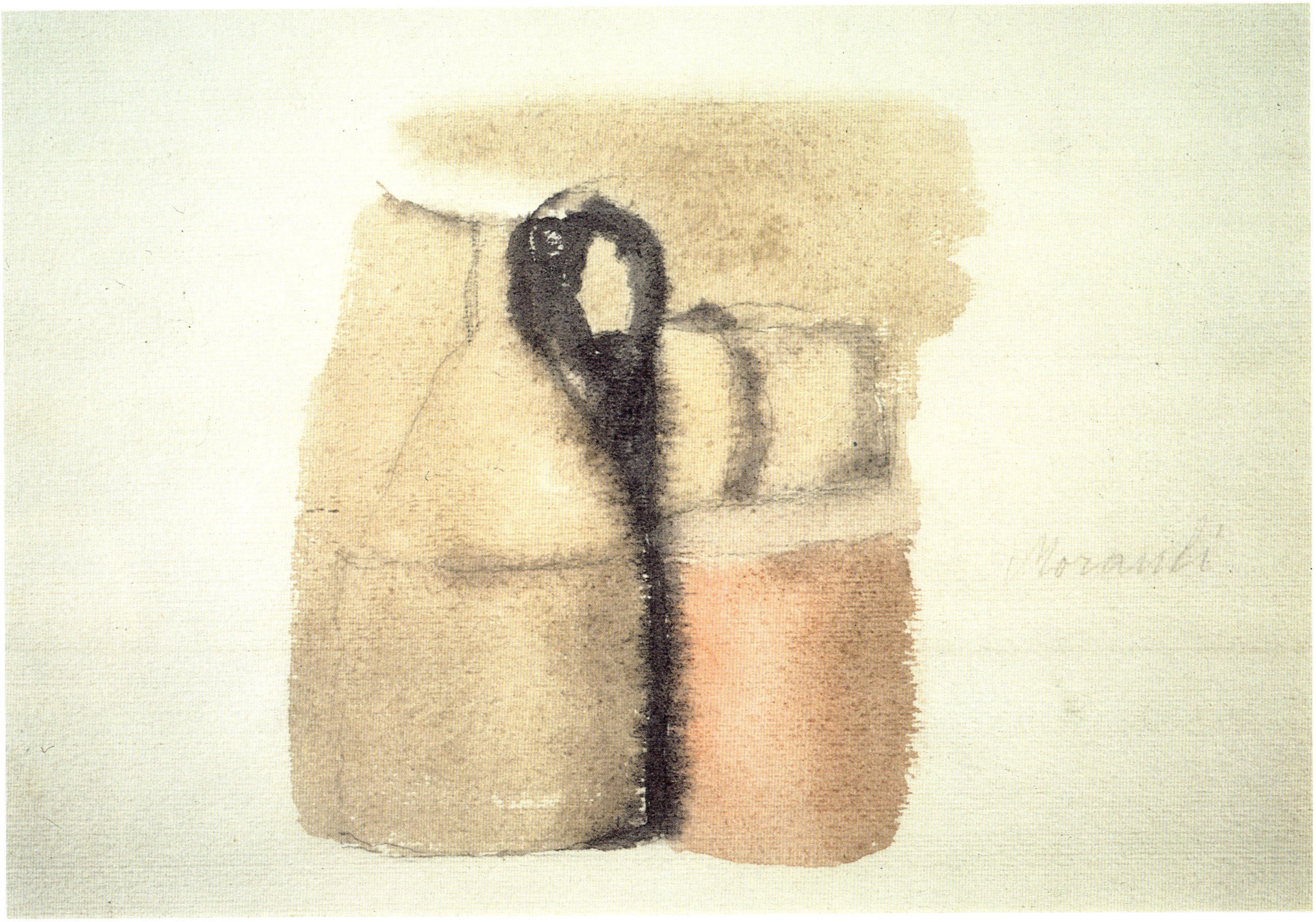

74.
Natura morta, 1960
acquerello su carta
25 × 34 cm
firmato in basso al centro
"Morandi"
Bergamo, collezione privata.

Provenienza: Bologna, Galleria Marescalchi.

Esposizioni: New York, 1960-1961, n. 52, ripr.; Giappone, 1989-1990, n. 87, ripr.

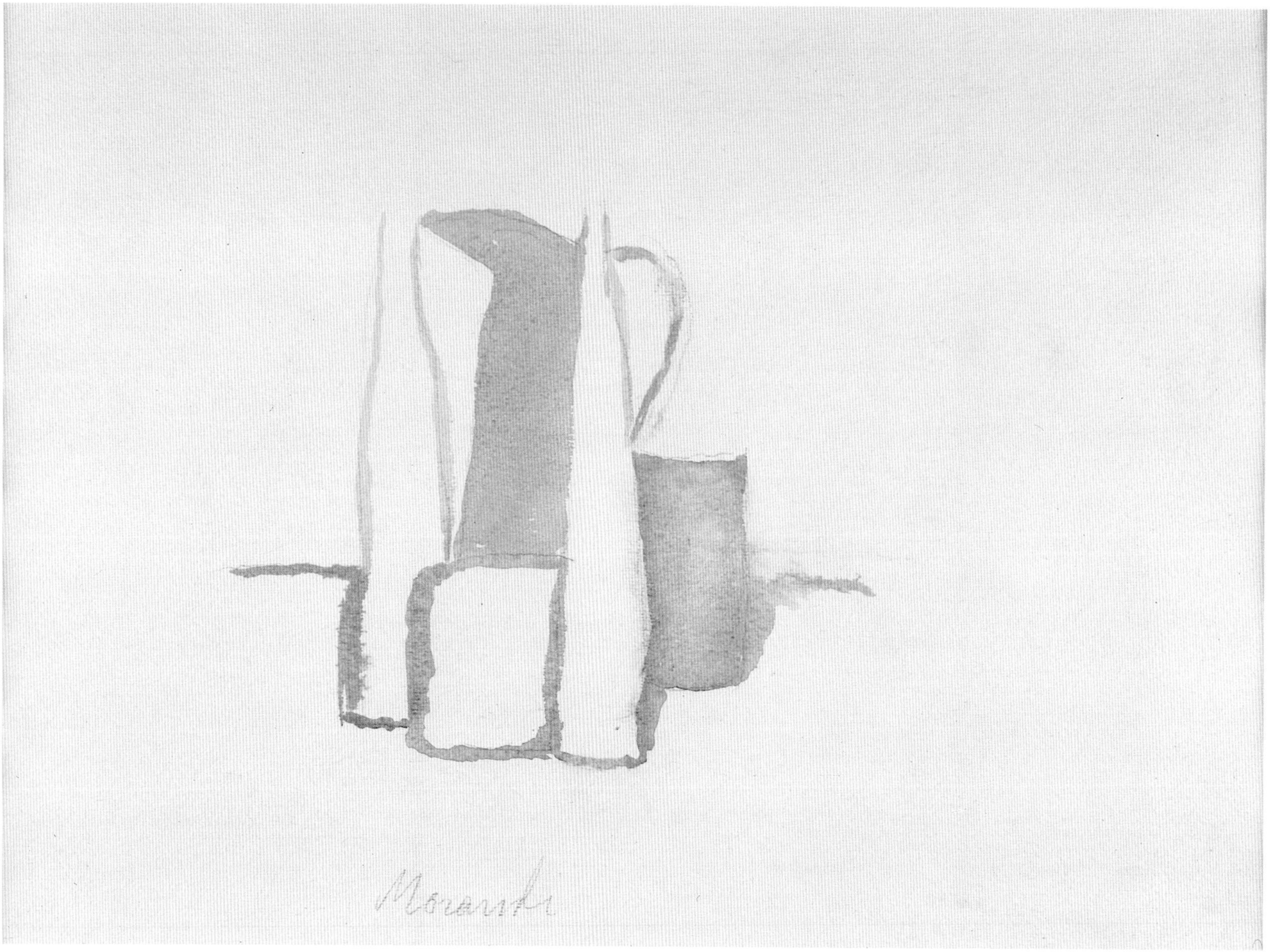

75.
Paesaggio, 1960
acquerello su carta
28 × 34 cm
firmato in basso al centro
"Morandi"
Bologna, collezione privata.
Esposizioni: Bologna, 1968; Roma, 1973, n. 95, ripr.; Sasso Marconi, 1977, ripr.; Ferrara, 1978, n. 3 (acquerelli), ripr.; Sasso Marconi, 1981, p. 51, ripr.
Bibliografia: Leymarie, 1968, n. 30, ripr.; Zurlini, 1973, n. 22, ripr.

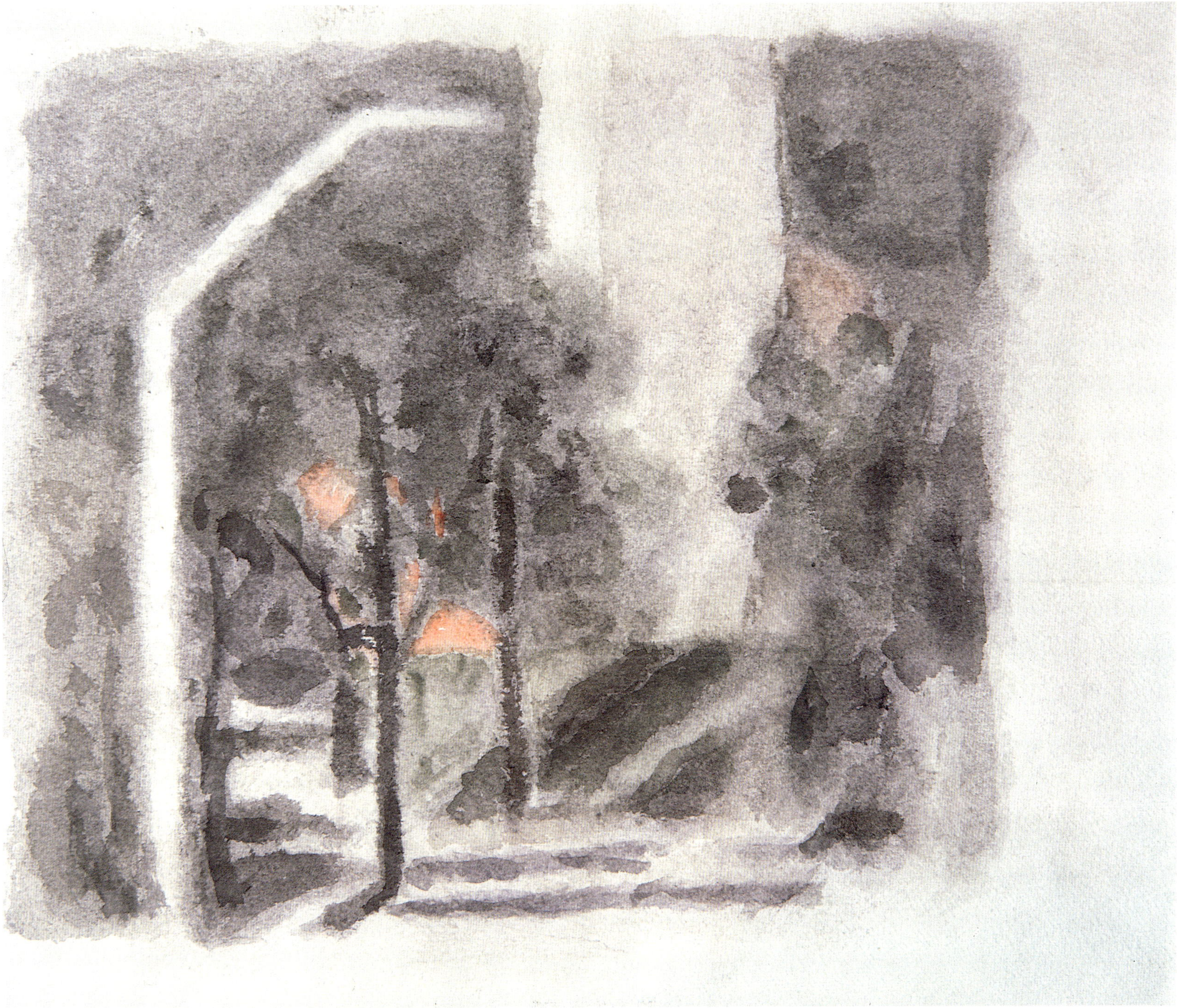

76.
Paesaggio, 1960
acquerello su carta
25 × 34 cm
firmato in basso a sinistra
"Morandi"
Viareggio, collezione privata.

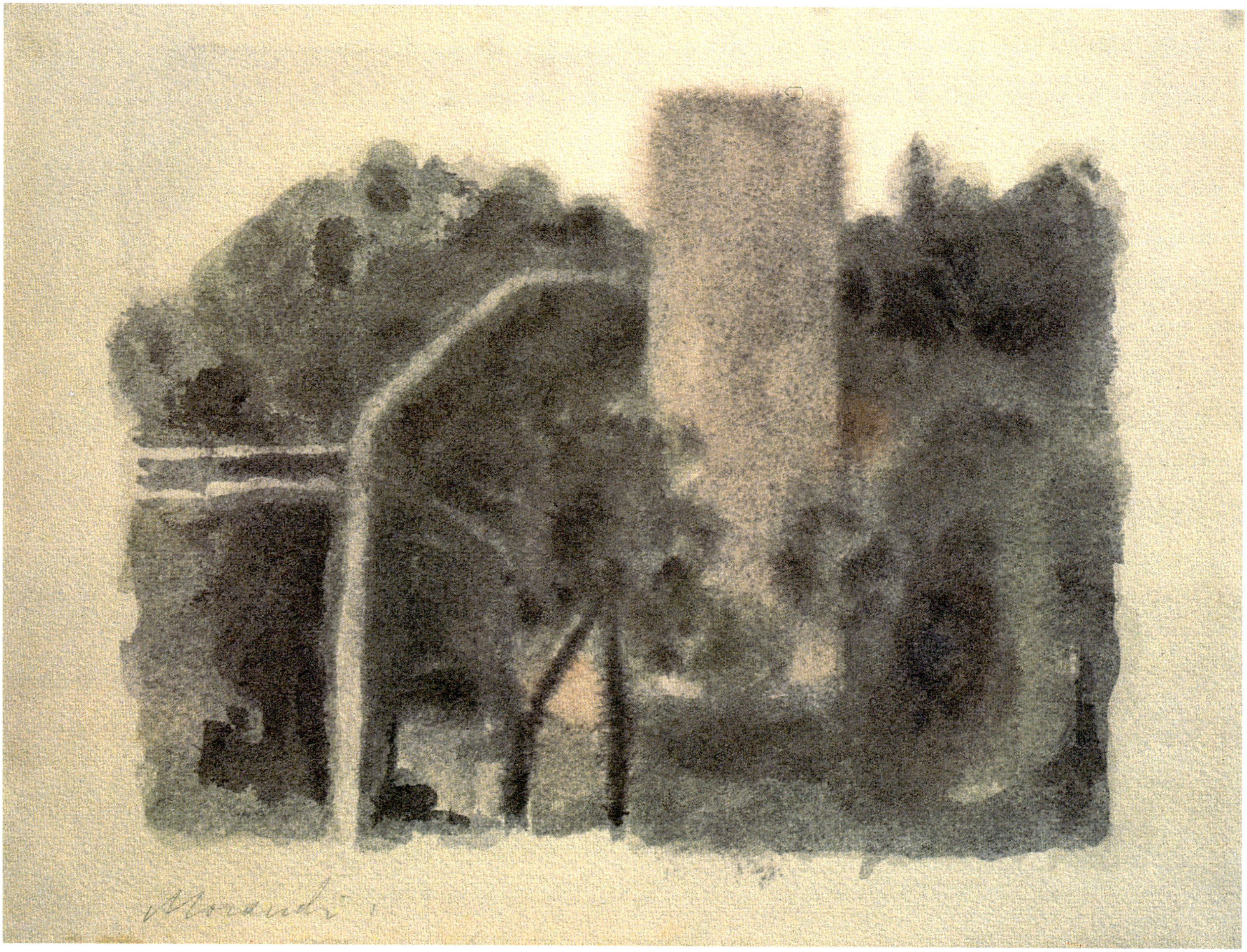

77.
Paesaggio, 1960
acquerello su carta
25 × 33,5 cm
firmato in basso al centro
"Morandi"
Bologna, collezione privata.

Esposizioni: Bologna, 1968; Londra - Parigi, 1970-1971, n. 88, ripr.; Milano, maggio-giugno 1971, n. 103, ripr.; Roma, 1973, n. 101, ripr.; San Francisco - New York - Des Moines, 1981-1982, n. 74, ripr.

Bibliografia: Leymarie, 1968, n. 45, ripr.; Zurlini, 1973, n. 24, ripr.

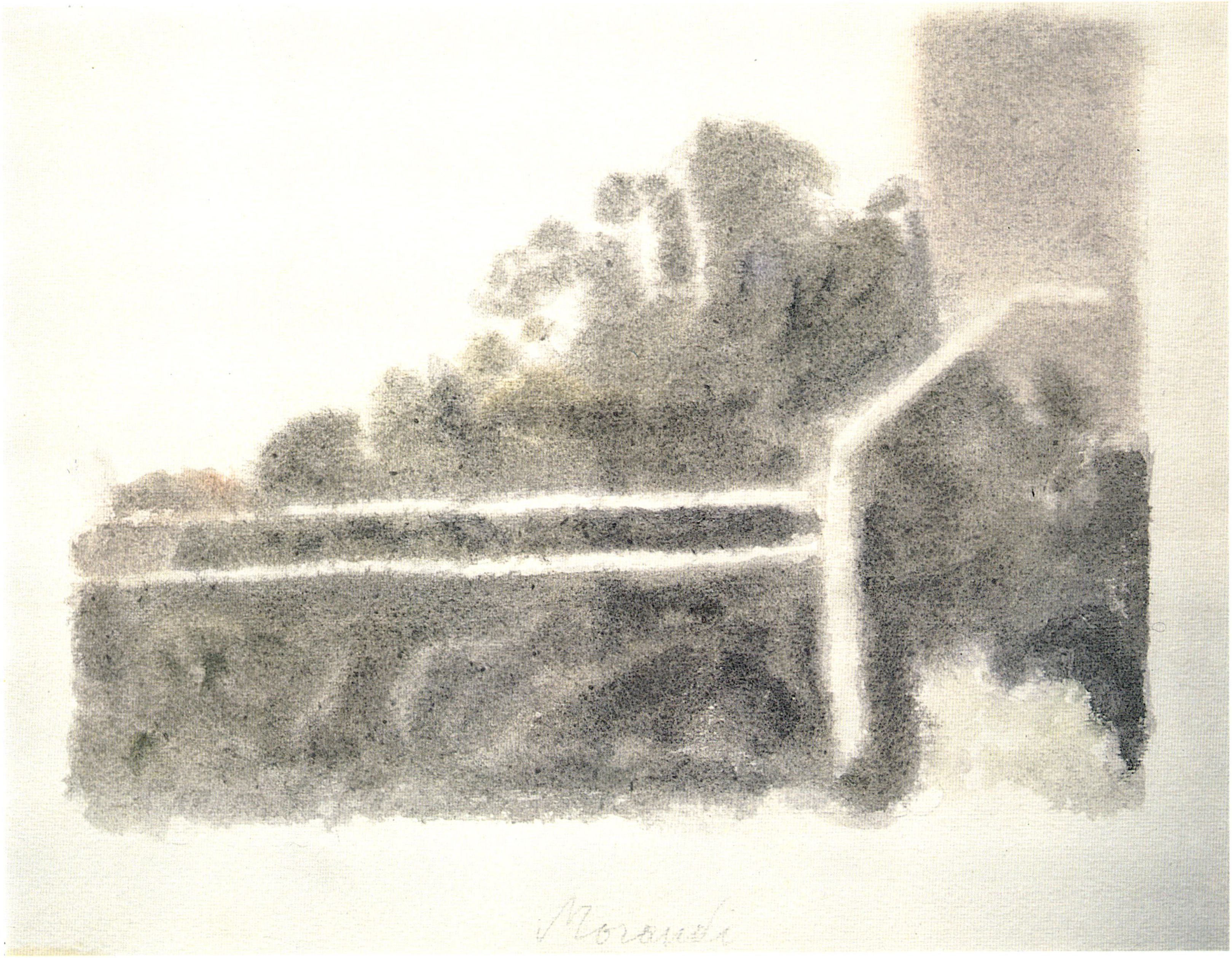

78.
Natura morta, 1962
acquerello su carta
14 × 21,5 cm
firmato in basso verso sinistra
"Morandi"
Verona, collezione Eliana e
Nino Zammattaro.

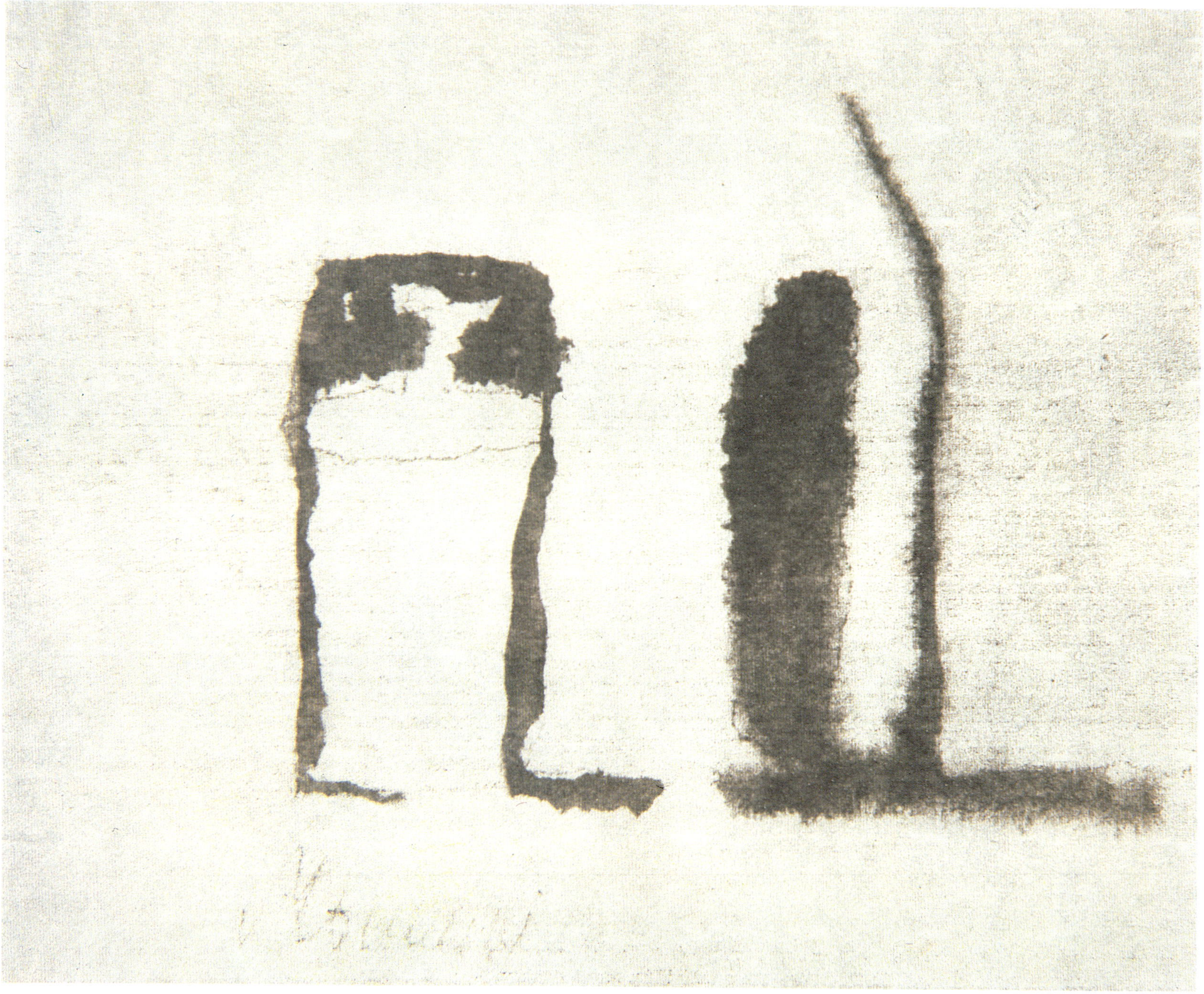

79.
Natura morta, 1962
acquerello su carta
21 × 31 cm
Bologna, collezione privata.

Esposizioni: Bologna, 1966, n. 12 (acquerelli), ripr.; Venezia, 1966, n. 93; Bologna, 1968; Roma, 1973, n. 118, ripr.; Ferrara, 1978, n. 14 (acquerelli), ripr.; Monaco, 1981, n. 122, ripr.; San Francisco - New York - Des Moines, 1981-1982, n. 81, ripr.

Bibliografia: Leymarie, 1968,n. 54, ripr.; Azzolini, 1969, ripr.

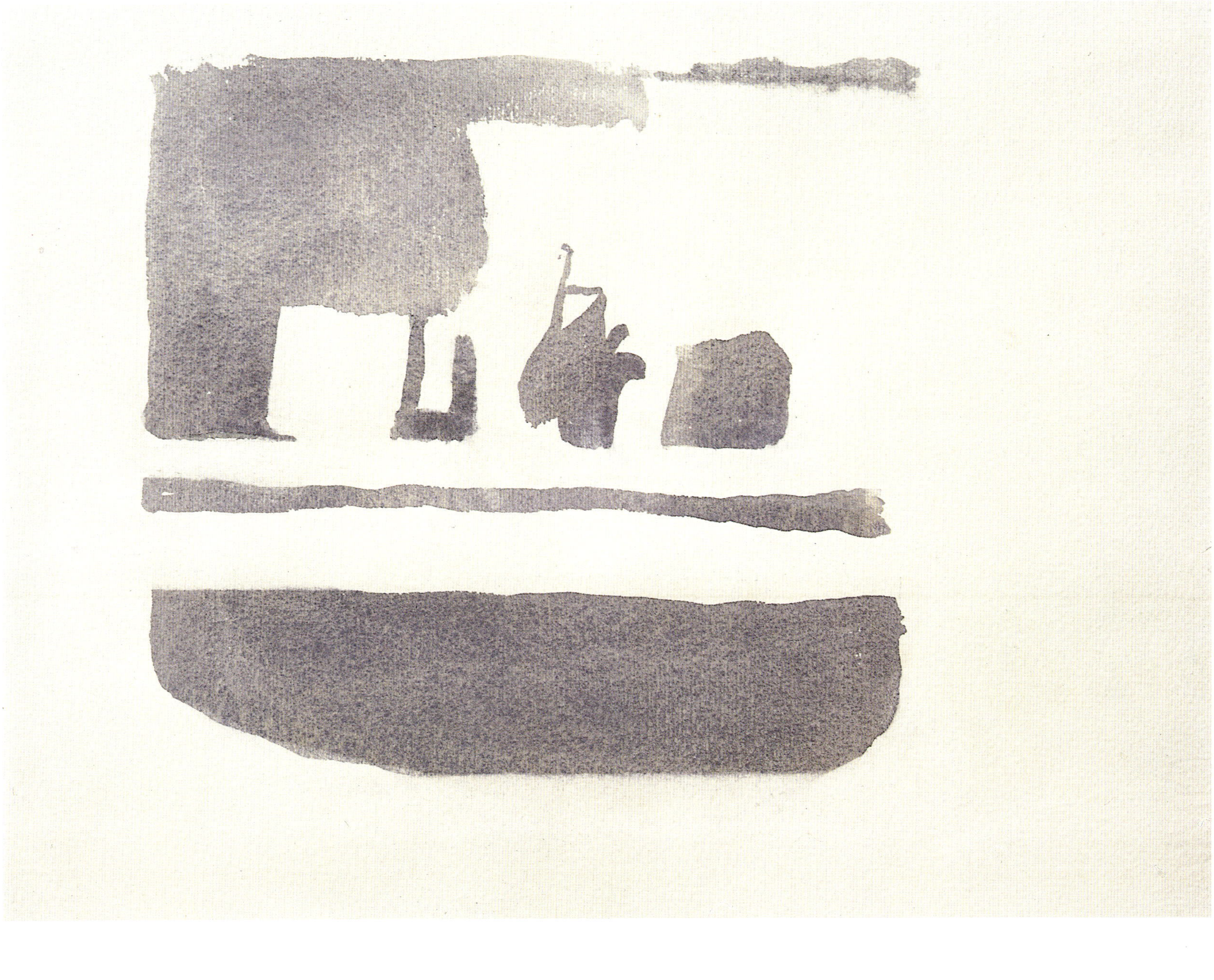

80.
Natura morta, 1962
acquerello su carta
15,7 × 23,6 cm
firmato in basso al centro
"Morandi"
Bologna, collezione privata.

Provenienza: Milano, Galleria del Milione; Milano, Galleria Milano; Prato, Galleria Farsetti; Verona, collezione privata.

Esposizioni: Massa Carrara, 1988, n. 28, ripr.; Bolzano, 1988, n. 28, ripr.; Bologna, 1988, p. 48, ripr.

Aste: Milano, Finarte, n. 689, 25 maggio 1989, n. 67, ripr.

Bibliografia: Basile, 1986, ripr.

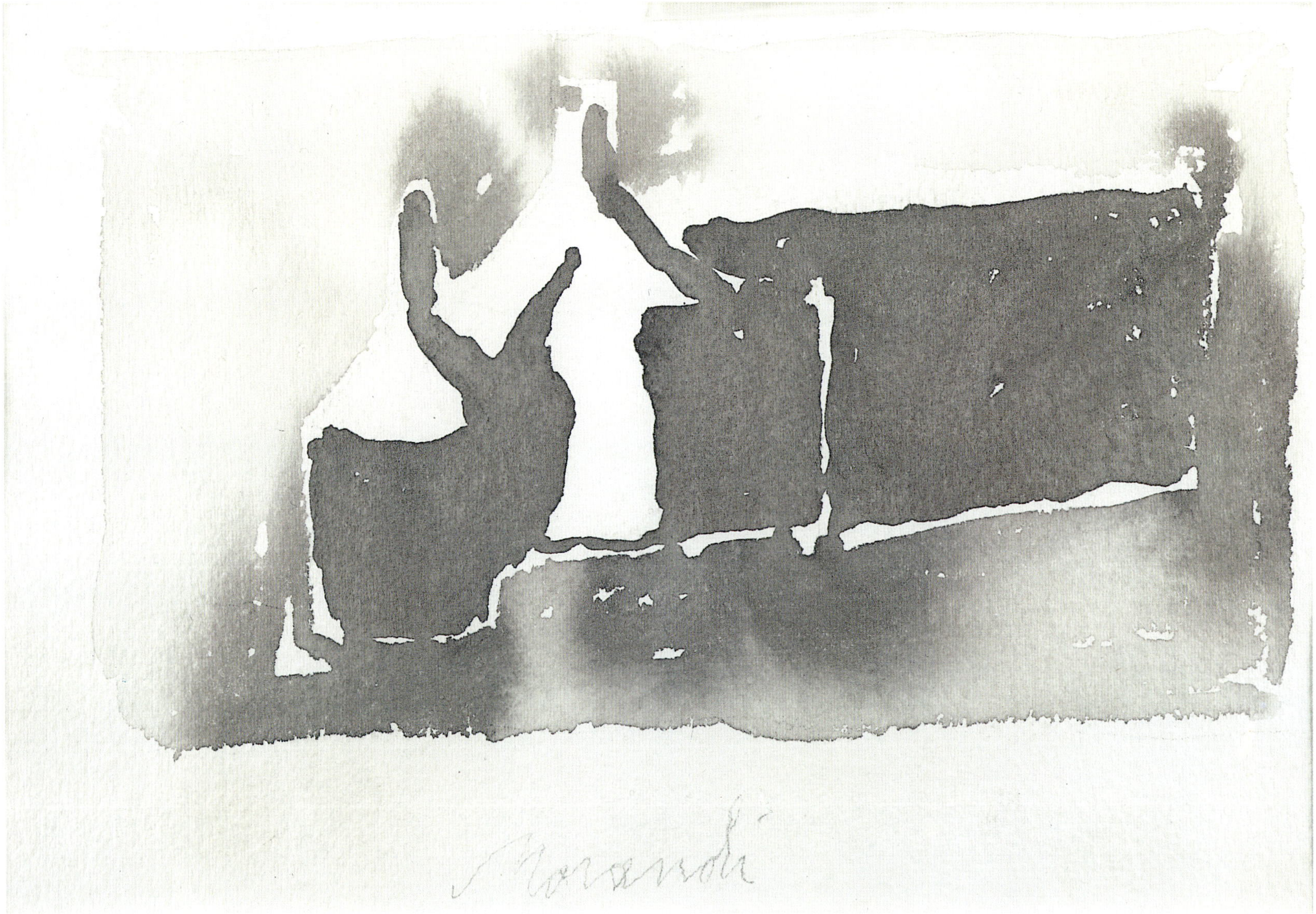

81.
Natura morta, 1962
acquerello su carta
14,1 × 19 cm
firmato in basso al centro
"Morandi"
Piacenza, collezione privata.
Provenienza: Bologna, Galleria
Maggiore.

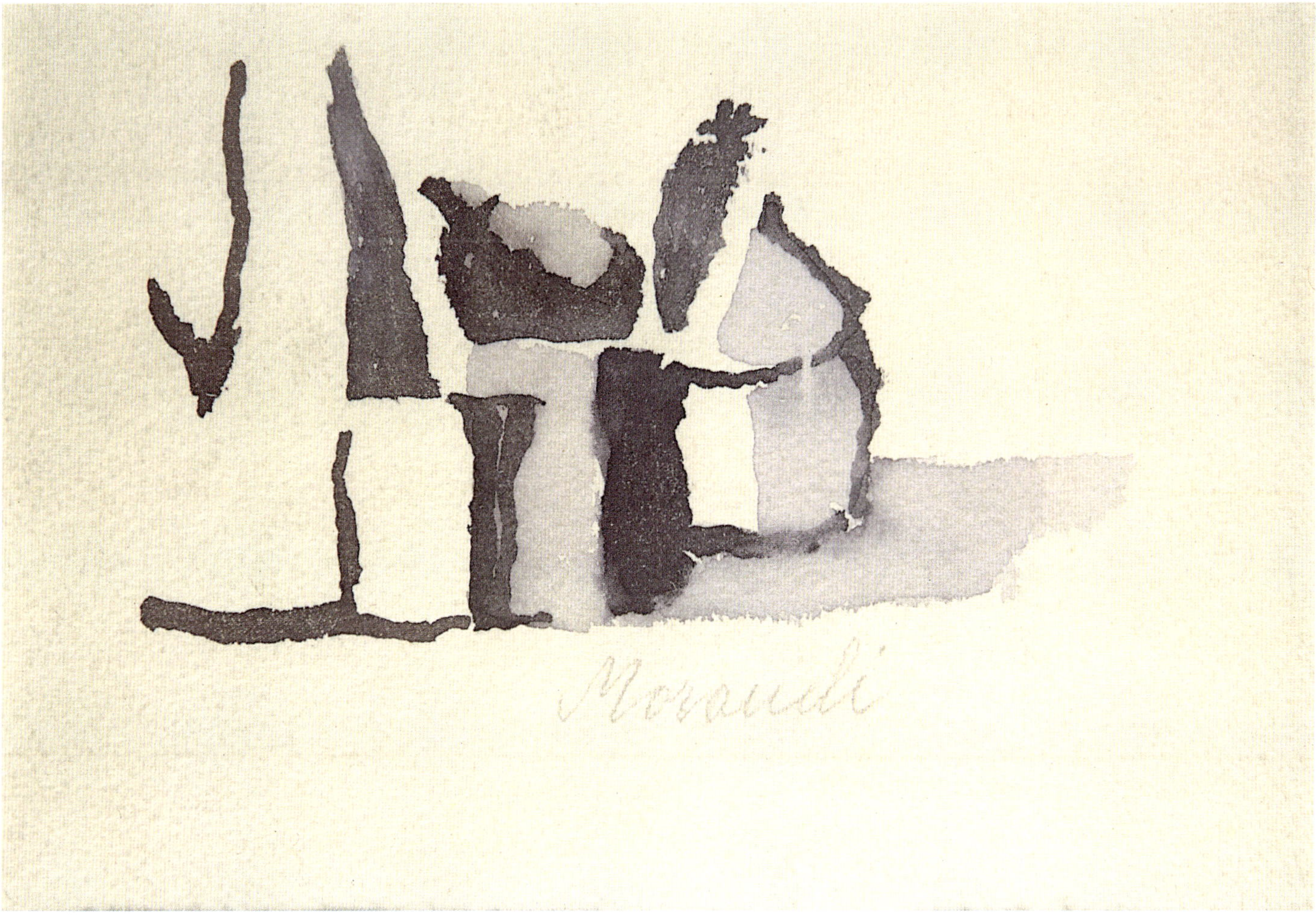

82.
Natura morta, 1962
acquerello su carta
21 × 16 cm
Reggio Emilia, collezione
Achille e Ida Maramotti.

Esposizioni: Ferrara, 1978, n. 16 (acquerelli), ripr.

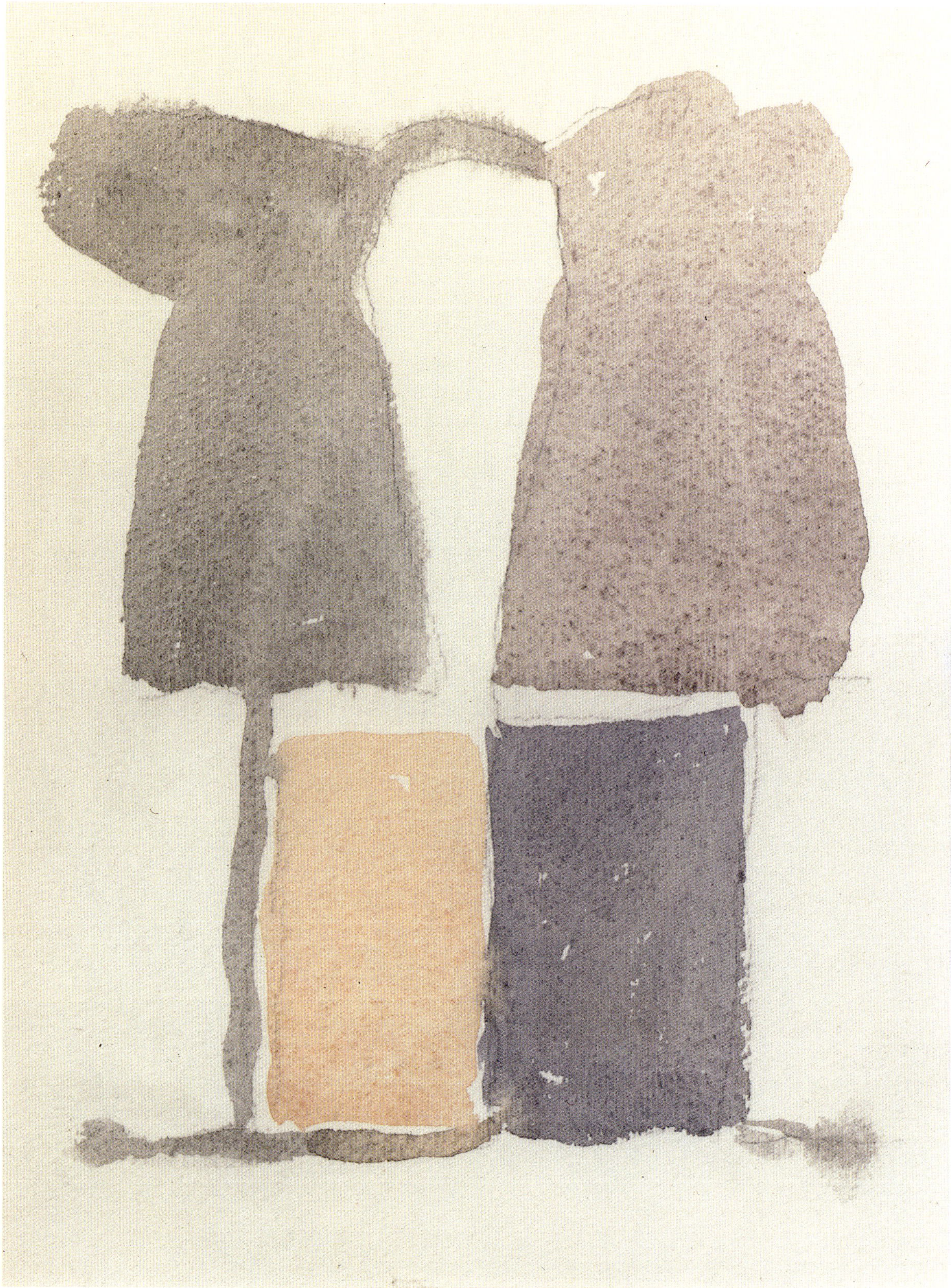

83.
Natura morta, 1962
acquerello su carta
16 × 21 cm
Bologna, collezione privata.

Esposizioni: Bologna, 1968; Ginevra, 1977-1978, n. 26, ripr.; Sasso Marconi, 1981, p. 63, ripr.

Bibliografia: Leymarie, 1968, n. 59, ripr.

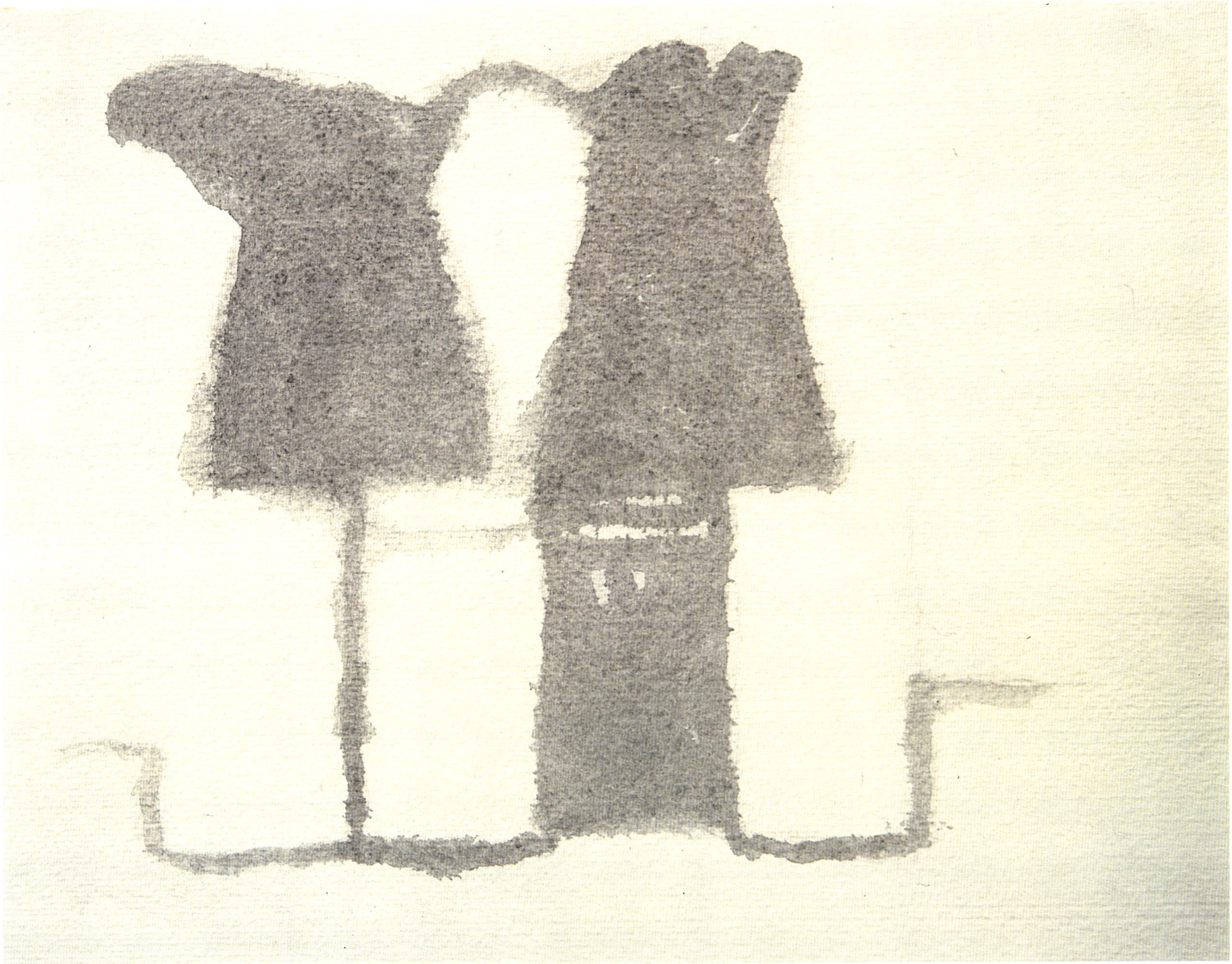

84.
Natura morta, 1962
acquerello su carta
20,5 × 28,2 cm
firmato in basso verso destra
"Morandi"
Verona, collezione privata.

Provenienza: Milano, Galleria del Milione; Bologna, Galleria Marescalchi.

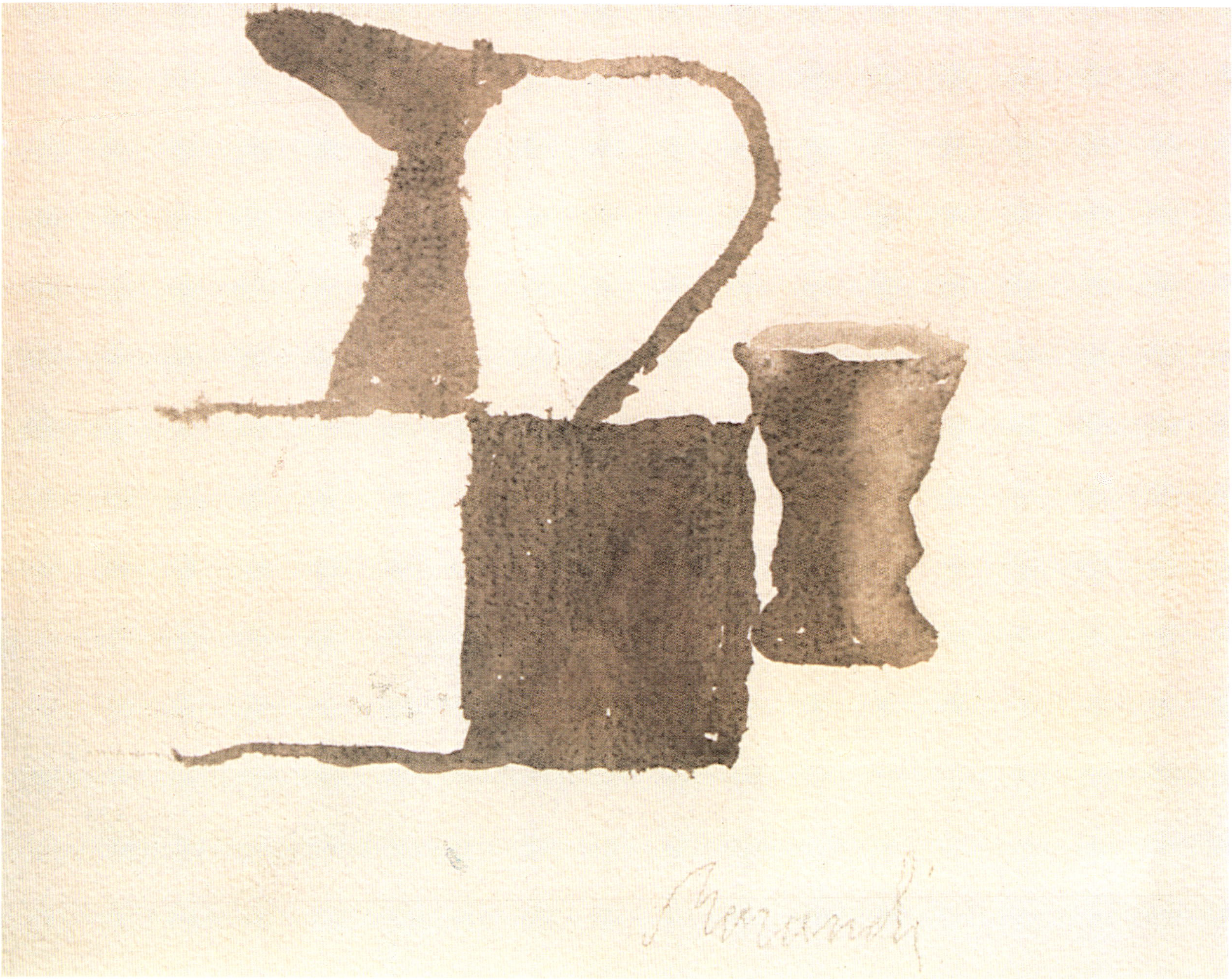

85.
Natura morta, 1962
acquerello su carta
23 × 18 cm
firmato in basso al centro
"Morandi"
Pavia, collezione privata.

Provenienza: Milano, Galleria del Milione; Pavia, L. Molina.

Esposizioni: Darmstadt, 1964, p. 171, ripr.; Milano, maggio-giugno 1972, n. 17, ripr.

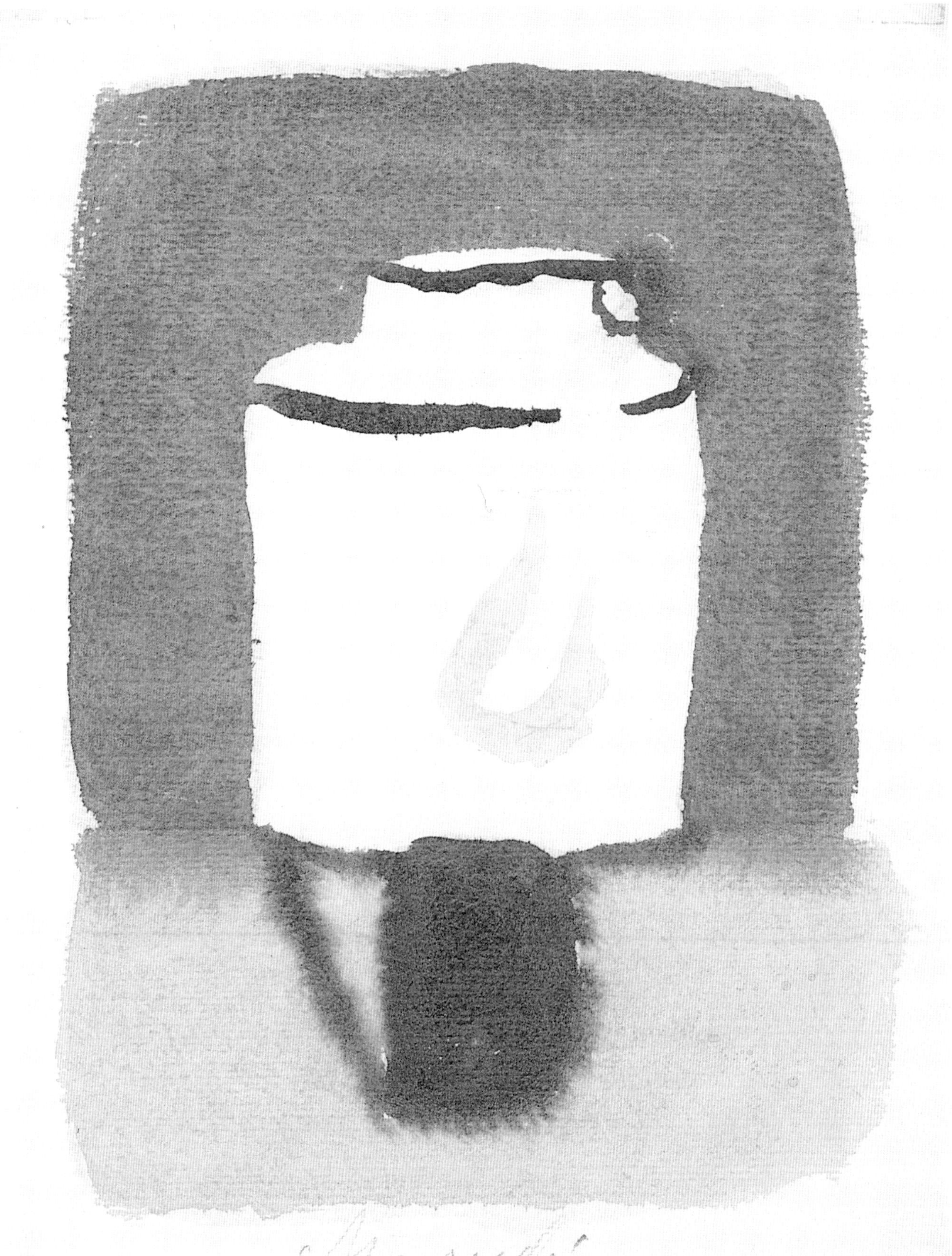

86.
Natura morta, 1962
acquerello su carta
22 × 17 cm
firmato in basso a sinistra
"Morandi"
Bologna, collezione privata.

Esposizioni: Bologna, 1990;
Grizzana Morandi, 1990.

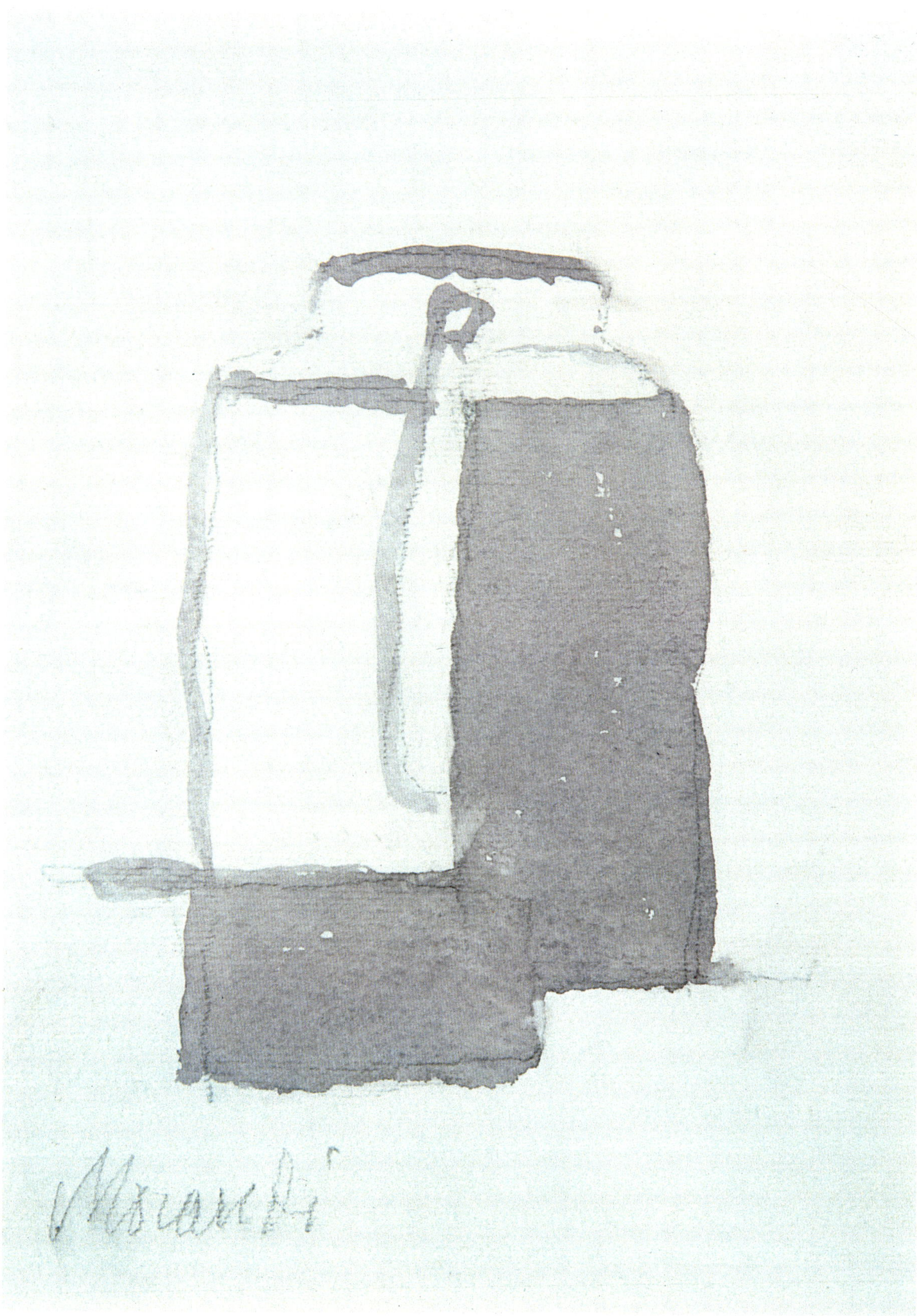

87.
Natura morta, 1962
acquerello su carta
21 × 16 cm
firmato in basso al centro
"Morandi"
Bologna, collezione privata.

Esposizioni: Bologna, 1968; Roma, 1973, n. 120, ripr.; Ferrara, 1978, n. 15 (acquerelli), ripr.; Monaco, 1981, n. 128, ripr.; San Francisco - New York - Des Moines, 1981-1982, n. 82, ripr.; Sasso Marconi, 1984, p. 97, ripr.

Bibliografia: Leymarie, 1968, n. 67, ripr.; Zurlini, 1973, n. 50, ripr.; Risberg 1981, p. 63, ripr.; Jouvet-Schmied, 1982, n. 74, ripr.

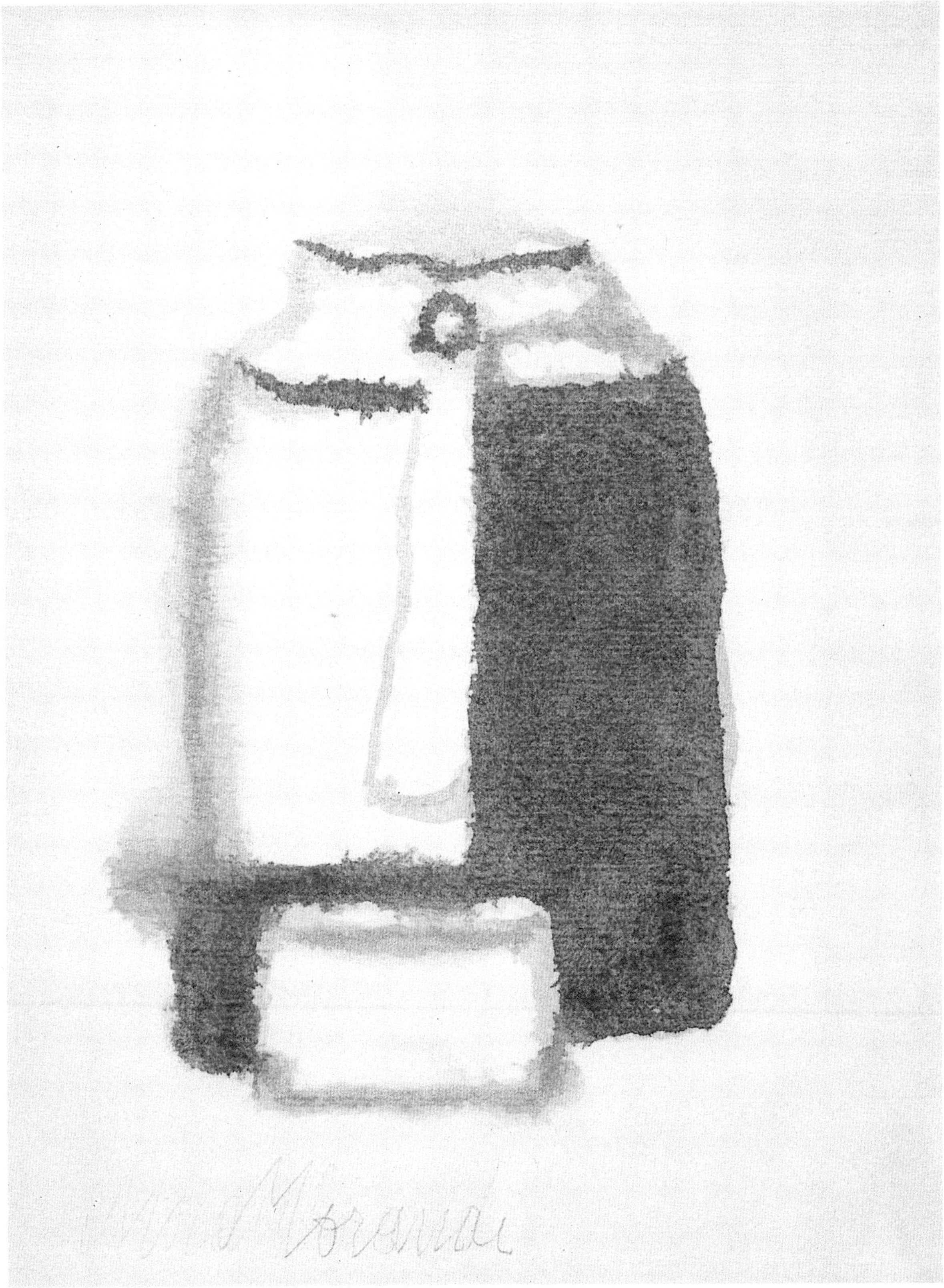

88.
Natura morta, 1963
acquerello su carta
14 × 21 cm
firmato in alto a destra
"Morandi"
Fano, collezione Valerio
Volpini.

Esposizioni: Ancona, 1964, ripr.

89.
Natura morta, 1963
acquerello su carta
22,5 × 30,5 cm
firmato in basso al centro
"Morandi"
Biella, collezione privata.

Esposizioni: Tampere, 1988-1989, n. 81, ripr.; Leningrado-Mosca, 1989, n. 79, ripr.; Londra, 1989, n. 79, ripr.; Locarno, 1989, n. 84, ripr.

90.
Natura morta, 1963
acquerello su carta
21 × 16,2 cm
firmato in basso verso sinistra
"Morandi"
Friburgo, Morat Institut für
Kunst und Kunstwissenschaft.

Provenienza: Ginevra, Galerie Krugier.

Esposizioni: Ginevra, 1963, n. 42, ripr. (invito).

Aste: Berna, Galerie Kornfeld, n. 204, 22 giugno 1990, n. 94, ripr.

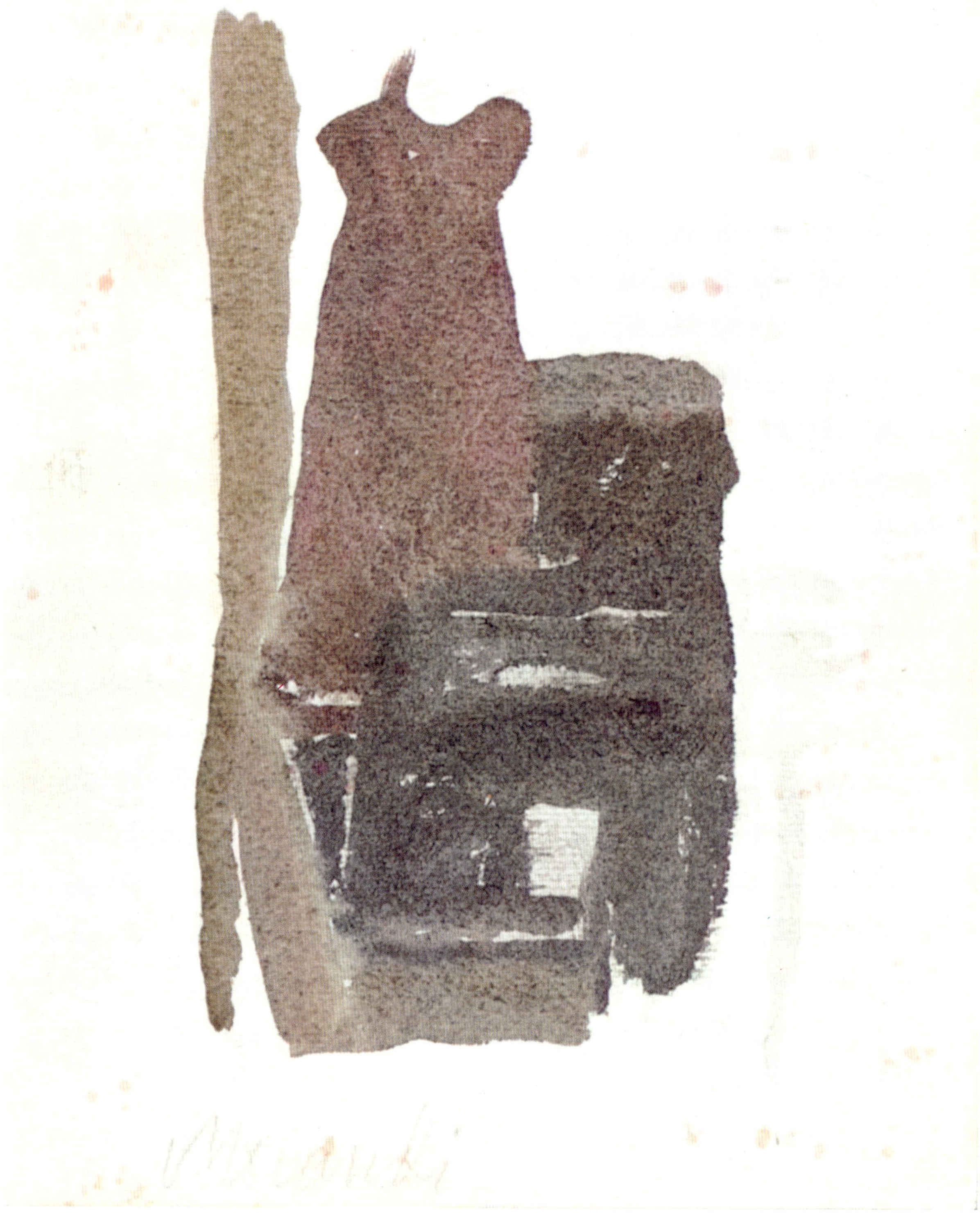

91.
Natura morta, 1963
acquerello su carta
27 × 20 cm
firmato in basso al centro
"Morandi"
Milano, collezione privata.
Bibliografia: Zurlini, 1973, n. 40, ripr.

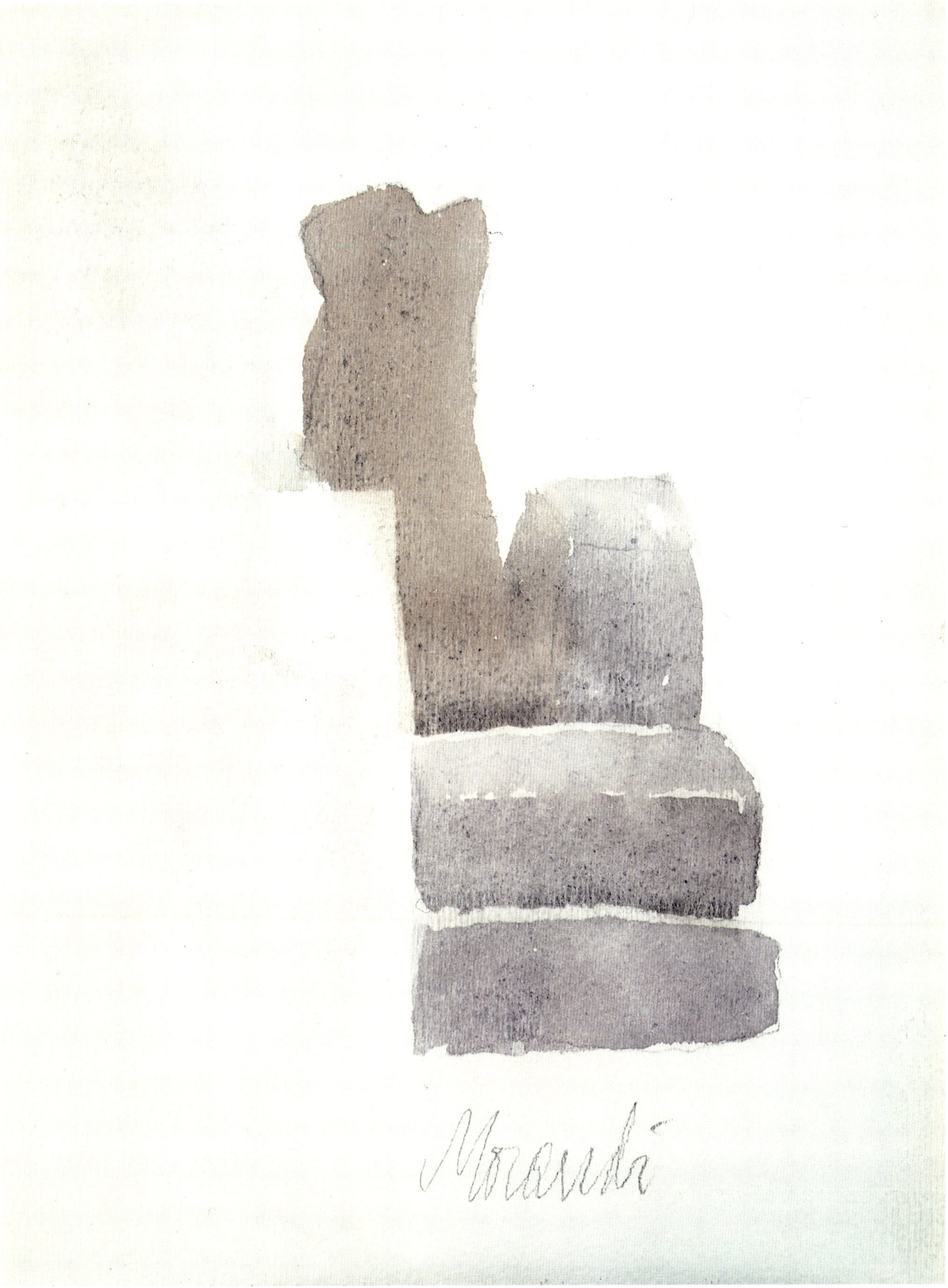

92.
Natura morta, 1963
acquerello su carta
17 × 27 cm
firmato in basso al centro
"Morandi"
Lugo di Ravenna, collezione privata.

Provenienza: Milano, Galleria del Milione; Lucca, Galleria Poleschi.

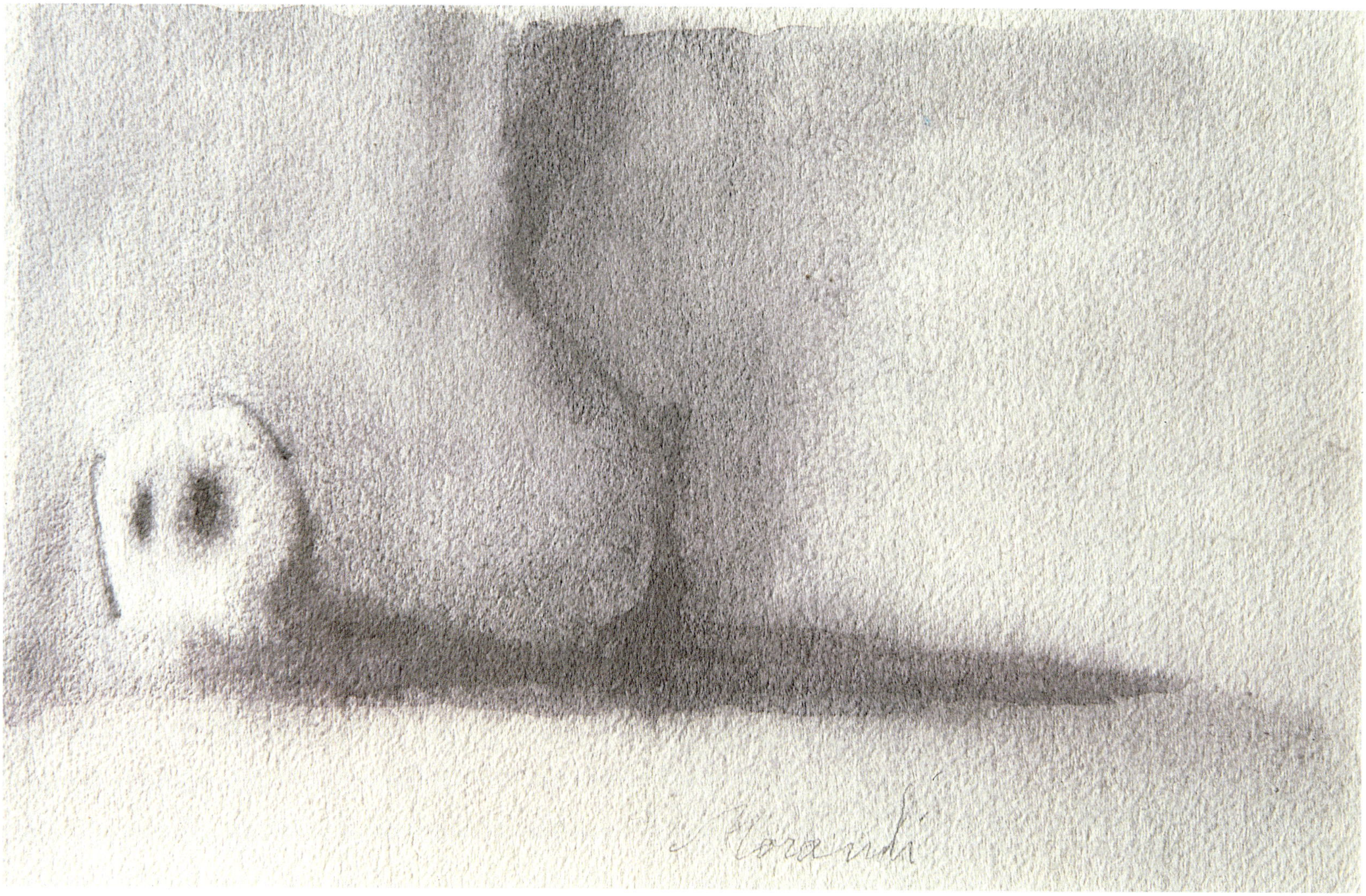

93.
Natura morta, 1963
acquerello su carta
14 × 21 cm
firmato in basso a destra
"Morandi"
collezione privata.

Esposizioni: Bologna, 1968; Roma, 1973, n. 116, ripr.; Sasso Marconi, 1981, p. 61, ripr.

Bibliografia: Leymarie, 1968, n. 60, ripr.; Zurlini, 1973, n. 44, ripr.

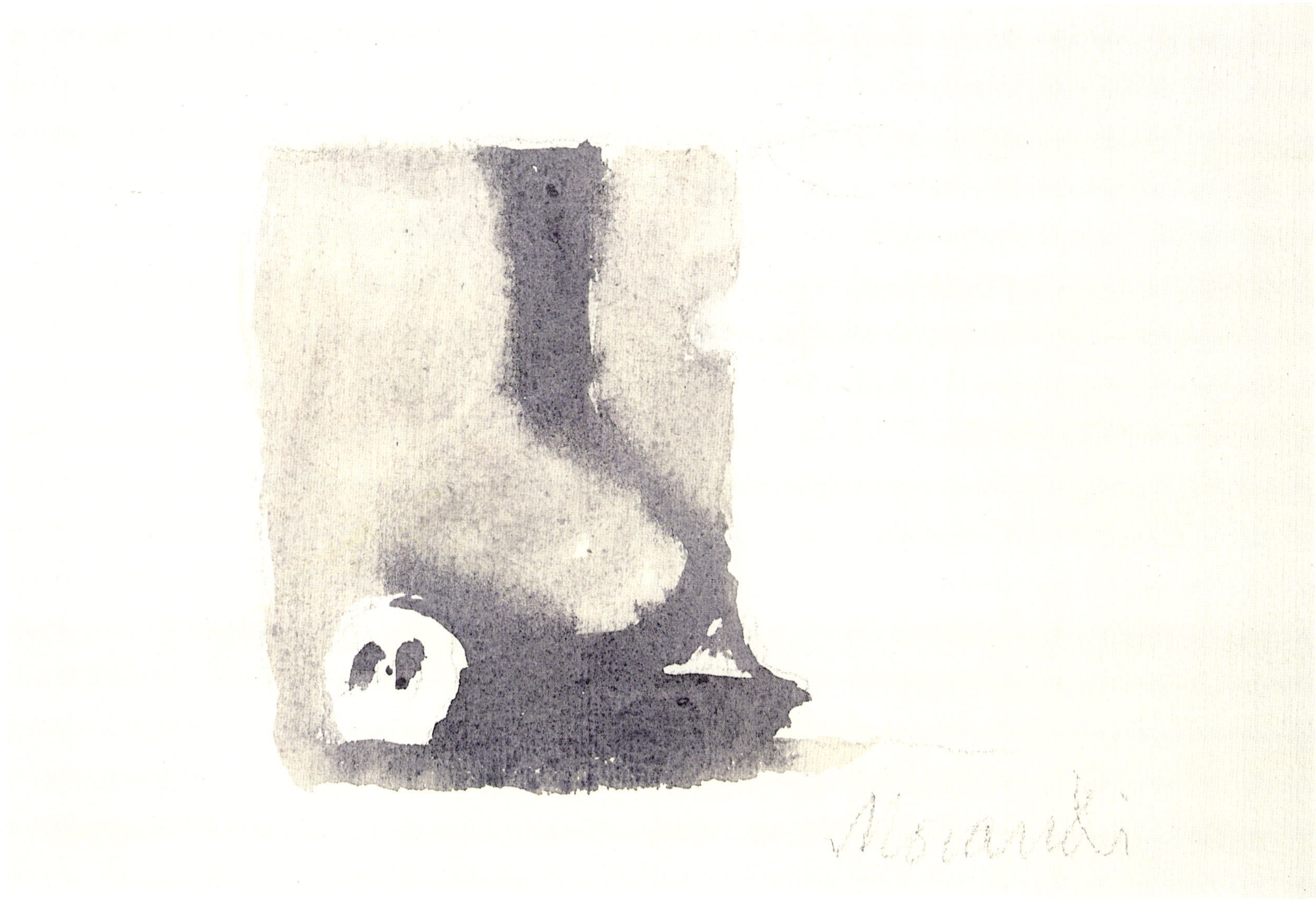

94.
Natura morta, 1963
acquerello su carta,
16,2 × 21,4 cm
firmato in basso al centro
"Morandi"
Milano, collezione privata.

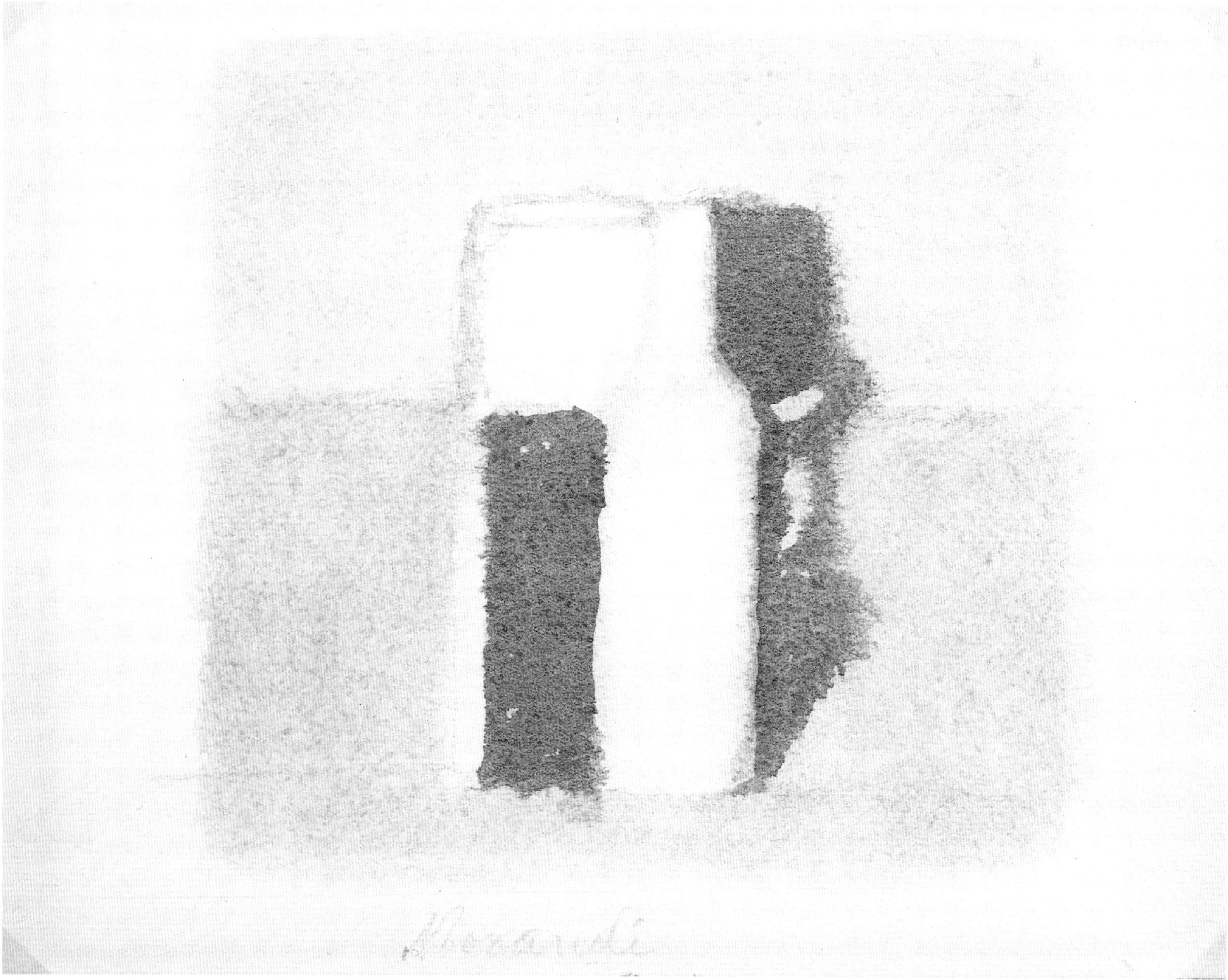

95.
Natura morta, 1963
acquerello su carta
16 × 21 cm
firmato in basso verso sinistra
"Morandi"
Milano, collezione privata.
Provenienza: Milano, Galleria del Milione.

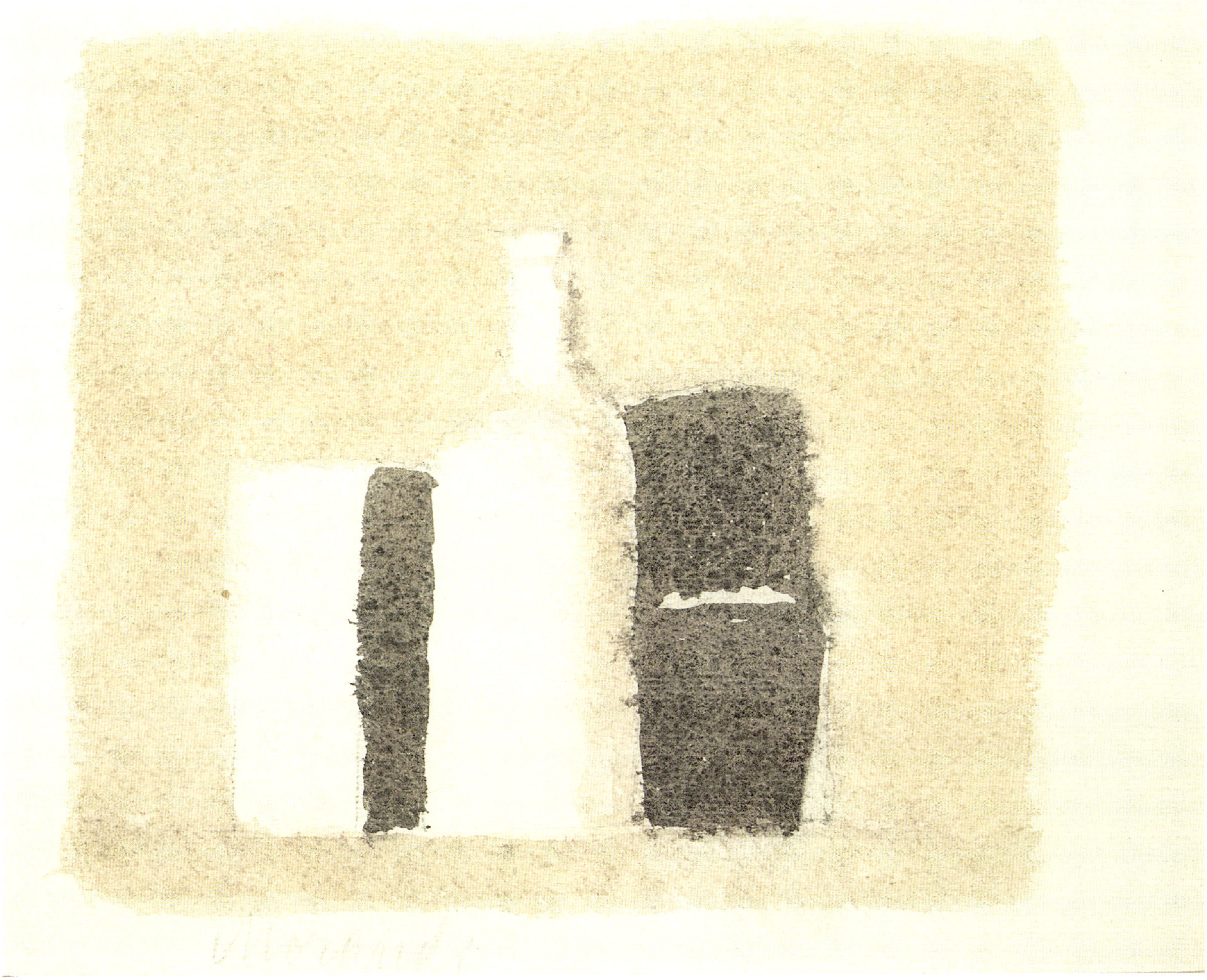

96.
Natura morta, 1963
acquerello su carta
25 × 34 cm
firmato in basso al centro
"Morandi"
New York, collezione privata.
Esposizioni: Parigi, 1971, n. 2, ripr.

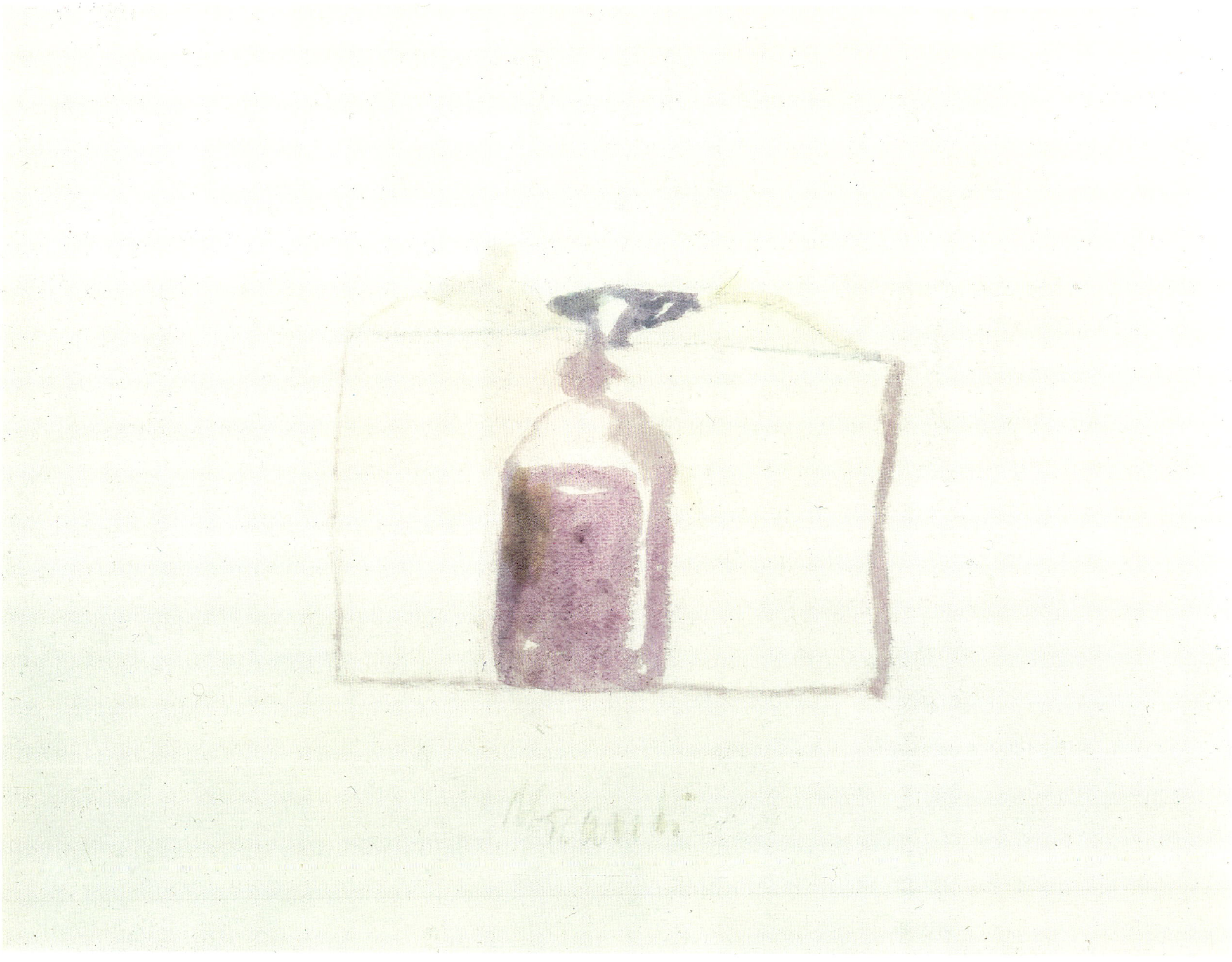

97.
Natura morta, 1963
acquerello su carta
14,7 × 20,7 cm
firmato in basso verso destra
"Morandi"
Piacenza, collezione privata.

Provenienza: Bologna, Galleria
Maggiore.

98.
Natura morta, 1963
acquerello su carta
21 × 16 cm
firmato in basso a destra
"Morandi"
Faenza, collezione privata.
Esposizioni: Sasso Marconi, 1981, p. 62, ripr.

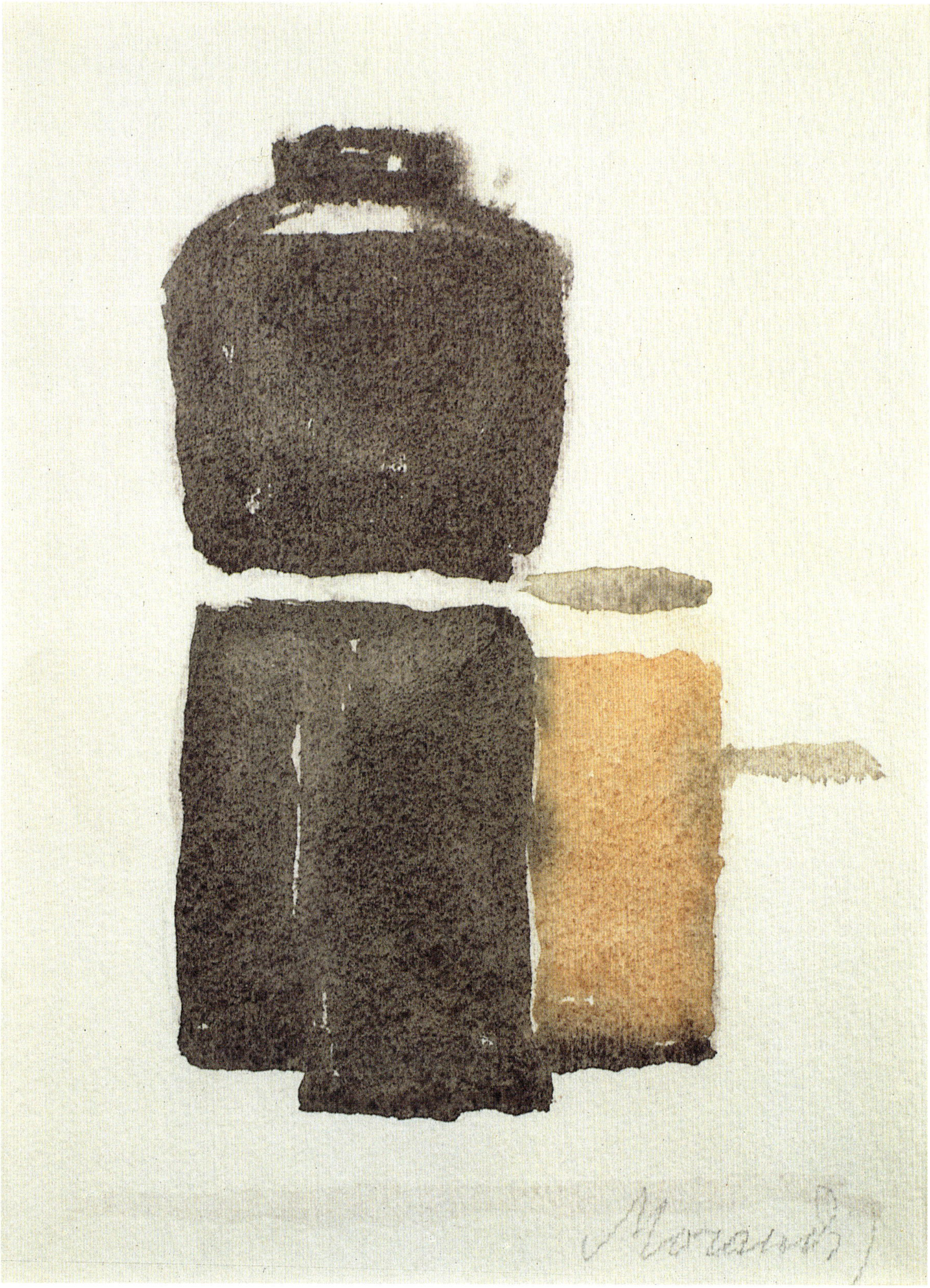

99.
Natura morta, 1963
acquerello su carta
21 × 16 cm
firmato in basso a sinistra
"Morandi"
Milano, collezione privata.
Esposizioni: Acqui Terme, 1981, ripr.

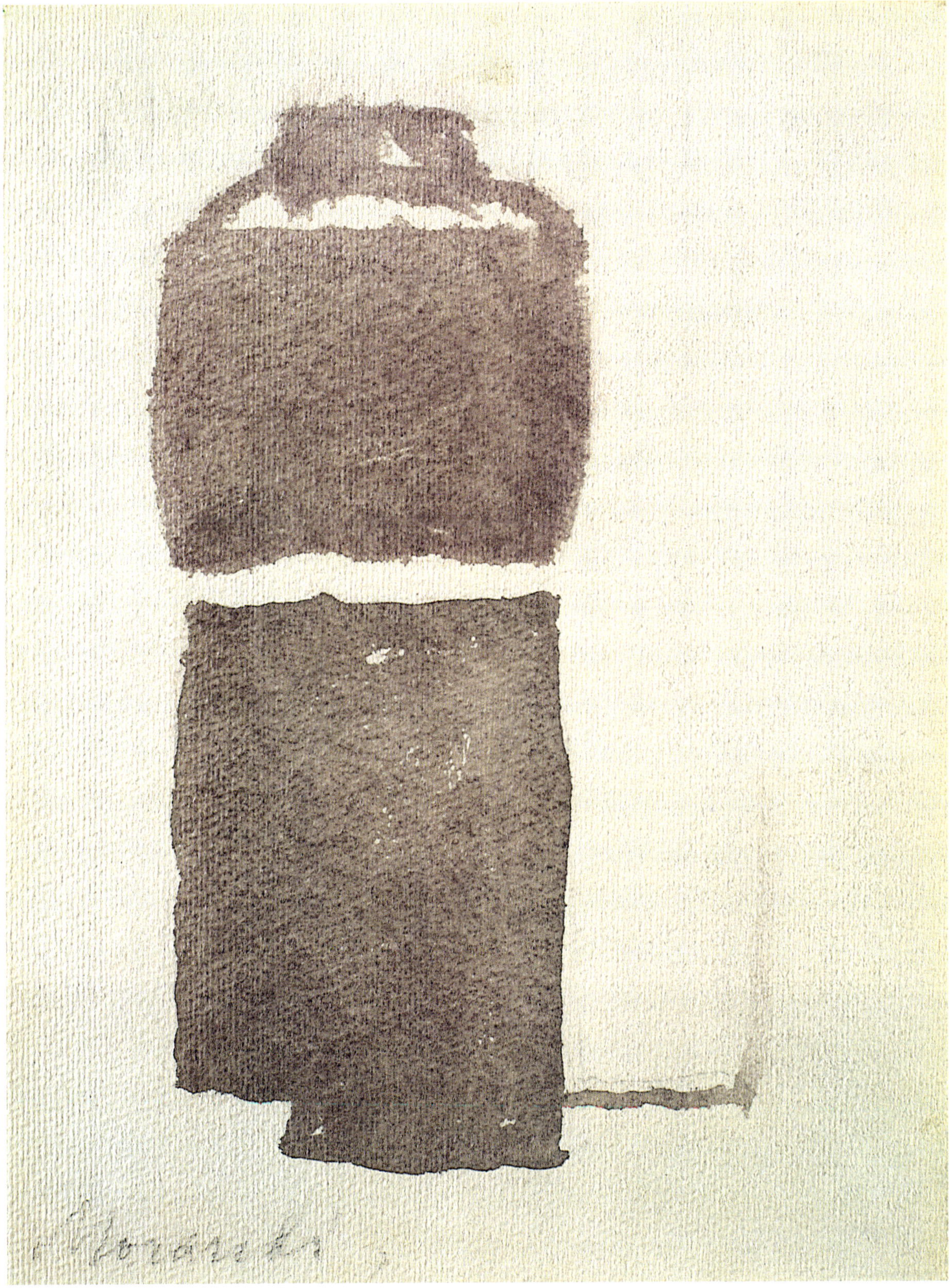

100.
Natura morta, 1963
acquerello su carta
21 × 16 cm
firmato in basso al centro
"Morandi"
Reggio Emilia, collezione
Achille e Ida Maramotti.

Esposizioni: Madrid-Barcellona, 1984, n. 84, ripr.; Marsiglia, 1985, n. 79, ripr.

Bibliografia: Vedrenne, 1985, p. 91, ripr.

101.
Natura morta, 1963
acquerello su carta
21 × 16 cm
Bologna, collezione privata.

Esposizioni: Bologna, 1968; Londra-Parigi, 1970-1971, n. 92, ripr.; Milano, maggio-giugno 1971, n. 107, ripr.; Leningrado-Mosca, 1973, n. 4, ripr.; Ferrara, 1978, n. 17 (acquerelli), ripr.; Monaco, 1981, n. 127, ripr.; San Francisco - New York - Des Moines, 1981-1982, n. 83, ripr.

Bibliografia: Leymarie, 1968, n. 62 (ripr. capovolto); Zurlini, 1973, n. 48, ripr.

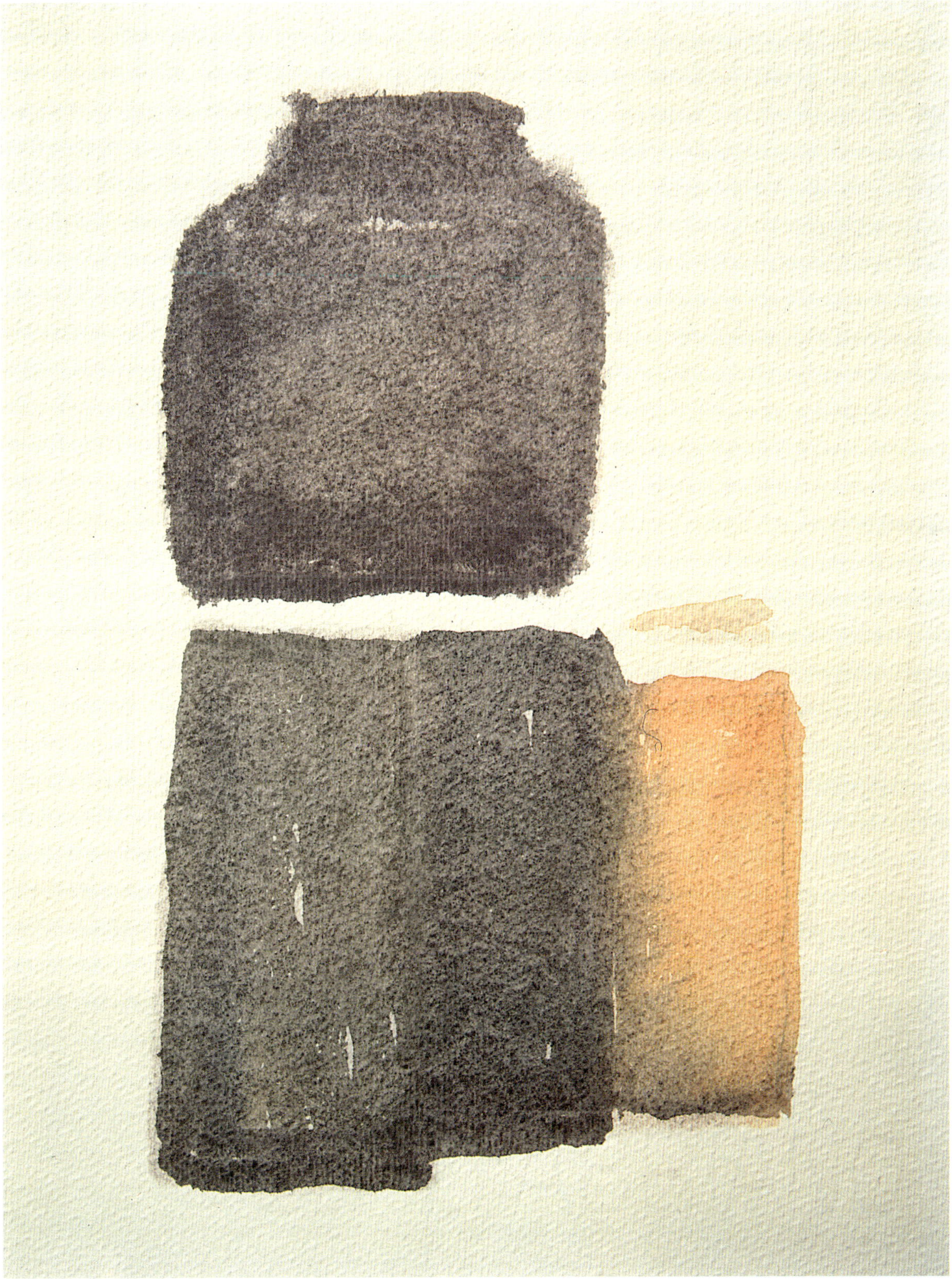

102.
Natura morta, 1963
acquerello su carta
21 × 16 cm
firmato in basso a destra
"Morandi"
Mestre, collezione privata.

Esposizioni: Monaco, 1981, n. 124, ripr.

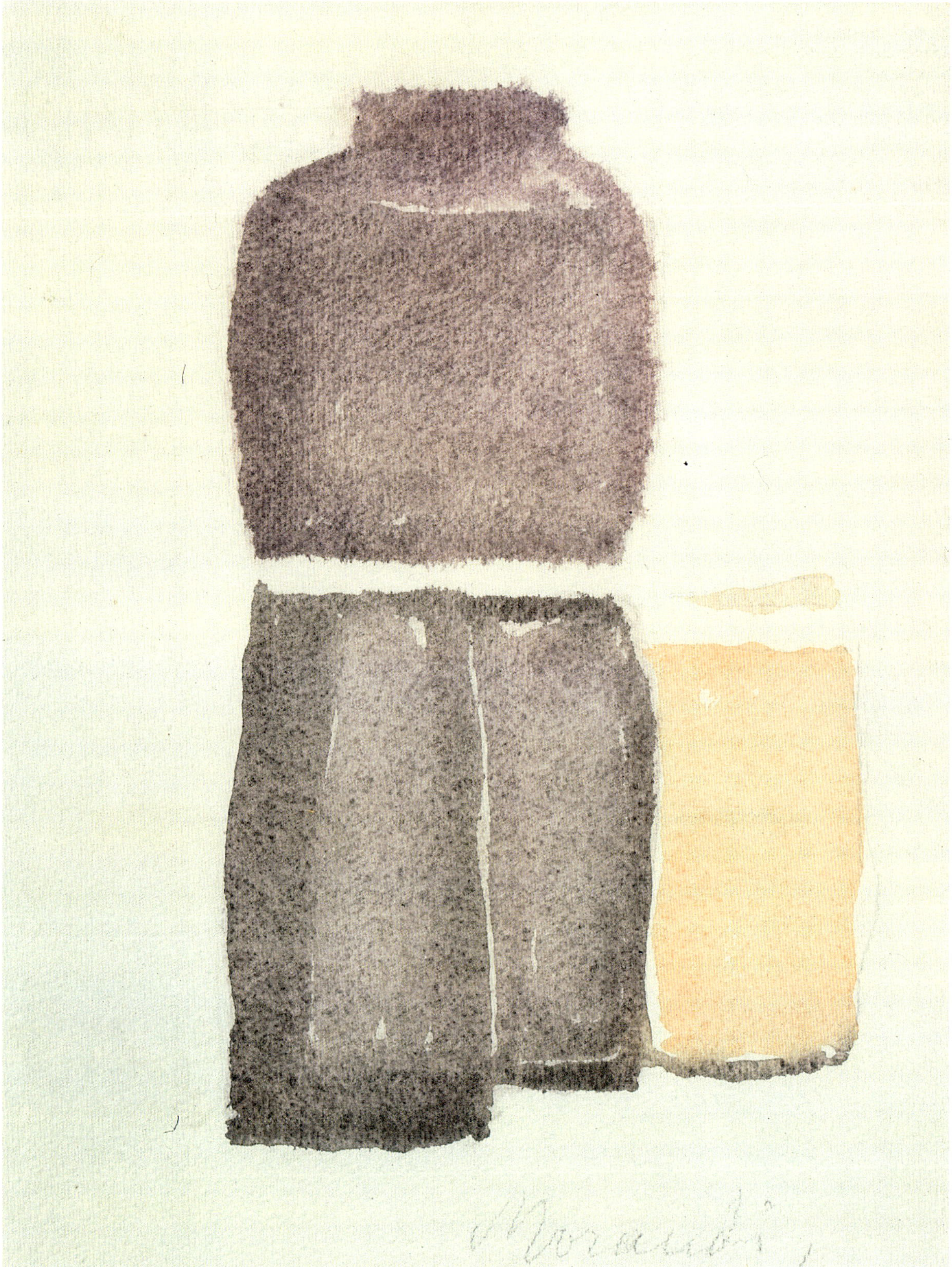

103.
Natura morta, 1963
acquerello su carta
21 × 16 cm
Bologna, collezione privata.

Esposizioni: Bologna, 1968; Roma, 1973, n. 119, ripr.; Monaco, 1981, n. 126, ripr.

Bibliografia: Leymarie, 1968, n. 64, ripr.

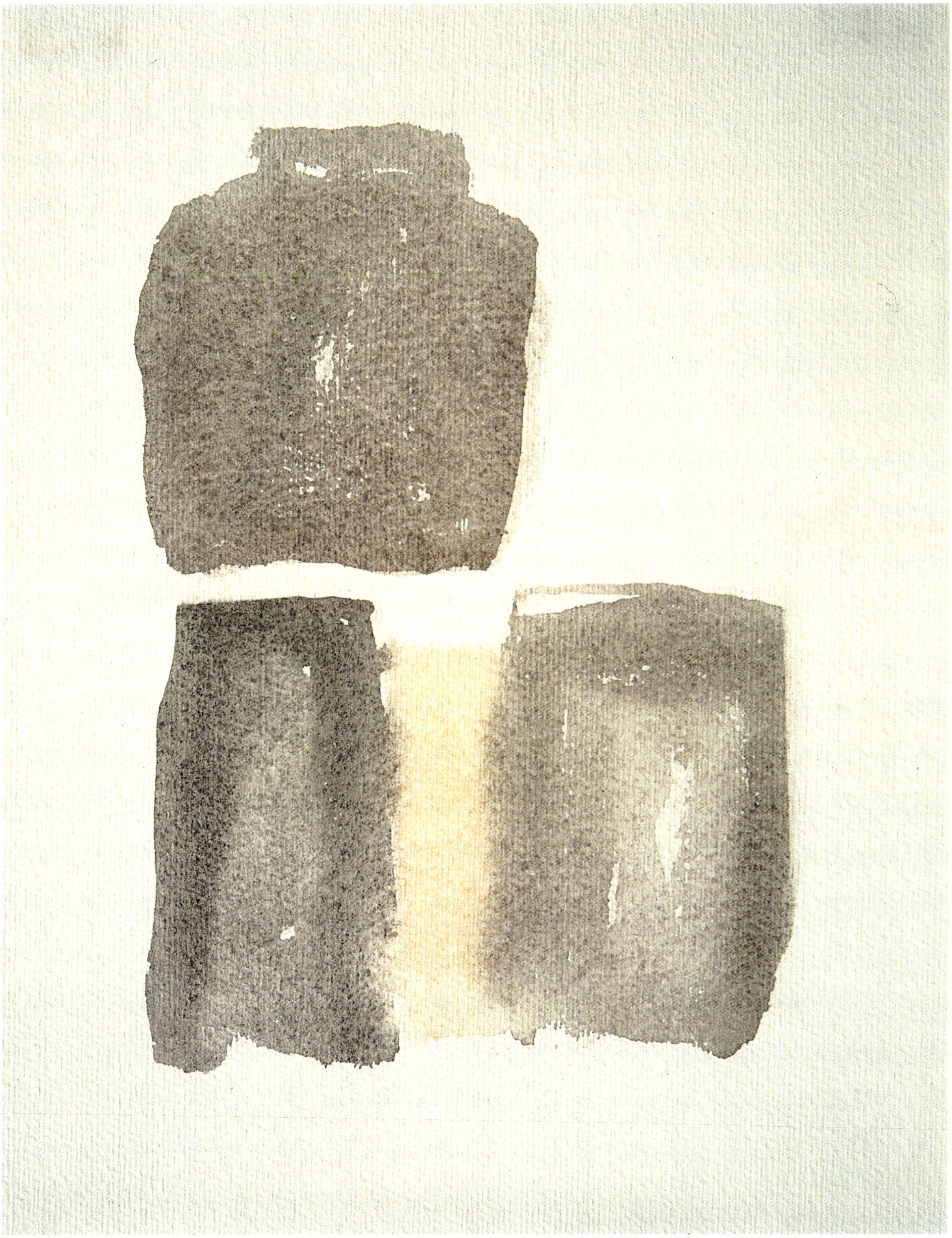

104.
Natura morta, 1963
acquerello su carta
21 × 16 cm
Bologna, collezione privata.

Esposizioni: Bologna, 1968; Monaco, 1981, n. 125, ripr.

Bibliografia: Leymarie, 1968, n. 63, ripr.

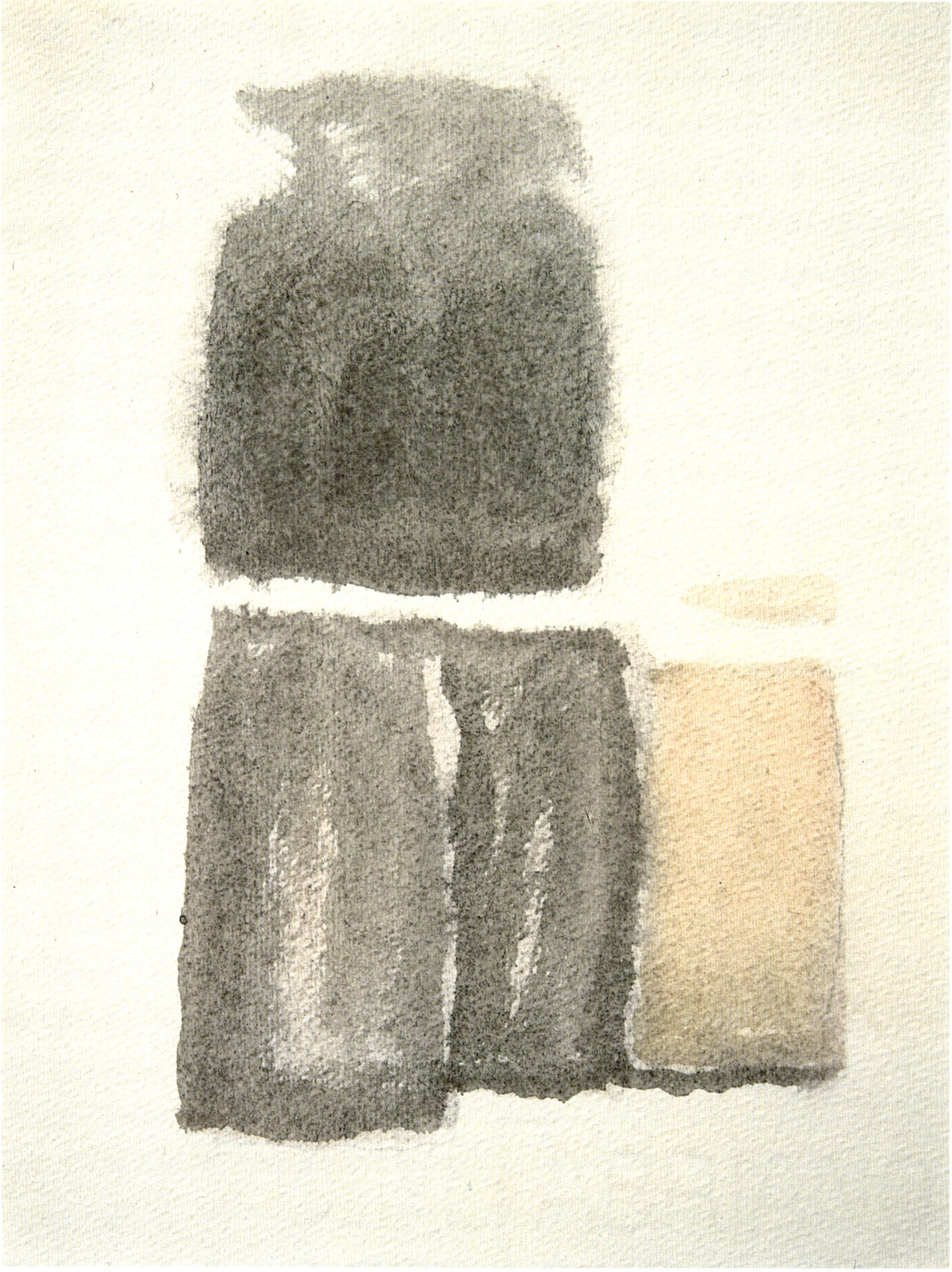

105.
Natura morta, 1963
acquerello su carta
21,5 × 16 cm
firmato in basso verso sinistra
"Morandi"
Trieste, collezione privata.

Bibliografia: Zurlini, 1973, n. 49, ripr.; "Art International", dicembre 1963, ripr. in copertina.

106.
Natura morta, 1963
acquerello su carta
25 × 30 cm
firmato in basso al centro
"Morandi"
collezione privata.

Esposizioni: Bologna, 1968; Sasso Marconi, 1981, p. 61, ripr.; Sasso Marconi, 1984, p. 94, ripr.

Bibliografia: Leymarie, 1968, n. 65, ripr.

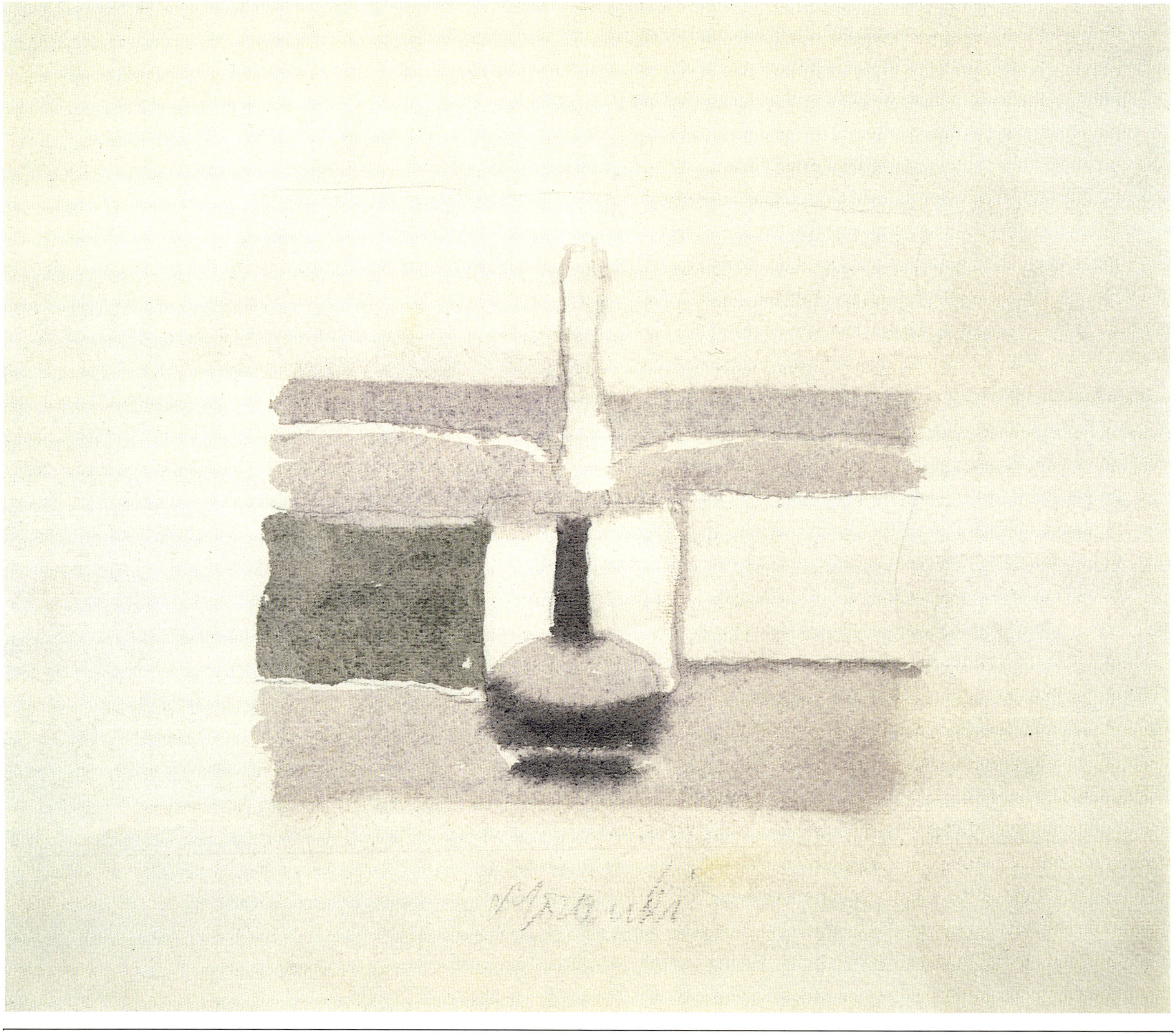

107.
Natura morta, 1963
acquerello su carta
14 × 21 cm
firmato in basso al centro
"Morandi"
New York, collezione privata.

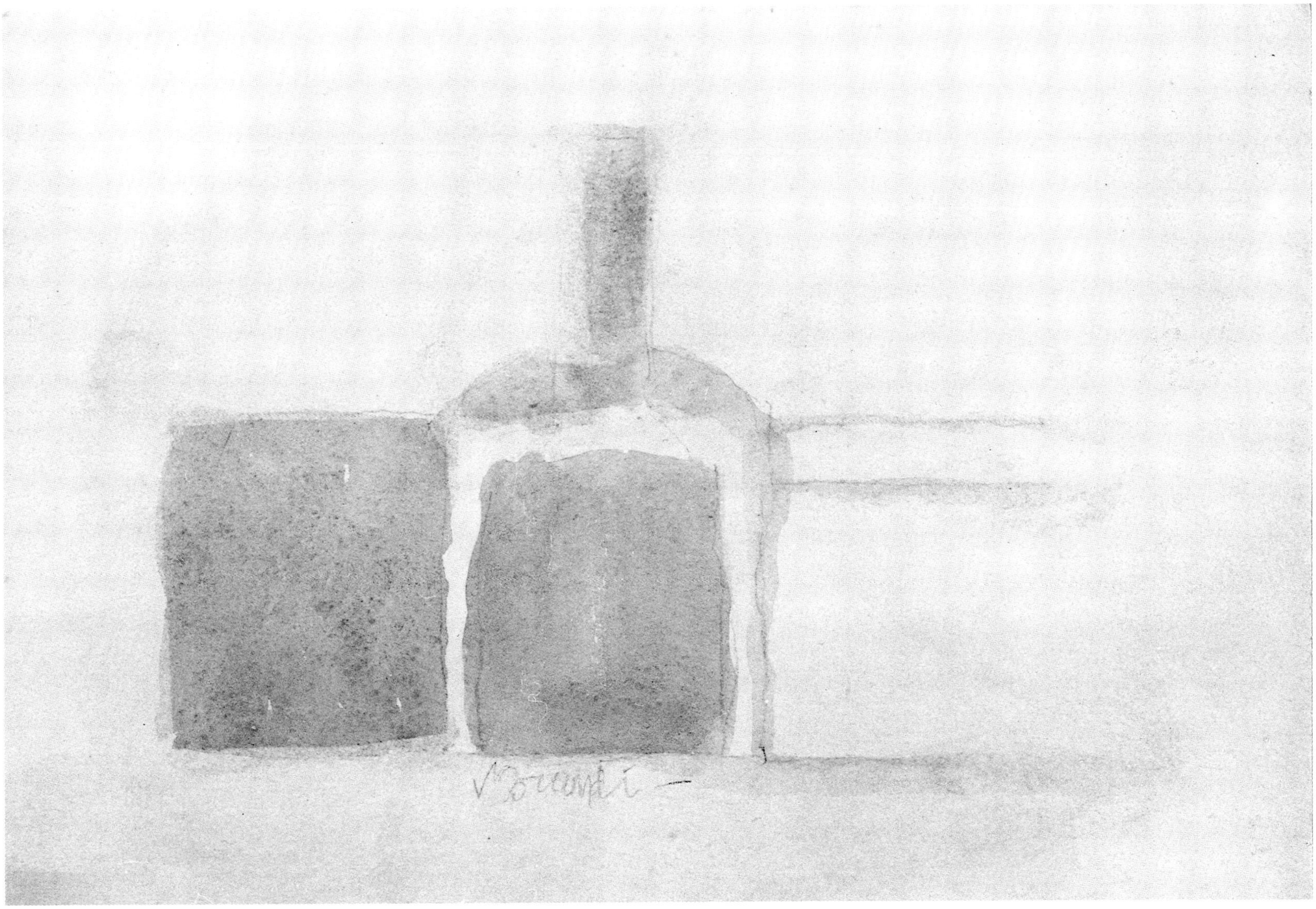

108.
Paesaggio, 1963
acquerello su carta
21,5 × 31 cm
firmato in basso verso sinistra
"Morandi"
Milano, collezione privata.
Provenienza: Milano, Galleria del Milione; Torino, P. Rossini.

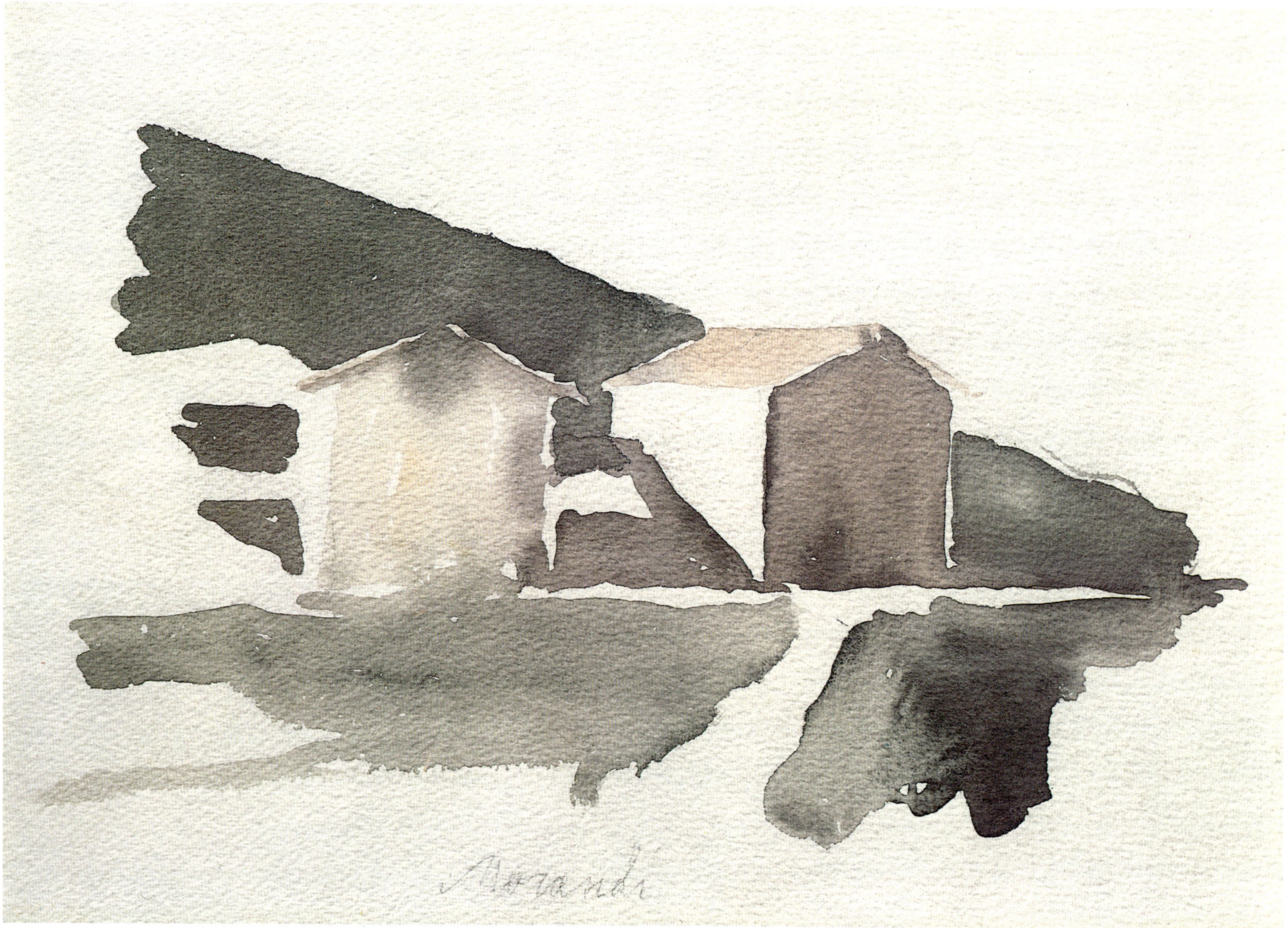

109.
Paesaggio, 1963
acquerello su carta
24,3 × 31 cm
firmato in basso al centro
"Morandi"
Friburgo, Morat Institut für
Kunst und Kunstwissenschaft.

Provenienza: Milano, Galleria del Milione.

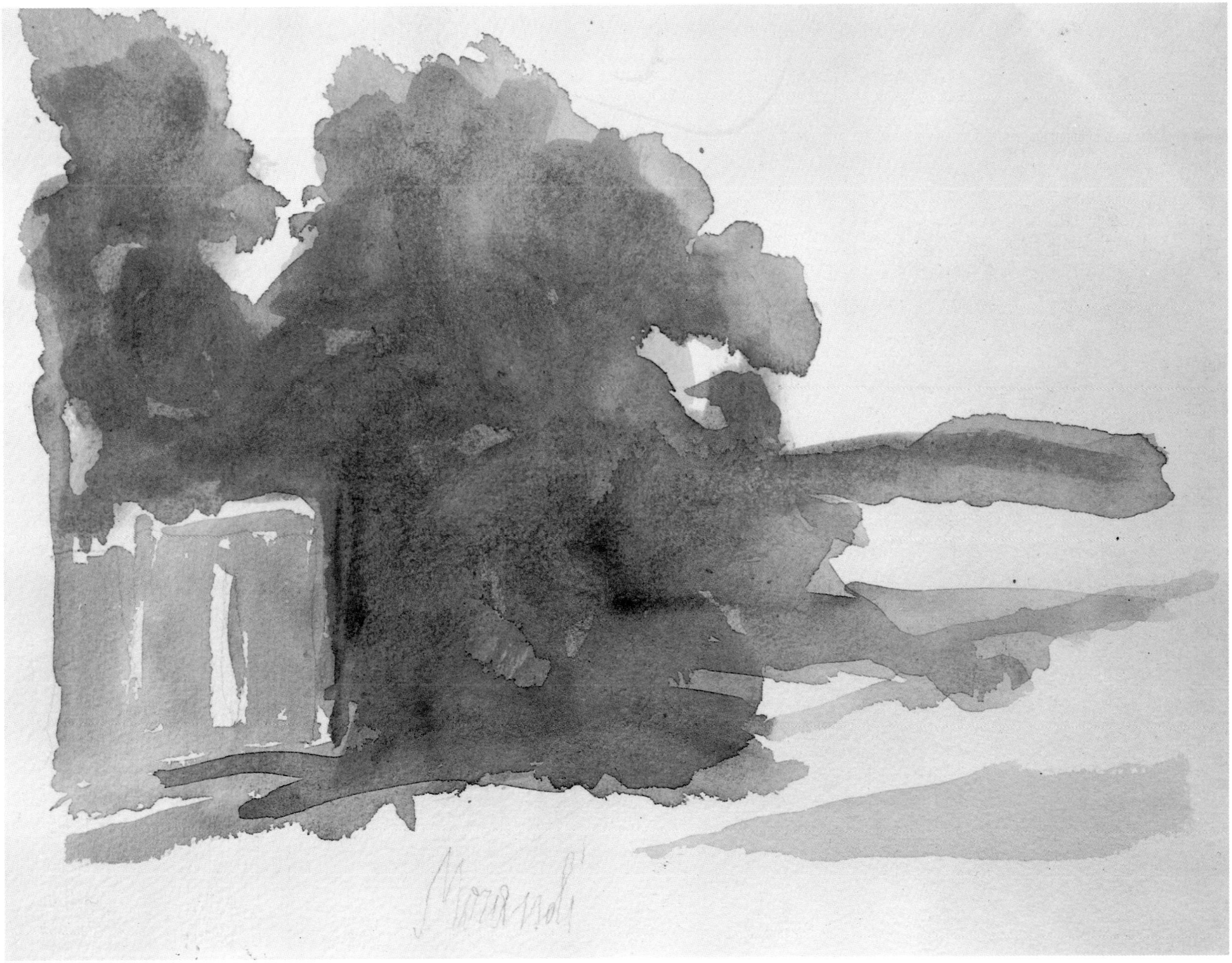

110.
Paesaggio, 1963
acquerello su carta
23,9 × 31,7 cm
firmato in basso a destra
"Morandi"
Bologna, collezione privata.
Provenienza: Milano, Galleria del Milione.

Cesare Brandi

Morandi, ci disse, aveva fatto delle passeggiate, aveva cercato i funghi, li aveva fatti seccare al sole e lui stesso s'era abbronzato. La somiglianza con la forte e adusta maschera di Braque appariva ancora più singolare. E la pittura? Certo, aveva dipinto qualcosa: degli acquarelli. Ci fece salire in camera sua, per mostrarceli. Per salire in camera sua, c'era una scaletta di legno, e la camera era piccola, ma con una grande terrazza tutta per lui. Da quella terrazza Morandi dipingeva. Sul lettino bianco Morandi stese gli acquarelli.

Al paesaggio della finestra di Bologna ci sono abituato: e anche alle bottiglie e ai barattoli sul tavolino: il trapasso dall'oggetto al soggetto del dipinto mi è allora familiare. Ma qui il paesaggio era nuovo per me, e la ricreazione fantastica che subiva, doveva suggerire lo scandaglio subitaneo dell'introspezione. Ed ecco avvenire la rivelazione inattesa.

Eccettuata una casa scoperchiata, attigua alla pensione, che negli acquarelli si prestava alle metamorfosi più sconcertanti, a seconda di come, nelle varie ore del giorno, la luce e l'ombra l'affettavano o la ricomponevano, tutti gli altri motivi erano a grande distanza. Lontani insomma, in linea d'aria, qualche chilometro. E Morandi, che, s'intende, porta gli occhiali, li vedeva benissimo: e poi non ha da essere pittura interiore, la sua!

Questa rivelazione, che la maggior parte dei paesaggi dipinti a Grizzana, nei quali l'immagine si offre sull'orlo stesso del quadro, derivano invece da casucce e frazioni rustiche remote dall'occhio, dapprima mi sconcertò, poi mi illuminò.

Come il punto lontano sul mare che via via diviene un bastimento, come l'aereo che sulle prime si sbaglia per un falco, ecco la casa che avanza nella fantasia, diviene di scena. Essa è là, qualunque come una cosa qualunque, quando la sua facciata biancastra si illumina come una fronte, e un cielo pieno di luce la percorre come sangue, e gli alberi sbiaditi dalla lontananza acquistano la trasparenza e il timbro delle erbe su cui scorre un'acqua cristallina. Quell'avanzare dal fondo dello spazio come un ricordo dal fondo del tempo, ecco il simbolo stesso del miracoloso che è la creazione artistica, per cui la pittura non è natura, anche senza arrivare alla pittura astratta.

Guardavo ormai quasi col fiato sospeso quelle povere casupole su una gobba spelacchiata, guardavo gli acquarelli, e dentro me ringraziavo Grizzana, che, con la sua modesta venustà orografica, mi aveva dato modo di entrare un po' da vicino e quasi con l'oscuro senso di avere violato un segreto, in quanto c'è di più raro, alto e misterioso nella natura umana.

(*Appunti per un ritratto di Morandi*, in "Palatina", Parma, gennaio-marzo 1960)

Francesco Arcangeli

E davvero qualche luce di speranza, qualche fremito ingenuo, una passeggera disposizione primaverile, paion riscontrabili in certi acquerelli fra l'aprile e il giugno del '18. La solitudine di Morandi, insomma, si fa, per ora, meno totale; e forse, su un piano di vita che in lui, "pittore puro", sembrerebbe staccato dal piano dell'arte, chissà che non infiltri qualche pensiero positivo il fatto che l'Italia ha resistito: dopo il nero autunno di Caporetto è il sole primaverile del Piave, quello ormai estivo del Montello, a dar qualche luce al suo muto lavoro. L'acquerello datato 11 aprile 1918, della raccolta Della Ragione, e quello di giugno, raccolta Mattioli, hanno un moto delicato e lieve, quasi di fiorita annunciazione: come se qualche antico e sempre nuovo mese antelamico, lasciando il suo inveterato stare, avesse preso a camminare a passi lunghi, timidi, svelti, entro la fantasia del giovane bolognese. Modigliani, Derain, Archipenko, Arturo Martini?

Son tutti nomi che qui si possono fare come lato punto di riferimento; ma resta il fatto che questi "esercizi di stile" ci parlano d'una singolare letizia, d'una provvisoria solitaria archeologia in cui Morandi sconta in anticipo, e senza danno – anzi con nostro piacere – le tentazioni di quel "Novecento" che per lui non avrà mai peso. Basti la delicatezza di quegli aliti di chiaroscuro che animano il volto della donna nel secondo acquerello: solo Lehmbruck (cito un artista che Morandi, allora, non conobbe) avrebbe potuto essere, in quel momento, altrettanto intimo, fuggevole, delicato. Del resto, nella silografia con nudo femminile dell'amico Mario Bacchelli, pubblicata subito dopo ("La Raccolta" del 15 luglio 1918), è anche più esplicito il riferimento a una plastica classico-nordicheggiante. In Morandi c'è, naturalmente, più volo; da concordare se mai, singolarmente, con quei dolci, luminosi *Atti primaverili* di Ungaretti, che "La Raccolta" pubblicò il 15 giugno di quell'anno: "La terra / s'è velata di tenera / leggerezza / come una sposa / novella".

[...] Ancor prima del suo ritorno a Grizzana, nella casetta costruita dalle sorelle come premio commovente d'una vita intera di pazienza, dignità, sacrificio

– una vita bene spesa, insomma – egli aveva già ripreso, almeno dal '57, il rapporto col paesaggio attraverso gli acquerelli: dipinti a Bologna; a Levico; a Grizzana; fogli dove, sul candore della carta, Morandi ha deposto in forme e in toni perfetti qualche spunto della sua rinnovata passione, qualche tema d'oggetto che gioca al limite dell'astrazione, qualche paese d'una semplicità anche più umana dei suoi antichi "anni della purezza".
(*Giorgio Morandi*, Milano, Edizioni del Milione, 1964, pp. 88-89 e 341)

Jean Leymarie
Gli acquerelli di Morandi
Se i dipinti e le incisioni di Morandi non cessano di essere analizzati nella loro completezza e specificità e nei loro reciproci legami, i commoventi disegni a matita e i semplici acquerelli non hanno ancora suscitato quella particolare curiosità che richiedono. Senza dubbio i critici hanno tutte le ragioni di esitare davanti a questo universo intimo e supremo in cui non penetra più la parola e regna solo, in penombra e in segreto, il gusto geloso degli amatori. È dunque il caso di salutare come un avvenimento il fatto che, nella sua città natale e grazie al devoto concorso delle sue sorelle, una prima mostra significativa sia interamente consacrata agli acquerelli, in parte inediti, del maestro di Bologna. Scrivo con trepidazione queste poche righe, espressamente richiestemi, nell'attesa muta di contemplare sul posto questa raccolta e prendere allora la decisione di rischiare forse un giorno un approccio reale. E penso alla passeggiata nostalgica che mi condurrà, nella dolce luce d'ottobre, attraverso vie porticate e memorie affioranti, dalla galleria nel cuore della città dove saranno presentati gli acquerelli fino allo studio intatto di via Fondazza, nel tranquillo e vecchio quartiere degli artigiani.
Si sta preparando, dopo l'inventario grafico, il catalogo completo dei dipinti. Bisognerà poi numerare gli acquerelli e situarli nel corso dell'opera. Si possono già fare alcune constatazioni. L'attività dell'incisore, che risale al 1912 e giunge fino al 1961, si concentra essenzialmente attorno al periodo della maturità. Gli acquerelli appaiono prestissimo e si succedono sporadicamente; ma, per motivi di facile comprensione legati alla natura stessa della loro tecnica e alle loro caratteristiche estetiche, essi si moltiplicano e fioriscono soprattutto durante gli ultimi anni, al momento giusto in cui cessano le incisioni. Con rare eccezioni, i disegni a matita, anche se acquistano ai nostri occhi un valore assoluto, sono punti base che preparano i dipinti o le acqueforti, di cui rivelano il processo creativo. Al contrario, gli acquerelli hanno vita autonoma, e se talvolta lo stesso motivo si ritrova anche nei quadri (si ricordi la veduta dalla finestra di Bologna dipinta nel 1957), la maniera interpretativa varia nei due casi, tragica sulla tela, serena sulla carta.
La Cina è il regno millenario della pittura ad acqua su carta, di cui inventa il supporto e lo strumento, il pennello di pelo morbido; ma il colore resta subordinato alla calligrafia. In Occidente, salvo i precedenti famosi di Dürer all'epoca del suo viaggio attraverso le Alpi, l'acquerello non sfugge alla limitazione topografica o documentaria e si sviluppa in maniera indipendente soltanto nel XVIII secolo. L'acquerello diventa allora la specialità dell'Inghilterra; e la sua fluidità luminosa si presta alle nuove suggestioni del paesaggio. Nel secolo seguente si espande in Europa insieme col culto romantico della natura; diviene, come la litografia, uno dei moderni mezzi d'espressione. Raggiunge le cime più alte con Turner celebrato da Ruskin e, in altra direzione, con Cézanne di cui convoglia e domina il lirismo finale. Ma è estraneo al genio di Chardin, che si affida in vecchiaia al pastello; e due pittori francesi non meno cari a Morandi, Corot e Seurat, ne rifiutano l'impiego, così diffuso ai loro tempi, per una sorta di ritegno classico. Ciò merita qualche riflessione: Morandi, che partecipa dello stesso spirito e per lungo tempo esperimenta il rigore formativo impostogli dal rame, accoglie e domina l'acquerello solo resistendo in certo modo alla sua forza effusiva e velando all'interno la trasparenza su cui si fonda.
È noto che lo stimolo originario gli viene da Cézanne, venerato come esempio artistico e come guida spirituale. Attraverso Cézanne egli raggiunge le alte fonti italiane: Giotto, Masaccio, Piero della Francesca, Bellini, Tiziano. All'inizio del 1914 prende parte a Roma alla seconda manifestazione della Secessione; vi scopre Matisse, con le sue distese luminose, i suoi sottili spazi conservati in bianco, e tutta una parete di acquerelli di Cézanne concessi dalla Galleria Bernheim-Jeune di Parigi. Parallelamente alla retrospettiva storica dei dipinti di Cézanne al Salon d'Automne del 1907, questa galleria aveva organizzato una mostra complementare degli acquerelli, la cui portata fu immensa sulla generazione giovane. Rilke li descrive subito in una lettera entusiasta a Paula Modersohn-Becker, Apollinaire e Delaunay li riconoscono

esplicitamente all'origine del cubismo, Kandinsky e Klee traggono ispirazione da essi, Meier-Graefe e Roger Fry li commentano. A partire dal 1915 Morandi compone acquerelli di paesaggio, che hanno pulsazioni cézanniane, e curiosi disegni acquerellati di figure. All'anno di svolta 1918, e precisamente all'aprile e al giugno, appartengono due nudi acquerellati dai delicati allungamenti; del luglio è la celebre natura morta del cactus (attualmente negli Stati Uniti, con la collezione milanese cui appartiene), cristallizzata da una geometria spettrale e magica.
Gli acquerelli del 1920 si ammorbidiscono e si fanno più drammatici su una gamma tempestosa e quasi monocroma. Poi il *lavis* si rarefà quando trionfa l'acquaforte. L'acquerello rinasce alla vigilia della guerra; e durante l'isolamento della seconda guerra mondiale s'interrompe di nuovo per un periodo abbastanza lungo.
Un vero e nuovo ciclo regolare comincia nel 1957, e si allarga ancor più dopo il 1960, quando il pittore dispone finalmente di una residenza personale a Grizzana, nei luoghi frequentati fin dalla giovinezza. Allora, come nell'ultimo Cézanne, l'acquerello raccoglie e condensa attraverso un'estrema economia di mezzi – due o tre toni d'ocra, d'azzurro e di verde, modulati sul vuoto attivo della carta – la sua musica più pura, un discorso intimo e fervente.
Il settembre scorso, durante l'inaugurazione a Bologna della magnifica mostra del Guercino, Denis Mahon, il critico erudito che ricevette in quell'occasione la medaglia d'oro del Comune, ricordò simpaticamente, nel discorso di ringraziamento, Morandi che, illustre e discreto, lo aveva preceduto in questo onore. Nel pomeriggio, io volli rivedere a Grizzana la casa di campagna del pittore, costruita con gusto semplice e perfetto dalle sorelle, che continuano a recarvisi e a custodire devotamente la sua memoria. Dopo aver sgranato a uno a uno i ricordi nella stanza al pianterreno e guardato in silenzio alcuni acquerelli, Dina, una delle sorelle, mi fece salire al primo piano ed entrare nello studio dove niente, dopo la sua morte, è stato toccato. Gli ultimi disegni sono là, tracciati sullo stesso blocco che egli usava anche per gli acquerelli, ora nel senso della larghezza, ora in quello dell'altezza. Ci sono tre finestre, una a levante, verso la vicina collina, che egli teneva più spesso chiusa, le altre due a nord, aperte sul vasto e limpido orizzonte. Egli ne regolava con cautela la luce, un po', penso, come ho visto fare a Bonnard nella sua piccola casa di Le Cannet. Muovendosi, la figura fisica di Morandi faceva pensare soprattutto a Braque, ma aveva anche qualche cosa del fremito sottile e inquieto di Bonnard. A ciascuna delle due finestre corrisponde un tavolo di legno bianco, uno per i dipinti, l'altro, in disparte, per gli acquerelli. Acquerelli giudicati insufficienti e stracciati cospargono ancora il pavimento. Sui tavoli sono gli strumenti di lavoro, i tubetti dei colori, gli oggetti familiari delle nature morte, con la loro disposizione calcolata e la fine polvere dei giorni che egli vi lasciava depositare. Sono stato colpito soprattutto dai numerosi batuffoli di cotone ancora imbevuti di colori, con i quali assorbiva l'eccesso d'acqua dagli acquerelli. Travasava così dal foglio ciò che la spontaneità della tecnica ha di troppo fugace e, senza annullarne la freschezza, ne conservava i succhi permanenti. L'arte, come la vita, si sviluppa soltanto per cancellature. Nel disegno di Giacometti, la tenera gomma da cancellare non è meno attiva della matita dura, da cui è inseparabile. In Morandi, alcuni tratti segnati con matita dolce e tremolante avviano e prolungano talvolta le onde colorate. Il campo della carta si colora leggermente, mantenendo all'interno delle forme mobili qualche puro isolotto di biancore. Cesare Brandi, visitando il pittore a Grizzana, nella camera d'albergo che occupava qualche tempo prima che la casa fosse finita, già nel periodo della piena fioritura degli acquerelli, sorprende come un segreto e riferisce l'osservazione seguente: "A parte una casa senza tetto contigua alla pensione, che negli acquerelli si prestava alle metamorfosi più sconcertanti, secondo il modo in cui, nelle diverse ore del giorno, la luce e l'ombra la ferivano o la ricomponevano, tutti gli altri motivi si trovavano a grande distanza". Se ne può dedure una differenza d'approccio fra l'esecuzione degli acquerelli e quella dei dipinti. Nei dipinti, dove ogni tocco è legato alla convenzione e all'unità del piano frontale, il movimento che riconduce il motivo lontano sul bordo stesso della tela interiorizza la distanza e conferisce allo spazio il ritmo vissuto della durata. Nell'acquerello, in cui la sostanza luminosa crea liberamente la sua materia e la sua irradiazione, attraverso discontinuità allusive, l'allontanamento non è più necessario in quanto il motivo esteriore e la risposta immediata dell'artista si confondono in un solo slancio. Prima di lasciare lo studio, sono ritornato verso la finestra per verificare nella luce della sera il paesaggio ugualmente intatto e per sempre *somigliante*, che il pittore penetrò pollice per pollice durante cinquant'anni. E mi sono ricordato della lettera di Cézanne scritta a Zola da Melun, il 29

settembre 1879, di fronte allo splendore della campagna in autunno: "Sembra che ci sia più silenzio. Ecco delle sensazioni che non posso esprimere, è meglio provarle".
Ciò che proviamo d'*ineffabile* davanti alla natura, ai fiori, agli oggetti quotidiani, Morandi lo suggerisce nella sua opera e nei suoi acquerelli con una poesia suprema che sollecita attivamente la nostra immaginazione e ci rende confidenti del suo cuore. Il pittore bolognese non è un piccolo maestro provinciale dalle perfezioni arcaiche, ma un artista pienamente *universale*, la cui voce giusta si accorda ai fremiti profondi del suo tempo.
La sua serenità monacale è spesso conquistata a prezzo di acuti turbamenti. Egli è uno di quelli che meglio riflettono nel loro registro intimo e puro l'inquietudine moderna, il dissidio fra l'essere e l'apparenza, senza mai perdere la tensione necessaria fra l'espansione del reale e la misura della ragione, fra l'oggettività che sfugge e la soggettività che urge.
I suoi modesti e sublimi acquerelli sono uccelli da cielo aperto che compiono evoluzioni raso terra, con il loro peso terrestre e la loro grazia alata.
(*Gli acquerelli di Morandi*, catalogo della mostra, Bologna, Galleria de' Foscherari, 26 ottobre - 23 novembre 1968)

Apparati

Biografia

Giorgio Morandi nasce a Bologna il 20 luglio 1890 da Andrea e Maria Maccaferri.

È il primo di cinque figli: oltre al fratello Giuseppe, morto a undici anni, nascono dopo di lui le tre sorelle che, insieme alla madre, gli saranno vicine per tutta la vita: Anna, Dina e Maria Teresa.

Il ragazzo dimostra una precoce predisposizione artistica, di cui sono testimonianza alcuni elaborati resi noti per la prima volta all'Incontro internazionale "Morandi e il suo tempo", tenuto alla Galleria Comunale d'Arte Moderna di Bologna il 16 e il 17 novembre 1984: fra questi, un piccolo dipinto di *Fiori*.

Nel 1907 il giovane si iscrive all'Accademia di Belle Arti, frequentando il corso preparatorio, quello comune dal 1908 al 1910 e quello speciale di Figura dal 1910 al 1913. Fra i suoi compagni di corso sono Osvaldo Licini e Severo Pozzati, che risultano suoi compagni già nel 1909-1910.

Se fino al 1911 il suo iter scolastico è eccellente, gli ultimi due anni sono segnati da contrasti con i professori, dovuti ai mutati interessi di Morandi che ha già individuato un proprio, autonomo linguaggio, come si può riscontrare nel *Paesaggio* Vitali del 1911, per cui Cesare Brandi parlerà di "cielo vasto di solitudine senza approdi", e nel *Ritratto della sorella* del 1912-1913, realizzato intorno ai quindici anni, in cui già si ritrova l'impostazione compositiva propria alla ricerca morandiana più matura, nel quale Giuseppe Raimondi ravviserà un parallelo con certe severità che preludono al momento "gotico" di André Derain.

Noti sono i riferimenti artistici che il giovane individua e che segnano la sua formazione: da Cézanne, di cui vede le prime riproduzioni in bianco e nero nel volume di Vittorio Pica, *Gli impressionisti francesi*, pubblicato nel 1908 a Bergamo, a Henry Rousseau – al quale dedica un saggio illustrato Ardengo Soffici nel n. 40 di "La Voce", nel settembre del 1910; da Picasso, a cui la stessa "Voce" dedica uno studio nel novembre del 1912, pubblicando un disegno con tre nudi femminili della raccolta Soffici, a André Derain per il quale non si hanno riferimenti diretti, ma che indubbiamente Morandi può conoscere, magari tramite l'amico Licini, trasferitosi a Parigi nel 1915.

Parallelo è l'interesse che Morandi sviluppa per la grande arte italiana del passato: nel 1910 egli si reca a Firenze, dove può ammirare i capolavori di Giotto, Masaccio e Paolo Uccello nelle chiese e agli Uffizi.

Nel 1912 egli incide per la prima volta un'acquaforte a tiratura dichiarata: è quel *Ponte sul Savena* del quale Vitali sottolinea l'impostazione cézanniana.

Nell'estate del 1913 la famiglia Morandi si reca per la prima volta in villeggiatura a Grizzana, dove il giovane realizza i primi *Paesaggi*.

È degli anni 1913-1914 il suo interesse per la poetica futurista, nutrito dalla vicinanza sia di Osvaldo Licini sia di Giacomo Vespignani. Attraverso loro, Morandi entra in contatto prima con Balilla Pratella e poi con Marinetti, Boccioni e Russolo. Si ha notizia della sua presenza fra il pubblico alle serate futuriste di Modena (primavera del 1913), di Firenze (12 dicembre 1913) e di Bologna (19 gennaio 1914) e della sua visita all'Esposizione di pittura libera futurista organizzata a Firenze da "Lacerba" dal novembre del 1913 al gennaio del 1914.

Quest'ultimo è concordemente considerato come anno "chiave" per Morandi che inizia a esporre: il 21 e 22 marzo si tiene all'Hotel Baglioni di Bologna la ormai mitica mostra a cinque, in cui figurano, a fianco di Morandi, Osvaldo Licini, Mario Bacchelli, Giacomo Vespignani e Severo Pozzati. L'iniziativa fa molto discutere perché viene vista come mostra "secessionista" o come atto di matrice futurista, intendendo con queste definizioni tutto ciò che di diverso si poteva avere in quegli anni di acceso dibattito culturale. Morandi presenta 13 tele e 4 disegni a matita: tra i dipinti vi sono il *Ritratto della sorella* del 1912, quattro *Paesaggi* del 1913, due *Paesaggi* del 1914 e alcune *Nature morte* di vetri, definite da Ascanio Forti su "Il Resto del Carlino" del 22 marzo: "compenetrazione di vetrerie in penombra".

Una di queste *Nature morte* e un disegno vengono dopo pochi giorni ripresentati alla I Esposizione libera futurista che si apre il 13 aprile alla Galleria Sprovieri di Roma. È sintomatico però che Morandi venga invitato anche alla II Esposizione della Secessione romana, dove presenta il *Paesaggio di neve* del 1913, mentre il gruppo futurista ne è programmaticamente escluso. Alla Secessione Morandi può vedere un'intera parete di dipinti di Matisse e un'altra riservata agli acquerelli di Cézanne. Accertato l'interesse dell'artista per l'attività dei futuristi, va sottolineata la sua indipendenza dal movimento di Marinetti e piuttosto la sua vicinanza culturale alle prove dei cubisti d'oltralpe sul fondamentale impianto cézanniano dell'opera, come testimoniano le *Nature morte* del 1914 e del 1915.

Inizia la carriera scolastica, ottenendo dal Comune quell'incarico di insegnamento del disegno nelle scuole elementari che manterrà fino al 1929. Nel 1915 viene chiamato alle armi e assegnato al 2° Reggimento Granatieri di stanza a Parma: dopo un mese e mezzo si ammala gravemente e viene ricoverato nel locale ospedale militare; poi è rimandato a casa e quindi riformato.

Pur se si tratta di anni di profonda riflessione, restano poche opere perché – come ricorda Lamberto Vitali – "molte ne distrugge". Dopo le *Bagnanti*, i *Paesaggi* e le *Nature morte* del 1915-1916, durante l'inverno del 1917 si ammala di nuovo. Di quest'anno restano con qualche certezza soltanto i *Fiori* di collezione privata milanese e un *Paesaggio* estivo di ritmo disteso.

Si apre l'altissima stagione metafisica, a cui appartengono una decina di opere del 1918-1919, che rivelano come il ruolo di Morandi all'interno del movimento metafisico sia di piena rilevanza e autonomia. Nel 1919 lo stesso de Chirico sottolinea nella sua *Autobiografia*, ritrovata nell'archivio di Edita Broglio, come "insieme a Carlo Carrà, ad Ardengo Soffici e a Giorgio Morandi, de Chirico tende continuamente a rimettere in carreggiata il senso della tradizione smarrito e guastato in Italia dalla pseudo-accademica arte ufficiale e dalle cialtronerie secessioniste dei zappaterra pennellatori" (cfr. Giorgio de Chirico, *Il meccanismo del pensiero. Critica, polemica, autobiografia 1911-1943*, Torino, Einaudi, 1985, pp. 74-76).

Il 18 marzo del 1918 il primo articolo monografico su Morandi, a firma di Riccardo Bacchelli, appare sul quotidiano romano "Il Tempo", a testimonianza di un interesse per il giovane pittore che verrà subito manifestato anche dal letterato bolognese Giuseppe Raimondi, che riprende parte dell'articolo in "La Raccolta" del 15 aprile, corredando il testo con la riproduzione della *Natura morta* all'acquaforte del 1915. Morandi incontra Carlo Carrà e Giorgio de Chirico nel 1919, tramite l'amico Raimondi, così come attraverso di lui viene a contatto con i letterati di "La Ronda". Alla fine del 1918 egli aveva già conosciuto Mario Broglio che il 15 novembre aveva iniziato la pubblicazione di "Valori Plastici". Broglio offre a Morandi un contratto per le sue opere, che sarà stipulato il 26 dicembre del 1919 e che, con successive riconferme, varrà fino al 1924.

Mentre le opere dell'artista bolognese si fanno più plastiche, riflettendo la poetica del gruppo che fa capo alla rivista romana

Acquerelli dipinti dall'artista durante l'adolescenza e dedicati alla madre.

(basta ricordare la fondamentale *Natura morta con l'orcio* del 1920), Mario Broglio mantiene i suoi impegni e organizza prima a Berlino e in altri centri tedeschi, nel 1921, e poi alla Fiorentina primaverile, nel 1922, rassegne di gruppo che vedono Morandi fra i protagonisti. Nella mostra di Firenze, la sua opera viene presentata in catalogo da un acuto testo di de Chirico, al quale si deve la famosa frase: "egli partecipa in tal modo del grande lirismo creato dall'ultima profonda arte europea: la metafisica degli oggetti più comuni". Degli anni 1922-1925 è una serie di *Paesaggi* luminosi che, come ricorda Vitali, "non sarebbero comprensibili senza l'esempio di Corot e non soltanto per le sue soluzioni rigorosamente tonali".
Morandi non resta escluso dai fatti salienti del dibattito culturale: è presente alle due mostre del Novecento italiano alla Permanente di Milano nel 1926 e nel 1929 e, se pur non partecipa attivamente alle vicende del gruppo di Margherita Sarfatti, invia sue opere in diverse rassegne. Queste figurano alla mostra della Galerie Bonaparte a Parigi (dicembre 1929), a Basilea (gennaio-febbraio 1930) e a Berna (marzo-maggio), a Buenos Aires e in varie città brasiliane ancora nel 1930.
L'artista è vicino anche al gruppo degli intellettuali di "Il Selvaggio", rivista fondata e diretta da Mino Maccari a partire dal 1924: con loro si presenta alla I Esposizione internazionale dell'incisione moderna che si tiene a Firenze nel 1927. Maccari gli dedica un lungo articolo in "Il Resto del Carlino", in data 8 giugno 1927, mettendo in risalto l'"italianità" e la "genuinità" dell'arte morandiana, così come farà Leo Longanesi l'anno successivo su "L'Italiano" definendo Morandi "il più bell'esemplare di Strapaese". La consacrazione su questa via verrà quattro anni dopo quando un intero numero di "L'Italiano", in data 10 marzo 1932, è dedicato interamente a Morandi con un testo critico di Ardengo Soffici.
L'artista bolognese viene invitato alla Biennale di Venezia: nel 1928 presenta quattro acqueforti e una cartella di incisioni nella sala del bianco e nero; nel 1930 espone due acqueforti e quattro dipinti; nel 1934 è ancora a Venezia con due *Nature morte* all'acquaforte.
Morandi espone frequentemente all'estero: oltre alle già ricordate mostre del Novecento italiano, nel 1929 viene invitato al Premio Carnegie di Pittsburgh (vi ritornerà l'anno successivo e ancora nel 1933, nel 1936 e altre tre volte nel secondo dopoguerra); nel 1931 invia una sua *Natura morta* alla Settimana italiana di Atene; nel 1933 un'altra *Natura morta* è esposta alla Künstlerhaus di Vienna per la rassegna "Moderne italienische Kunst"; nel 1934 sue opere partecipano alla mostra d'arte italiana organizzata dalla Biennale di Venezia negli Stati Uniti; nel 1935 due *Nature morte* recentissime vengono esposte alla grande mostra d'arte italiana contemporanea allestita al Jeu de Paume di Parigi; nel 1937 suoi dipinti figurano all'Esposizione Universale di Parigi; nello stesso anno la Biennale di Venezia organizza una grande mostra a Berlino e Morandi è tra gli invitati. Questo accade anche per la rassegna alla Kunsthalle di Berna, ove Morandi presenta quattro opere (1938).
È noto che fino al 1956 Morandi non compie viaggi all'estero, ma egli si dimostra sempre molto attento alle occasioni internazionali di rilievo: nel 1939 invia un gruppo di opere particolarmente importanti alla Golden Gate Exhibition che si apre a San Francisco; l'anno seguente è alla mostra d'arte italiana allestita a Zurigo.
Altrettanto significativo per comprendere la stima di cui gode l'artista negli ambienti intellettuali e ufficiali del periodo è l'andamento della sua carriera scolastica: dopo aver insegnato per molti anni nelle scuole comunali di disegno, nel febbraio del 1930 ottiene "per chiara fama" e "senza concorso" la cattedra di Incisione presso l'Accademia di Belle Arti di Bologna, dove insegnerà fino al 1° ottobre del 1956, quando, su specifica richiesta, viene collocato a riposo dopo più di ventisei anni di insegnamento.
Ancora più rilevante della sua presenza alle Biennali veneziane è quella alle Quadriennali romane: nel 1931 e nel 1935 Morandi fa parte della commissione di accettazione ed è presente anche come espositore con poche opere significative (*Natura morta con la fruttiera* del 1931). Ma il "caso Morandi" esplode nel 1939, alla terza edizione della mostra romana: Morandi ha un'intera sala personale con 42 oli, 2 disegni e 12 acqueforti e ottiene il secondo premio per la pittura, alle spalle del più giovane Bruno Saetti.
Si scatenano le polemiche sia sull'attribuzione del primo premio, sia sul valore intrinseco della sala morandiana. Dalla sua l'artista bolognese ha studiosi di grande valore come Roberto Longhi, Cesare Brandi, Giulio Carlo Argan, Giuseppe Marchiori e il giovane Duilio Morosini che sulle pagine di "Corrente" ne esalta il senso poetico. Arnaldo Beccaria, oltre a diversi articoli sulla stessa rivista milanese, pubblica in quell'anno la prima, piccola, monografia su Morandi.
Pur in mezzo alle polemiche, ma con il conforto di estimatori di vaglia come Longhi, Brandi, Vitali, Ragghianti e Gnudi, Morandi continua a lavorare nello studio di via Fondazza e nelle estati a Grizzana. Giungono gli anni della guerra e l'artista, nel giugno del 1943, si ritira sfollato nel paese appenninico, ove si sviluppa quella "grande stagione" che Francesco Arcangeli ravvisa nei *Paesaggi* e nelle *Nature morte* del 1942-1943.
Nella primavera del 1945 Rober-

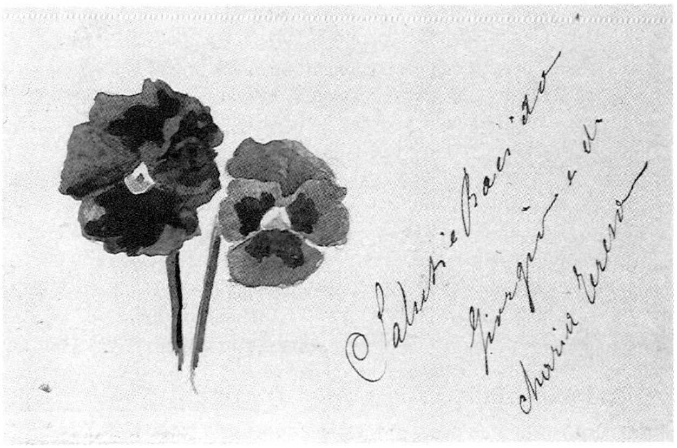

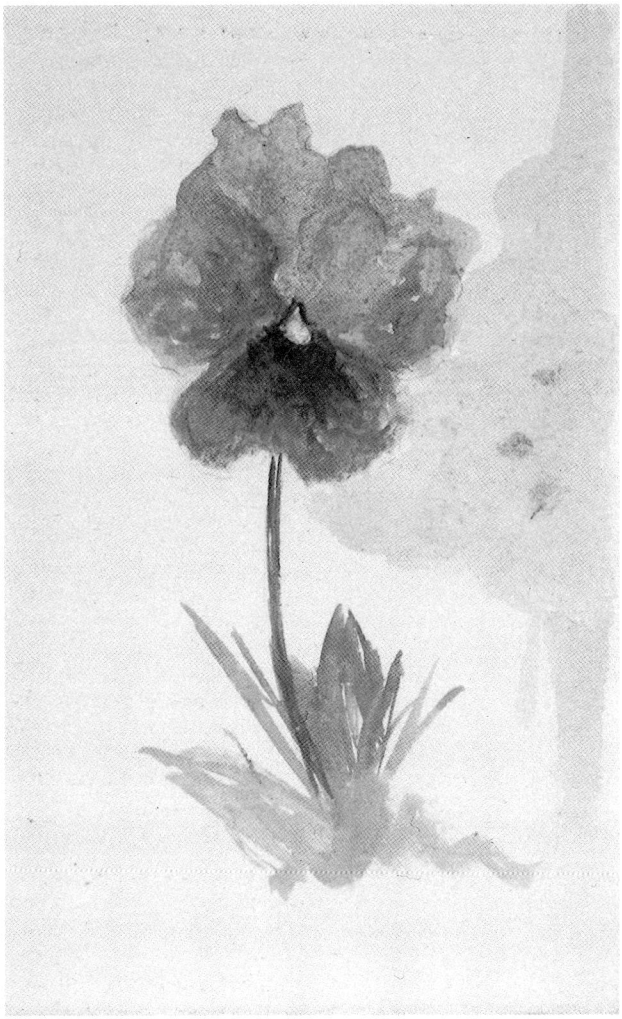

to Longhi presenta alla Galleria del Fiore di Firenze una personale dell'amico lontano, di cui non ha ancora ricevuto notizie e che ritroverà solo qualche mese più tardi.
Mentre si riaccendono le polemiche sull'"impegno" in arte, non è un caso se alla rinnovata Biennale del 1948, dove esplode il Fronte Nuovo delle Arti, il primo premio per la pittura venga assegnato a Morandi che presenta undici tele degli anni 1916-1920 nelle sale dedicate a "Tre pittori italiani dal 1910 al 1920", ove figurano anche opere di Carrà e di de Chirico con la presentazione di Francesco Arcangeli.
Nello stesso anno, a sottolineare l'importanza della produzione grafica dell'artista, Carlo Alberto Petrucci allestisce alla Calcografia Nazionale di Roma una sua rassegna antologica di acqueforti, che rinnova l'interesse della stampa e del pubblico nei confronti di quello che una cerchia di estimatori, selezionata ma sempre più ampia, considera ormai come uno dei maestri del secolo.
Morandi infatti gode del favore dei più esclusivi ambienti internazionali e alcune sue opere vengono ospitate in prestigiose rassegne nel Nord Europa e negli Stati Uniti. A consacrazione di tale stima critica, giunge nel 1957 il primo premio per la pittura conferitogli alla quarta Biennale di San Paolo del Brasile, dove nel 1953 aveva ottenuto il primo premio per l'incisione. È d'altronde sufficiente scorrere l'elenco delle esposizioni all'estero per rendersi conto di quanto sia considerata l'opera del maestro bolognese, con mostre personali di rilievo al Palais des Beaux-Arts di Bruxelles nel 1949 (grafica), al Gemeentemuseum dell'Aja e alle New Burlington Galleries di Londra nel 1954, al Kunstmuseum di Winterthur nel 1956, alla World House Gallery di New York nel 1957 e nel 1960, a Siegen nel 1962 dove gli viene assegnato il Premio Rubens, alla Badischer Kunstverein di Karlsruhe nel 1964.
Dopo circa un anno di malattia, Giorgio Morandi si spegne a Bologna il 18 giugno del 1964.
Proprio nello stesso anno si assiste alla prima, complessiva sistemazione storico-critica della sua opera, grazie ad alcuni studi di largo respiro: la fondamentale monografia di Lamberto Vitali pubblicata dal Milione di Milano, la galleria che per decenni ha seguito l'attività del maestro; il lungo e appassionato studio di Francesco Arcangeli, edito a cura della stessa galleria milanese. Due anni più tardi, nel 1966, la grande rassegna allestita in ottobre all'Archiginnasio di Bologna, a cura di Roberto Longhi, Gian Alberto Dell'Acqua e Lamberto Vitali, si collega alla Biennale veneziana dell'estate, dove era stata dedicata a Morandi una rilevante sala personale, e rappresenta la principale occasione di verifica critica dell'inesausto itinerario morandiano con opere dal 1911 al 1963 (108 dipinti a olio, 14 acquerelli, 33 disegni e 131 acqueforti).
Pur nella consacrazione ufficiale, gli ultimi anni di vita del maestro come i successivi anni sessanta e settanta sono segnati dall'isolamento dell'immagine morandiana (da troppi vissuta come sentir moderato, coerenza, ufficialità) nel contesto delle roventi polemiche che lacerano e vivificano l'ambiente artistico internazionale. L'opera di Morandi, divenuta simbolo di altissima misura formale e poetica e di insegnamento morale contro ogni eccesso delle avanguardie, è per molti anni conosciuta e rispettata ma non discussa.
È necessario attendere le grandi mostre e gli studi degli ultimi quindici anni, in un mutato clima culturale che ritrova il fascino della pittura, per assistere al suo definitivo riconoscimento nell'olimpo dei maestri del XX secolo.
Va quindi evidenziato il contributo di ricerca e di diffusione offerto dalle rassegne organizzate dalla Galleria Nazionale d'Arte Moderna di Roma nel maggio 1973; dal Comune di Bologna, nello stesso anno, all'Ermitage di Leningrado e al Museo Puškin di Mosca con la cura critica di Lamberto Vitali in collaborazione con Irina Antonova e Franco Solmi; dalla nuova Galleria Comunale d'Arte Moderna di Bologna, che si inaugura nel 1975 con un'antologica di Morandi, ancora una volta affidata alla cura approfondita e partecipe di Vitali.
Nel 1978 si apre una nuova rassegna antologica al Palazzo dei Diamanti di Ferrara con opere dal 1912 al 1964 e con la presentazione di Franco Solmi.
È del 1981 la grande mostra di Monaco di Baviera voluta da Franz A. Morat. Nel dicembre dello stesso anno viene presentata a San Francisco la mostra allestita dal Des Moines Art Center, successivamente proposta a New York e a Des Moines nello Iowa. In Italia si riorganizzano le raccolte milanesi della Pinacoteca Nazionale di Brera – dove sono conservate le donazioni Jesi e Jucker – e del Comune di Milano. Viene perfezionata la Fondazione De Fornariis che permette al Comune di Torino di acquisire un *corpus* morandiano di 22 opere fra disegni, acquerelli e oli provenienti dalla raccolta di Pietro Rossini.
A Bologna si intensificano le attività volte all'approfondimento degli studi morandiani e alla diffusione dell'opera dell'artista: nel maggio 1982 viene aperto uno spazio permanente riservato alle sue opere ed è attivo l'Archivio e Centro Studi "Giorgio Morandi", coordinato da Marilena Pasquali, centro che, in collaborazione con le sorelle Morandi e i principali istituti italiani e stranieri, raccoglie e studia documenti, testimonianze, materiali relativi alla vita e alle opere del maestro bolognese.
L'11 dicembre 1984 si apre presso la Sala de Exposiciones della Caja de Pensiones di Madrid una grande antologica che ripropone all'interesse internazionale, ormai sviluppatissimo, l'opera di Morandi. La rassegna, organizzata in collaborazione con la Galleria d'Arte Moderna di Bologna, viene poi presentata anche a Barcellona e al Musée Cantini di Marsiglia.
Nel novembre 1984 si tiene presso la Galleria Comunale d'Arte Moderna di Bologna il I Incontro internazionale di studi su Giorgio Morandi, che introduce i temi critico-storici della grande rassegna dell'anno successivo, "Morandi e il suo tempo". Si tratta di una iniziativa tesa a indagare la posizione dell'artista nella cultura del XX secolo, evidenziando i rapporti artistici e di pensiero che egli ha saputo instaurare con alcuni fra i principali esponenti di tale cultura, letterati e artisti innanzitutto.
Vengono esposti 116 dipinti morandiani, nel raffronto diretto con quelli di altri maestri europei e italiani, da Cézanne a Picasso, da Derain a Braque, da Rousseau a Modigliani, da de Chirico a Carrà a Soffici e de Pisis.
Ancora nel 1985 il museo bolognese acquisisce i ventidue dipinti della collezione Ingrao di Roma (acquistati dal Comune di Bologna come ulteriore e concreto segnale del suo profondo interesse per la figura e l'opera di Morandi) e organizza insieme alla Pinacoteca di Brera una mostra dedicata alla sua opera su carta (100 lavori fra acquerelli, disegni e acqueforti).
Mentre non si interrompono le iniziative specificamente dedicate a Morandi e la sua arte conosce una fortuna critica e di pubblico sempre più intensa, la Galleria d'Arte Moderna di Bologna acquisisce altre opere, così da configurare il più vasto nucleo morandiano presente in una raccolta pubblica (42 dipinti, 32 acqueforti e 11 disegni, per un totale di 85 opere), prende il nome dell'artista stesso e apre al pubblico un nuovo spazio specifico e permanente riservato alla Raccolta Morandi.
A introduzione dell'"anno morandiano", indetto in occasione del 1990, ricorrenza del centenario della nascita dell'artista, il museo bolognese si fa promotore di una sua nuova rassegna antologica che viene presentata tra il 1988 e il 1990 in sette prestigiosi musei europei, a partire dal Sara Hildénin taidemuseo di Tampere in Finlandia per poi toccare l'Ermitage di Leningrado, la Galleria Centrale dei Pittori di Mosca, l'Accademia Italiana delle Arti di Londra, la Pinacoteca civica di Locarno, la Kunsthalle di Tübingen e la Kunstsammlung Nordrhein Westfalen di Düsseldorf. Nell'inverno 1989-1990 una seconda antologica, curata dal Civico Museo d'Arte Contemporanea di Milano, è ospitata presso cinque sedi espositive giapponesi.
La Mostra del Centenario di Morandi (Bologna, 12 maggio - 16 settembre 1990) si presenta come l'evento centrale dell'anno morandiano, peraltro ricco di ulteriori manifestazioni e iniziative, e prelude all'ormai prossima costituzione di un Museo Morandi a Bologna, da tempo auspicato dagli studiosi e dall'opinione pubblica.

Bibliografia

Dalle indicazioni bibliografiche seguenti sono state escluse le opere di carattere generale, con eccezione di quelle che dedicano a Morandi una particolare attenzione.
Per quanto riguarda i cataloghi delle esposizioni, oltre a quelli delle personali sono stati citati soltanto i principali; lo stesso criterio si è seguito per gli scritti pubblicati su periodici e quotidiani.
Prescindendo dai volumi di carattere monografico, si è preferito redigere un unico elenco cronologico.
Per ragioni di omogeneità è stata uniformata l'impostazione delle diciture. (M.P.)

Monografie

Arnaldo Beccaria, *Giorgio Morandi,* Milano, Hoepli, 1939.
Cesare Brandi, *Morandi,* Firenze, Le Monnier, 1942; seconda edizione riveduta e ampliata, Firenze, 1952; ristampa in *Scritti sull'arte contemporanea,* Torino, 1976.
Giovanni Scheiwiller, *Giorgio Morandi,* Torino, Chiantore, s.d. (1943).
Giuseppe Marchiori, *Giorgio Morandi,* Genova, Editrice Ligure Arte e Lettere, 1945.
Cesare Gnudi, *Morandi,* Firenze, Edizioni U, 1946.
Mario Ramous, *Giorgio Morandi - I disegni,* Bologna, Cappelli, 1949.
Francesco Arcangeli, *12 opere di Giorgio Morandi,* Milano, Edizioni del Milione, 1950.
Annamaria Nigro, *Giorgio Morandi incisore,* tesi di laurea, relatore Prof. Rodolfo Pallucchini, Università degli Studi di Bologna, anno accademico 1951-1952.
Pier Maria Bardi, *16 dipinti di Giorgio Morandi,* Milano, Edizioni del Milione, 1957.
Lamberto Vitali, *Giorgio Morandi - Opera grafica,* Torino, Einaudi, 1957; terza edizione riveduta e ampliata, Torino, Einaudi, 1964.
Cesare Brandi, *Ritratto di Morandi,* Milano, All'Insegna del Pesce d'Oro, 1960.
Lamberto Vitali, *Giorgio Morandi,* Ivrea, Olivetti, 1961.
Lamberto Vitali, *Giorgio Morandi pittore,* Milano, Edizioni del Milione, 1964; seconda edizione, Milano, 1965; terza edizione ampliata, Milano, 1970.
Marco Valsecchi, *Morandi,* Milano, Garzanti, 1964.
Francesco Arcangeli, *Giorgio Morandi,* Milano, Edizioni del Milione, 1964; seconda edizione, Torino, Einaudi, 1981.
Alberto Martini, *Giorgio Morandi,* in *I Maestri del Colore,* Milano, Fabbri, 1964.
Jiri Siblik, *Giorgio Morandi,* Praha, 1965.
Jean Leymarie, *Acquarelli di Morandi,* Bologna, Edizioni de' Foscherari, 1968.
Giuseppe Marchiori, *Morandi - Le incisioni,* Roma, Ronzon, 1969.
Cesare Brandi, *Morandi lungo il cammino,* Milano, Rizzoli, 1970.
Giuseppe Raimondi, *Anni con Giorgio Morandi,* Milano, Mondadori, 1970.
Valerio Zurlini, *Cinquanta acquarelli di Morandi,* Torino, ILTE, 1973.
Julianna P. Szucs, *Morandi,* Budapest, Corvina Kiadò, 1974.
Valerio Zurlini, *Il tempo di Morandi,* Reggio Emilia, Prandi, 1975.
Neri Pozza, *Morandi... I disegni...,* Roma, Franca May, 1976.
Lamberto Vitali, *Morandi - Catalogo generale,* 2 voll., Milano, Electa, 1977; seconda edizione ampliata, Milano, 1983.
Guido Giuffré, *Giorgio Morandi,* in *I Maestri del Novecento,* Firenze, Sansoni, 1977.
Franco Solmi, *Morandi: storia e leggenda,* Bologna, Grafis, 1978.
Walter Hertzsch, *Giorgio Morandi,* Leipzig, VER E.A. Seeman, 1979.
L. Martì, *I geni della pittura: Giorgio Morandi,* Roma, Armando Curcio, 1979.
Marco Valsecchi, Giorgio Ruggeri, *Morandi - Disegni,* vol. I (a cura di Efrem Tavoni), Sasso Marconi, La Casa dell'Arte, 1981.
Franco Basile, *Il laboratorio della solitudine,* Sasso Marconi, La Casa dell'Arte, 1982.
Jean Jouvet, Wieland Schmied, *Giorgio Morandi - Ölbilder, Aquarelle, Zeichnungen, Radierungen,* Zürich, Diogenes, 1982.
Luigi Magnani, *Il mio Morandi,* Torino, Einaudi, 1982.
Giorgio Soavi, *La polvere di Morandi,* Milano, Officine Grafiche Elli & Pagani, 1982.
Carlo Ludovico Ragghianti, *Bologna cruciale 1914 e saggi su Morandi, Gorni, Saetti,* Bologna, Calderini, 1982; il saggio *Bologna cruciale 1914* è ripreso da "Critica d'Arte", nn. 106-107, Firenze, 1969.
Giulio Carlo Argan, Franco Basile, *Morandi - Disegni,* vol. II (a cura di Efrem Tavoni), Sasso Marconi, La Casa dell'Arte, 1984.
Cesare Brandi, *Giorgio Morandi - Seine Werke im Morat Institut für Kunstwissenschaft,* Freiburg, Morat Institut, 1984.
Giuliano Briganti, Ester Coen, *I paesaggi di Morandi,* Torino, Umberto Allemandi, 1984.
Michele Prisco, *Morandi inedito,* in "Prova d'Autore", fascicolo monografico, I, n. 1, Roma, Antonio Rotundo, 1984.
Angelika Burger, *Die Stilleben des Giorgio Morandi,* Hildesheim-Zürich, G. Olms Verlag, 1984.
Franco Basile, *Morandi incisore,* Bologna, La Loggia Edizioni, 1985.
Jean-Michel Folon, *Fiori di Giorgio Morandi* (con una poesia di Giovanni Testori), Genève, Alice - Milano, Biti, 1985.
Franco Solmi, *Morandi alla Galleria Comunale d'Arte Moderna di Bologna* (collaborazione scientifica di Marilena Pasquali), Bologna, Grafis, 1985.
Renzo Renzi, *La città di Morandi,* Bologna, Cappelli, 1989.
Roberto Pasini, *Morandi,* Bologna, Clueb, 1989.
Cesare Brandi, *Giorgio Morandi* e *Carteggio Brandi-Morandi* (a cura di Vittorio Rubiu e Marilena Pasquali), Roma, Editori Riuniti, 1990.
Marilena Pasquali, *Morandi,* in "Art Dossier", n. 50, Firenze, ottobre 1990.
Marilena Pasquali, *Morandi. Catalogo generale. Gli acquerelli,* Milano, Electa (di prossima pubblicazione).
Michele Cordaro, *Morandi. Catalogo generale. L'opera grafica,* Milano, Electa (di prossima pubblicazione).

Articoli, saggi e cataloghi

1908
I premiati all'Accademia di Belle Arti, in "L'Avvenire d'Italia", Bologna, 30 giugno.

1914
Catalogo della *II Esposizione internazionale d'arte della Secessione,* Roma, Palazzo delle Esposizioni, marzo-aprile.
Un'esposizione di pittura e scultura - I "secessionisti" del Baglioni, in "Il Resto del Carlino", Bologna, 20 marzo.
Due feste d'arte, in "Il Resto del Carlino", Bologna, 21 marzo.
Ask. (Ascanio Forti), *La mostra dei "secessionisti" di Baglioni,* in "Il Resto del Carlino", Bologna, 22 marzo.
Mazz. (Pietro Mazzuccato), *La mostra di pittura e scultura al Baglioni - Artisti d'avanguardia,* in "Giornale del Mattino", Bologna, 22 marzo.
Sebastiano Sani, *Pittori d'avanguardia,* in "L'Avvenire d'Italia", Bologna, 23 marzo.
Caffè, in "Lacerba", II, n. 11, Firenze, 1 giugno.

1917
Catalogo dell'*Esposizione d'arte interregionale,* Lugo, Scuole Comunali, settembre-novembre.
g.m., *Esposizione interregionale di arte a Lugo,* in "Giornale del Mattino", Bologna, 23 settembre.
b.p., *Cronaca cittadina - La nostra mostra d'arte,* in "La Vedetta", Lugo, 30 settembre.

1918

Riccardo Bacchelli, *Giorgio Morandi*, in "Il Tempo", Roma, 29 marzo.

Terrazza, in "La Raccolta", I, n. 2, Bologna, 15 aprile.

Raffaello Franchi, *Giorgio Morandi*, in "La Raccolta", I, nn. 9-10, Bologna, 15 novembre - 15 dicembre.

1919

Raffaello Franchi, *Avvertimento critico*, in "Valori Plastici", I, nn. 4-5, Roma, aprile-maggio.

1921

Catalogo della mostra *Das Junge Italien*, Hannover, Kestner-Gesellschaft, maggio-giugno.

1922

Giorgio de Chirico, presentazione in catalogo della mostra *La Fiorentina primaverile*, Firenze, Palazzo delle Esposizioni, aprile-luglio.

1923

Giuseppe Raimondi, *Giorgio Morandi*, in "Il Nuovo Paese", marzo.

1925

Carlo Carrà, *Giorgio Morandi*, in "L'Ambrosiano", Milano, 25 giugno.

1926

Catalogo della *I Mostra del Novecento italiano*, Milano, Palazzo della Permanente, febbraio-marzo.

G.E. Mottini, *Novecento*, in "Corriere Padano", Ferrara, 9 maggio.

1927

Catalogo della *II Esposizione internazionale dell'incisione moderna*, Firenze, aprile.

Achille Lega, *Giorgio Morandi*, in "Il Selvaggio", Firenze, 30 luglio.

1928

Artisti emiliani e romagnoli alla Biennale di Venezia, in "Il Resto del Carlino", Bologna, 13 maggio.

Corrado Pavolini, *Tosi, Carrà, Morandi*, in "Tevere", Roma, 31 maggio.

Mino Maccari, *Giorgio Morandi*, in "Il Resto del Carlino", Bologna, 8 giugno.

Catalogo della *XVI Esposizione Biennale Internazionale d'Arte della Città di Venezia*, Venezia, Giardini di Castello, estate.

Leo Longanesi, *Morandi*, in "L'Italiano", III, nn. 16-17, Bologna, 31 dicembre.

1929

Catalogo della *II Mostra del Novecento italiano*, Milano, Palazzo della Permanente, marzo-aprile.

Carlo Carrà, *Alla mostra del Novecento*, in "L'Ambrosiano", Milano, 12 marzo.

Sandro Volta, *Il viaggiatore di pittura: Morandi*, in "L'Italia Letteraria", Roma, 29 settembre.

Mario Tinti, *La prima mostra d'arte del Sindacato emiliano-romagnolo*, in "Il Resto del Carlino", Bologna, 14 novembre.

Artisti emiliani, in "Corriere Padano", Ferrara, 16 novembre.

Cipriano E. Oppo, *Una mostra interessante*, in "La Tribuna", Roma, 16 novembre.

Nino Corrado Corazza, *La mostra degli artisti sindacati*, in "L'Avvenire d'Italia", Bologna, 27 novembre.

Nino Bertocchi, *La prima mostra del Sindacato emiliano-romagnolo*, in "L'Italia Letteraria", Roma, 1 dicembre.

La prima mostra a Bologna del Sindacato artisti emiliani-romagnoli, in "Arte Italica", Roma, 1 dicembre.

Catalogo della *Twenty-eighth Annual Exhibition*, Pittsburgh, Carnegie Institute.

1930

Catalogo della mostra *Moderne Italiener*, Basel, Kunsthalle, gennaio-febbraio.

François Fosca, *Une exposition d'art italien moderne*, in "L'Amour de l'Art", Paris, 2 febbraio.

Alberto Sartoris, testo in catalogo della mostra *Künstler des neuen Italien*, Bern, Kunsthalle, marzo-maggio.

Artisti bolognesi a Venezia, in "L'Arca", Milano, maggio-giugno.

Luigi Bartolini, *Morandi e altri giovani pittori alla XVII Biennale d'Arte a Venezia*, in "Corriere Adriatico", Ancona, 6 maggio, e in "Brennero", Trento, 8 maggio.

Catalogo della *XVII Esposizione Biennale Internazionale d'Arte di Venezia*, Venezia, Giardini di Castello, estate.

Raffaello Franchi, *La XVII Biennale di Venezia: arcipelago, Guidi e Morandi...*, in "Corriere Padano", Ferrara, 26 luglio.

Lamberto Vitali, *L'incisione italiana del Novecento - I selvaggi: Giorgio Morandi*, in "Domus", Milano, dicembre.

Gino Severini, *Da Parigi: qualche esposizione significativa*, in "L'Ambrosiano", Milano, 17 dicembre.

Catalogo della *Twenty-ninth Annual Exhibition*, Pittsburgh, Carnegie Institute.

Ugo Nebbia, *XVII Esposizione Internazionale d'Arte a Venezia* (con prefazione di Antonio Maraini), Milano.

Margherita Sarfatti, Catalogo della *Mostra del Novecento italiano*, Buenos Aires (mostra itinerante).

Margherita Sarfatti, *Storia della pittura moderna*, Roma, Paolo Cremonese.

Giovanni Scheiwiller, *Art italien moderne*, Paris.

1931

Guglielmo Usellini, *La I Quadriennale romana*, in "L'Arca", Milano, gennaio-febbraio.

Catalogo della *I Quadriennale d'arte nazionale*, Roma, Palazzo delle Esposizioni, gennaio-giugno.

Marziano Bernardi, *La Quadriennale d'arte nazionale - Le nuove vie della pittura italiana*, in "La Stampa", Torino, 6 gennaio.

C. (Vincenzo Costantini), *La Quadriennale romana*, in "Le Arti Plastiche", Milano, 1 febbraio.

Carlo Carrà, *La Quadriennale d'arte italiana: ultimo rapporto*, in "L'Ambrosiano", Milano, 4 febbraio.

Nino Bertocchi, *Alla I Quadriennale - V: gli emiliani*, in "L'Italia Letteraria", Roma, 15 febbraio.

Italo Cinti, *La cicuta a Carrà*, in "Perseo", Varese, 1 agosto.

Virgilio Guzzi, *Pittura italiana contemporanea - Origini e aspetti*, Milano.

1932

Luigi Bartolini, *Libelli - Visita a Morandi*, in "L'Ambrosiano", Milano, 28 gennaio, e in "Corriere Adriatico", Ancona, 9 febbraio.

Ardengo Soffici, *Morandi*, in "L'Italiano", numero speciale, Bologna, marzo.

Catalogo della mostra *Artistes italiens modernes*, Paris, Galerie Georges Bernheim, marzo.

Antonio Aniante, *Nouvelles du Parnasse*, in "La Liberté", Paris, 5 aprile.

Cipriano E. Oppo, *La pittura di Morandi*, in "L'Italia Letteraria", Roma, 10 aprile.

Ardengo Soffici, *Morandi*, testo tratto da "L'Italiano", marzo 1932, in "Il Resto del Carlino", Bologna, 16 aprile.

Benvenuto Disertori, *L'incisione italiana*, Firenze.

1933

Carlo Alberto Petrucci, *Dnesny stav italskei grafiky*, Praha.

1934

Catalogo della *XIX Esposizione Biennale Internazionale d'Arte di Venezia*, Venezia, Giardini di Castello, estate.

Gino Visentini, *Appunti per Morandi*, in "Emporium", Bergamo, ottobre.

Vincenzo Costantini, *La peinture italienne après le futurisme*, in "L'Amour de l'Art", Paris, novembre.

Giovanni Scheiwiller, testo in catalogo della *Mostra di bianco e nero italiano in Svizzera*, St. Gallen, novembre; Bern, dicembre 1934 - gennaio 1935.

Vincenzo Costantini, *Pittura italiana contemporanea dalla fine dell'Ottocento ad oggi*, Milano.

Morandi Giorgio, in *Enciclopedia Italiana*, Roma, Istituto dell'Enciclopedia Italiana, vol. XXIII.

Dario Sabatello, testo in catalogo della mostra *Exhibition of Contemporary Italian Painting*, London, Western Art Museum Association; mostra itinerante in alcuni musei della California.

Lamberto Vitali, *L'incisione italiana moderna*, Milano, Ulrico Hoepli.

1935

Roberto Longhi, *Momenti della pittura bolognese - Prolusione al corso di Storia dell'arte dell'Università di Bologna*, in "L'Archiginnasio", XXX, nn. 1-3, Bologna.

Catalogo della *II Quadriennale d'arte nazionale*, Roma, Palazzo delle Esposizioni, febbraio-luglio.

Mario Tinti, *Panorama dell'arte italiana moderna*, in "Giornale di Genova", Genova, 2 febbraio.

Carlo Carrà, *Giorgio Morandi*, in "L'Ambrosiano", Milano, 9 febbraio.

Alberto Spaini, *La Quadriennale a Roma - Gli artisti emiliani*, in "Il Resto del Carlino", Bologna, 9 febbraio.

Libero De Libero, *Stato dell'arte italiana contemporanea alla II Quadriennale*, in "Broletto", Como, marzo.

Paola Della Pergola, *Artisti bolognesi alla II Quadriennale*, in "Il Comune di Bologna", 3, Bologna, marzo.

Virgilio Guzzi, *Pittura alla II Quadriennale*, in "Nuova Antologia", Roma, 1 marzo.

Osvaldo Licini, *Correzioni a Carrà*, in "Bollettino n. 41", Galleria del Milione, Milano, 25 maggio.

Lionello Fiumi, *L'art italien du XIX et du XX siècles au Jeu de Paume*, in "Dante", Paris, giugno.

Nino Bertocchi, *La II Quadriennale romana*, in "Il Frontespizio", Firenze, luglio.

Catalogo della *Exposition de l'art italien du XIX et du XX siècles*, Paris, Musée du Jeu de Paume, agosto.
Carlo Carrà, *Mostre milanesi: bianco e nero*, in "L'Ambrosiano", Milano, 9 novembre.
Antonio Maraini, *Wspòlczesna Sztuka Italska*, Warszawa, Styczen.
Carlo Alberto Petrucci, catalogo della mostra *Grafizka Maksla Musu Dienu Italija*, Rig.

1936
Alberto Sartoris, testo in catalogo della *Mostra di pittura moderna italiana*, Como, Villa Olmo, settembre-ottobre.

1937
Italo Cinti, *Pittori alla sbarra: Giorgio Morandi*, in "Perseo", Milano, 15 aprile.
Luigi Bartolini, *L'amatore d'arte*, in "Quadrivio", V, n. 32, Roma, 6 giugno.
(Piero Bargellini), *Artisti italiani: Giorgio Morandi*, in "Il Frontespizio", Firenze, settembre.

1938
Giuseppe Mesirca, *Venezia - Giorgio Morandi*, in "Emporium", Bergamo, luglio.
Catalogo della *Mostra d'arte italiana*, Bern, ottobre-novembre.
Alberto Della Ragione, *Pittura italiana d'oggi*, testo in catalogo dell'esposizione della raccolta Della Ragione, Torino, Galleria La Zecca.

1939
Giuseppe Marchiori, *Giorgio Morandi*, in "Domus", Milano, febbraio.
Cesare Brandi, *Cammino di Morandi*, in "Le Arti", I, n. 3, Roma, febbraio-marzo.
Catalogo della *III Quadriennale d'arte nazionale*, Roma, Palazzo delle Esposizioni, febbraio-luglio.
Giuseppe Marchiori, *La Quadriennale di Roma - Primi ragguagli... Morandi*, in "Corriere Padano", Ferrara, 5 febbraio.
Ugo Ojetti, *La III Quadriennale d'arte: pittori e scultori... Morandi e la fantasia*, in "Corriere della Sera", Milano, 5 febbraio.
Le opere di pittura alla III Quadriennale, in "Corriere del Tirreno", Livorno, 7 febbraio.
Luigi Bartolini, *Un pittore fra i pittori della Quadriennale*, in "Quadrivio", Roma, 12 febbraio.
Piero Torriano, *La III Quadriennale dell'arte italiana*, in "L'Illustrazione Italiana", n. 7, Milano, 12 febbraio.
Virgilio Guzzi, *La III Quadriennale d'arte nazionale*, in "La Nuova Antologia", Roma, 16 febbraio.
Piero Scarpa, *Alla III Quadriennale d'arte: mostre personali di alcuni pittori*, in "Il Messaggero", Roma, 17 febbraio.
Giuseppe Marchiori, *Alla III Quadriennale: Giorgio Morandi*, in "Corriere Padano", Ferrara, 23 febbraio.
Raffaele Calzini, *La III Quadriennale di Roma - Nature morte e bianco e nero: il caso Morandi...*, in "Il Popolo d'Italia", Milano, 25 febbraio.
Raffaele De Grada, *La pittura italiana alla III Quadriennale romana*, in "Corrente di Vita Giovanile", Milano, 28 febbraio.
Carlo Savoia, *Giorgio Morandi*, in "Rivista del Comune", Bologna, marzo-aprile.
Umbro Apollonio, *Morandi*, in "Il Popolo di Trieste", Trieste, 15 marzo.
Giuseppe Ardinghi, *Appunti sulla Quadriennale - Morandi-Manzù*, in "Il Bargello", Firenze, 26 marzo.
Nino Bartoletti, *Viaggio attraverso la Quadriennale: ancora tra i pittori*, in "Quadrivio", Roma, 7 aprile.
Umberto Silva, *Giorgio Morandi*, in "Corriere Padano", Ferrara, 11 aprile.
Cesare Brandi, *L'Italia all'Esposizione di San Francisco: Morandi e Manzù*, in "Panorama", Roma, 27 aprile.
Duilio Morosini, *Giorgio Morandi*, in "Corrente", Milano, 30 aprile.
Luigi Bartolini, *Diario romano (dedicato ai superintelligenti)*, in "Quadrivio", Roma, 7 maggio.
Raffaele A. Oppo, *Sul caso Morandi: una lettera di R.A. Oppo*, in "Quadrivio", Roma, 21 maggio.
C.B. (Carlo Belli), *I premi alla Quadriennale*, in "Corriere Padano", Ferrara, 8 giugno.
Libero De Libero, *Bianco e nero alla Quadriennale: Maccari, Manzù, Morandi, Bartolini, Salvadori*, in "Panorama", Roma, 12 giugno.
Giorgio Casini, *Le bottiglie di Morandi*, [quotidiano non identificato], Pisa, luglio.
Attilio Podestà, *Giorgio Morandi*, in "Arte Mediterranea", n. 5, Firenze, settembre-ottobre.
Carlo Savoia, *La pittura di Giorgio Morandi*, in "Il Meridiano di Roma", Roma, 1 ottobre.
Libero De Libero, *Due monografie su Scipione e Morandi*, in "Panorama", Roma, 12 novembre.
Carlo Belli, *Morandi, o del pudore*, in "Corriere Padano", Ferrara.

1940
Umberto Silva, *D'una monografia su G. Morandi*, in "Corriere Padano", Ferrara, 3 gennaio.
Arnaldo Beccaria, *A proposito di Morandi*, in "Corrente", Milano, 15 gennaio.
Franco Catalano, *Artisti contemporanei: Giorgio Morandi*, in "Eccoci", Cremona, 1 febbraio.
Carlo Belli, *Corrispondenza indiretta sul caso Giorgio Morandi*, in "Corriere Padano", Ferrara, 3 febbraio.
Arnaldo Beccaria, *Ancora a proposito di Morandi*, in "Corrente", Milano, 29 febbraio.
Giuseppe Mesirca, *Giorgio Morandi*, in "Il Meridiano di Roma", Roma, 3 marzo.
Luigi Bartolini, *Artisti contemporanei: Morandi incisore*, in "Emporium", Bergamo, aprile.
A.T., *Cronache della critica figurativa*, in "La Ruota", Roma, aprile.
Raffaele Carrieri, *Giorgio Morandi*, in "Tempo", Milano, 16 maggio.
Mario Tobino, *Accenno a Morandi*, in "Corrente", Milano, 31 maggio.
Silvio Catalano, *Una natura morta del 1940 di Giorgio Morandi*, in "Il Milione", n. 47, Milano, 18 novembre.
Vincenzo Costantini, *Giorgio Morandi*, in "Il Popolo d'Italia", Milano, 21 novembre.
Raffaele Carrieri, *Otto pittori contemporanei: Campigli, Carrà, Cesetti, de Chirico, Morandi, Soffici, Tomea, Tosi*, Milano.

1941
Gino Visentini, *La pazienza di Morandi*, in "Primato", Roma, 1 gennaio.
Umberto Silva, *Giorgio Morandi*, in "Corriere Padano", Ferrara, 5 gennaio.
Giuseppe Bottai, *Giorgio Morandi*, in "Le Arti", n. 3, Firenze, febbraio-marzo.
Giuseppe Raimondi, *Cartella di disegni: Giorgio Morandi, ibidem.*
Michelangelo Masciotta, *Cronache d'arte: omaggio a Morandi*, in "Letteratura", Firenze, 8 aprile.
Natale Bencini, *Arte contemporanea di Giorgio Morandi*, in "Popolo di Romagna", Forlì, 26 aprile.
Massimo Bontempelli, *Giorgio Morandi*, in "Corriere della Sera", Milano, 20 agosto.
Luigi Serra, *Umanità di Morandi*, in "Architrave", Bologna, 31 dicembre.
Giuseppe Lipparini, *La Reale Accademia di Belle Arti di Bologna*, Firenze, Le Monnier.
Ugo Nebbia, *La pittura del Novecento*, Milano, Società Editrice Libraria; seconda edizione, Milano, 1946.

1942
Giuseppe Raimondi, *Armonia di Morandi*, in "Primato", Roma, 15 maggio.
Mario Escobar, *Testimonianza a Giorgio Morandi*, in "Festa", Roma, 21 giugno.
Alessandro Parronchi, *Pittura di Morandi*, in "Posizione", Novara, 1 agosto.
Cesare Mercandino, *Cammino di Morandi*, in "Rivoluzione", Firenze, 16 settembre.
Arnaldo Beccaria, *Chiosa a un dipinto di Giorgio Morandi*, in "Almanacco Beltempo", Roma, Edizioni la Cometa.
Cesare Brandi, *Giorgio Morandi, ibidem*, Roma.
Giampiero Giani, *Pittori italiani contemporanei*, Milano, Edizioni della Conchiglia.
Alessandro Parronchi, *Giorgio Morandi*, in "Letteratura", n. 23, Firenze.

1943
Mario Tozzi, *Evoluzione dell'Arte Moderna Italiana*, in "Termini", nn. 77-81, Fiume (Rijeka), gennaio-maggio.
Alberto Sartoris, *Giorgio Morandi*, in "Il Popolo di Brescia", Brescia, 10 gennaio.
Catalogo della *IV Quadriennale d'arte nazionale*, Roma, Palazzo delle Esposizioni, maggio-luglio.
Bruno Romani, *Galleria dei pittori: Giorgio Morandi*, in "Il Lavoro", Genova, 9 maggio.
S.B. (Silvio Branzi), *Appunti per Morandi*, in "Il Gazzettino", Venezia, 1 agosto.
Alessandro Parronchi, *Nomi della pittura italiana contemporanea*, Firenze, Arnaud.

1945
Roberto Longhi, testo in catalogo della mostra personale, Firenze, Galleria Il Fiore, aprile-maggio.
Roberto Longhi, *Giorgio Morandi*, in "Il Mondo", Firenze, 21 aprile.
Alessandro Parronchi, *La luce dipinta, ibidem.*
Antonello Trombadori, *Serietà e limiti di Morandi*, in "Rinascita", Roma, maggio-giugno.
Raffaele De Grada, *Le arti - Al Fronte della gioventù - Posizione di Morandi*, in "L'Illu-

strazione Italiana", Milano, 12-19 agosto.
Cesare Brandi, *Carmine o della pittura*, Roma; seconda edizione, Firenze, 1947.
Raffaele Carrieri, *Disegno contemporaneo*, Milano, Damiani.

1946

Cesare Brandi, *Morandi*, in "Comunità", n. 6, Milano, ottobre.
Francesco Arcangeli, *Novità di Morandi*, in "Il Mondo", Firenze, 5 ottobre.
Pippi Starace, *Guttuso e Morandi*, in "Arte Contemporanea", Roma, dicembre.
Mario Lepore, *Triste non credo, ma claustrale, il modo di vivere di Morandi*, in "Sabato del Lombardo", Milano, 28 dicembre.
Giulio Carlo Argan, *Giorgio Morandi*, in "Prosa", III, Roma.
Toti Scialoja, *Giorgio Morandi*, in "Il Mondo", nn. 33-35, Firenze.

1947

Corrado Corazza, *Artisti raccontati*, in "Cronache", Bologna, 17 maggio.
Cesare Brandi, *Europeismo e autonomia di cultura nella pittura italiana*, in "L'Immagine", n. 3, Roma, luglio-agosto.
Giuseppe Raimondi, *Presentazioni: Morandi dopo la Liberazione, ibidem*.
Giorgio Roasio, *Una visita a Morandi*, in "Gazzettino Sera", Venezia, 2 agosto.
Aldo Borgonzoni, *Nello studio di Giorgio Morandi*, in "Il Progresso d'Italia", Bologna, 3 agosto.
Lionello Venturi, *Pittura contemporanea*, Milano, Ulrico Hoepli.

1948

Leone Minassian, *Giorgio Morandi - L'onestà di un maestro*, in "Gazzetta di Modena", Modena, 24 gennaio.
Neri Pozza, *Morandi il pittore solitario sorpreso tra le sue bottiglie*, in "Il Mattino del Popolo", Venezia, 22 febbraio.
Francesco Arcangeli, *Sulla pittura metafisica: Carrà, de Chirico, Morandi*, in "La Vernice", nn. 22-23, Venezia, aprile-maggio.
Catalogo della *V Quadriennale nazionale d'arte - Rassegna nazionale di arti figurative*, Roma, Palazzo delle Esposizioni, aprile-giugno.
Albino Galvano, *La Quadriennale delle arti figurative: dalla grandezza di Modigliani al rigore di Casorati e Morandi...*, in "Mondo Nuovo", Torino, 10 aprile.
A.P. (Attilio Podestà), *La lezione di Morandi*, in "Emporium", Bergamo, maggio.
Francesco Arcangeli, *Tre pittori italiani dal 1910 al 1920*, testo in catalogo della XXIV Biennale Internazionale d'Arte di Venezia, Venezia, Giardini di Castello, maggio-settembre.
Ilario Rossi, *Lettere bolognesi: arte sotto le due torri*, in "Mondo Futuro", Roma, 3-9 maggio.
Antonello Trombadori, *Dalla Biennale di Venezia l'esigenza di un realismo nuovo - Morandi e Carrà*, in "L'Unità", Roma, 8 giugno.
Silvio Branzi, *Alla XXIV Biennale - I metafisici*, in "Il Gazzettino", Venezia, 22 giugno.
Raffaele De Grada, *Trinità metafisica - Perché de Chirico, Carrà, Morandi non hanno continuato nella pittura intellettuale?*, in "Omnibus", Milano, 22 giugno.
Umbro Apollonio, *La XXIV Biennale di Venezia*, in "La Rassegna d'Italia", Milano, luglio.
Attilio Podestà, *Il Padiglione italiano - La mostra della metafisica*, in "Emporium", Bergamo, luglio-agosto.
Mario Ramous, *Maestri alla Biennale - Picasso, Morandi e Braque*, in "Corriere del Po", Ferrara, 8 luglio.
Cesare Brandi, *La Mostra delle incisioni di Morandi*, in "L'Immagine", nn. 9-10, Roma, agosto-dicembre.
Virgilio Guzzi, *Della pittura metafisica e di altri fatti italiani*, in "Il Tempo", Roma, 12 agosto.
Luigi Scarpa, *La XXIV Biennale - Il Padiglione italiano*, in "Studium", Roma, settembre.
Luigi Scarpa, *Artisti bolognesi alla Biennale veneziana - Giorgio Morandi*, in "Pomeriggio", Bologna, 2 settembre.
Franco Russoli, *Questo è il limite della pittura italiana del tempo nostro - Le voci di de Chirico, Morandi e Carrà non possono aprire un coro*, in "La Gazzetta", Livorno, 21 settembre.
Carlo Alberto Petrucci, *Le incisioni di Morandi*, testo in catalogo della mostra antologica di grafica, Roma, Calcografia Nazionale, autunno.
Renato Giani, *Galleria - Morandi*, in "Il Quotidiano", Roma, 21 novembre.
Alfredo Petrucci, *Morandi incisore*, in "La Fiera Letteraria", Roma, 21 novembre.
Virgilio Guzzi, *Mostre romane Le incisioni di Morandi*, in "Il Tempo", Roma, 23 novembre.
Ercole Maselli, *Mostra alla Calcografia Nazionale - Bianco e nero di Morandi*, in "Avanti!", Roma, 10 dicembre.
Benso Becca, *La mostra di Giorgio Morandi - Il successo delle nuove acqueforti del solitario maestro bolognese*, in "Il Giornale dell'Emilia", Bologna, 13 dicembre.
Giuseppe Raimondi, *Le stampe di Giorgio Morandi*, in "Paragone", n. 2, Firenze.
Luciano Serra, *Significato di Giorgio Morandi*, in "Convivium", n. 6, Torino, SEI.
James Thrall Soby, *Contemporary Painters*, New York, Museum of Modern Art.

1949

Virgilio Guzzi, *Incisioni di Morandi*, in "Arte Mediterranea", Firenze, gennaio.
Giuseppe Raimondi, testo in catalogo della mostra personale, Bruxelles, Petite Galerie du Séminaire, marzo.
Giuseppe Raimondi, *Giorgio Morandi*, in "Les Arts Plastiques", nn. 3-4, Bruxelles, marzo-aprile.
Corrado Sofia, *I pennelli di Morandi*, in "Il Mondo", Roma, 9 aprile.
Mario Puccini, *Un lirico della pittura: Morandi*, in "Pagine Nuove", Roma, maggio.
Cesare Brandi, *La mostra dell'arte moderna a New York*, in "L'Immagine", n. 13, Roma, maggio-giugno.
Giuseppe Raimondi, testo in catalogo della mostra personale al Palais des Beaux-Arts, Bruxelles, maggio-giugno.
Cesare Brandi, *Morandi incisore*, in "L'Eco di Bergamo", Bergamo, 8 giugno.
Roberto Rossi, *Fedeltà di Morandi*, in "La Nuova Stampa", Torino, 28 giugno.
Umbro Apollonio, *The Painting of Giorgio Morandi*, in "Horizon", n. 115, London, luglio.
Jean-Pierre, *Bologne: visite à Giorgio Morandi*, in "Les Lettres Françaises", Paris, 24 agosto.
Raffaele Carrieri, *Morandi ha smarrito il senso del tempo*, in "Tempo", Milano, 8-15 ottobre.
Giuseppe Raimondi, *Le cose dell'uomo nell'opera di Morandi*, in "La Fiera Letteraria", Roma, 27 novembre.
Francesco Arcangeli, Cesare Gnudi, Roberto Longhi, Giuseppe Raimondi, *Arte di Giorgio Morandi*, in "Emilia", Bologna, dicembre.
Cipriano E. Oppo, *Album di Morandi*, in "Giorni", Roma, 2-25 dicembre.
Cesare Brandi, *La fiera dell'avanguardia*, in "L'Immagine", nn. 14-15, Roma; ripubblicato in *Arte d'oggi*, Milano, Edizioni della Meridiana, 1952.
Giuseppe Raimondi, *Morandi*, in "L'Immagine", nn. 14-15. Roma.
Sergio Solmi, *Giorgio Morandi* in *Pittori di ieri e di oggi*, Milano, Edizioni Ferrania.

1950

Marco Valsecchi, *Morandi è maestro nell'arte di fare i pacchetti - In mostra a Milano le celebri bottiglie del pittore bolognese*, in "Oggi", Milano, 19 gennaio.
Elena Salvaneschi, *Giorgio Morandi*, in "Scena Illustrata", Firenze, febbraio.
Vitale Bloch, *In casa di Giorgio Morandi*, in "Maandbland Voor Beeldenden Kunsten", Amsterdam, luglio.
Silvano Giannelli, *Bottiglie e umanità di Morandi*, in "Le Carte Parlanti", Firenze, luglio-settembre.
Guido Ballo, *Purezza di Morandi*, in "Bellezza", Milano, settembre.
Silvano Giannelli, *Solitudine di Morandi*, in "Idea", Roma, 10 settembre.
Cesare Brandi, *Morandi's Early Development*, in "Mandrake", n. 7, London, dicembre 1950 - aprile 1951.
Umbro Apollonio, *Pittura metafisica*, Venezia, Edizioni del Cavallino.
Gian Alberto Dell'Acqua, *La peinture métaphysique*, in "Cahiers d'Art", XXV, Paris.
Giuseppe Raimondi, *Giorgio Morandi*, in *Panorama dell'arte italiana*, diretto da Marco Valsecchi e Umbro Apollonio, Torino, Lattes.
Ardengo Soffici, *Trenta artisti moderni italiani e stranieri*, Firenze, Vallecchi.
Lamberto Vitali, *Preferenze*, in "Domus", Milano.

1951

Diego Valeri, *Sironi, Morandi*, in "La Biennale", n. 3, Venezia, gennaio.
Leone Minassian, *Giorgio Morandi incisore*, in "Le Arti", Roma, febbraio.
Lamberto Priori, *Artisti italiani - Destino europeo di Giorgio Morandi*, in "La Fiera Letteraria", Roma, 1 aprile.
Giuseppe Raimondi, *La congiuntura metafisica Morandi-Carrà*, in "Paragone", n. 19, Firenze, luglio.
Leone Minassian, *Il più recente Morandi*, in "Valori", Bologna, luglio-ottobre.
Giuseppe Raimondi, *Morandi*,

in "Il Mondo", Roma, 22 settembre.

1952

Guido Ballo, *Le bottiglie di Morandi non sanno di cantina,* in "Settimo Giorno", Milano, 10 settembre.
Carlo Manfredi, *Incontro con il pittore Giorgio Morandi,* in "Il Lavoro Nuovo", Genova, 14 settembre.
Leone Minassian, *Artisti italiani - Giorgio Morandi,* in "La Fiera Letteraria", Roma, 19 ottobre.
Marco Valsecchi, *24 dipinti in una raccolta d'arte moderna,* Milano, Edizioni del Milione.

1953

Orio Vergani, *Giorgio Morandi,* in "L'Illustrazione Italiana", Milano, marzo.
Mario Puccini, *Tra le sue bottiglie Morandi dipinge i sogni,* in "La Settimana del Sud", Salerno, 28 marzo - 4 aprile.
Tyra Lundgren, *Italienska Konstnärsprofiler: Giorgio Morandi,* in "Svenska Dagbladet", Stockholm, 31 marzo.
Angelo Del Boca, *Ha perdonato sette volte il pittore delle bottiglie,* in "Gazzetta Sera", Torino, 6 ottobre; in "Il Mattino dell'Italia Centrale", Firenze, 23 ottobre.

1954

Carlo L. Ragghianti, *Giorgio Morandi,* in "Critica d'Arte", n. 1, Firenze, gennaio.
Renzo Biasion, *Le bottiglie di Morandi sono celebri in tutto il mondo,* in "Oggi", Milano, 7 gennaio.
Severo Boschi, Giorgio Fusi, *Parliamo di Giorgio Morandi,* in "Nazione Sera", Firenze, 22 marzo.
Vitale Bloch, testo del catalogo della mostra personale, Den Haag, Gemeentemuseum, aprile.
Kunst van Morandi in Den Haag, in "Het Binnenhof", Den Haag, 2 aprile.
Werk von Giorgio Morandi in Gemeentemuseum, in "Haagsche Courant", Den Haag, 3 aprile.
Corn. Basoski, *Giorgio Morandi,* in "De Nieuwe Haagsche Courant", Den Haag, 24 aprile.
Giorgio Morandi: tovert met het doodgewone, in "Het Binnenhof", Den Haag, 24 aprile.
Morandi - Een schilder voor fijnproevers, in "Nieuwe Rotterdamse Courant", Rotterdam, 24 aprile.
G.G. Lampe, *Giorgio Morandi vereld vol geheimzinnige Kracht,* in "Vrij Nederland", Amsterdam, 8 maggio.
J.M. Prange, *Morandi - Variates op de soberheid,* in "Parool", Amsterdam, 8 maggio.
Giorgio Morandi, een verstildegeest, in "De Tigd", Amsterdam, 18 maggio.
Dh., *Giorgio Morandi wird in Hamburg,* in "Hamburger Anzeiger", Hamburg, 20 maggio.
Hans Redeker, *De Zeer Eigen Wereld van Professor Giorgio Morandi,* in "Haagsche Post", Den Haag, 24 maggio.
Vitale Bloch, Lamberto Vitali, testi in catalogo della mostra personale, London, The Art Council of Great Britain, giugno.
Cornelis Veth, *Werk van Giorgio Morandi in Het Gemeentemuseum,* in "Haagsche Courant", Den Haag, 3 giugno.
Modern Italian Painting, in "The Times", London, 29 giugno.
Eric Newton, *Morandi and a New Mural,* in "Time and Tide", London, 3 luglio.
Vitale Bloch, *Morandi - Sei tavole a colori,* Milano.
Werner Haftmann, *Malerei im XX. Jahrhundert,* München, Prestel; edizione italiana, Milano, Il Saggiatore, 1960.
Fernand Hazan, *Dictionnaire de la peinture moderne,* Paris, F. Hazan.

1955

Francesco Arcangeli, *Morandi on Guido Reni of Bologna,* in "Arts News", n. 10, New York, febbraio.
John Berger, *Morandi the Metaphysician of Bologna, ibidem.*
Francesco Arcangeli, *Ha scelto della città il volto più nascosto e profondo,* in "Carlino Sera", Bologna, 22 febbraio.
Umbro Apollonio, *Giorgio Morandi - Pienezza del suo linguaggio,* in "La Fiera Letteraria", numero speciale dedicato a Giorgio Morandi, Roma, 25 settembre.
Francesco Arcangeli, *Giorgio Morandi - La più umile sincerità, ibidem.*
Carlo Carrà, *Giorgio Morandi - Abbandono dei sentimenti, ibidem.*
Libero De Libero, *Giorgio Morandi - Dalla luce aurorale alla dorata fermezza, ibidem.*
Giuseppe Marchiori, *Morandi - Fogli di un vecchio diario, ibidem.*
Michelangelo Masciotta, *Giorgio Morandi: davanti a un paesaggio, ibidem.*
Vero Montebugnoli, *Giorgio Morandi - Un esempio di arte, di vita, di poesia, ibidem.*
Milla Nigro, *Luce e volume nelle incisioni di Morandi: un'atmosfera che avvolge gli oggetti, ibidem.*
Alessandro Parronchi, *Avevano un'anima tutti i suoi soggetti, ibidem.*
Giuseppe Raimondi, *Giorgio Morandi - Pensosa armonia, ibidem.*
Giuseppe Sciortino, *Giorgio Morandi a Bologna e a Roma: incontri con l'uomo e con l'artista, ibidem*
Giuseppe Raimondi, *Sensibilidad y metafisica en la pintura de Giorgio Morandi,* in "Latina", n. 4, Caracas, ottobre.
Catalogo della *VII Quadriennale d'arte,* Roma, Palazzo delle Esposizioni, novembre 1955 - aprile 1956.
Giuseppe Pensabene, *Mostre d'arte a Roma - Morandi in controluce alla Galleria della Medusa,* in "Il Secolo", Roma, 2 novembre.
Ennio Francia, *Mostre d'arte - Morandi alla Medusa,* in "Il Popolo", Roma, 8 novembre.
Mauro Innocenti, *Mostre romane - Morandi alla Medusa,* in "La Fiera Letteraria", Roma, 20 novembre.
Marco Valsecchi. *Una buona stagione della pittura italiana... miracolo di Morandi,* in "L'Illustrazione Italiana", Milano, dicembre.
Giancarlo Cavalli, *Alla VII Quadriennale romana - In Italia la pittura del primo Novecento non fa parte della storia degli "ismi"... L'opera di Morandi,* in "Il Resto del Carlino", Bologna, 22 dicembre.

1956

Milla Nigro, *Appunti sul linguaggio di Morandi,* in "La Biennale", Venezia, marzo.
Heinz Keller, presentazione alla mostra di Giorgio Morandi e Giacomo Manzù, Winterthur, Kunstverein, giugno-luglio.
Corrado Corazza, *Morandi ha fede nell'uomo,* in "Colloqui", Bologna, 28 ottobre.
Lorenzo Montano, *Il silenzio di Morandi,* in "Corriere della Sera", Milano, 29 dicembre.
Guido Ballo, *Pittori italiani dal futurismo a oggi,* Roma, Mediterranea.
André Chastel, *L'art italien,* in "Larousse", Paris.

1957

Luigi Carluccio, *Il professor Morandi,* in "Gazzetta del Popolo", Torino, 5 gennaio.
Giuseppe Raimondi, *La valigia delle Indie - La carriera di Morandi,* in "Il Mondo", Roma, 8 gennaio.
Cesare Brandi, *Saluto a Morandi,* in "Il Punto", Roma, 12 gennaio.
Giovanni Carandente, *Giorgio Morandi,* testo di conferenza, Roma, Galleria Nazionale d'Arte Moderna, 17 febbraio.
Francesco Arcangeli, *L'opera grafica di un grande pittore,* in "L'Europeo", Milano, 10 marzo.
Giuseppe Sciortino, *Morandi grafico,* in "La Fiera Letteraria", Roma, 17 marzo.
Marco Valsecchi, *Una rete d'oro l'incisione di Morandi,* in "Tempo", Milano, 11 aprile.
Lionello Venturi, *Acqueforti di Morandi,* in "L'Espresso", Roma, 21 aprile.
Luigi Carluccio, presentazione alla mostra personale, Torino, Galleria Galatea, maggio.
Pier Maria Bardi, *IV Biennale italiana: sala Giorgio Morandi,* in "Habitat", n. 44, São Paulo do Brasil, 16 settembre.
Rodolfo Pallucchini, *Alla Biennale di San Paolo - Omaggio a Morandi,* in "Il Resto del Carlino", Bologna, 17 settembre.
Rodolfo Pallucchini, *A Giorgio Morandi il Gran premio della IV Biennale di San Paolo - Personalità dell'artista,* in "Fanfulla", São Paulo do Brasil, 17 settembre.
Art - Goor Man with a Bottle, in "Time", New York, 30 settembre.
Marco Valsecchi, *Gran Premio a San Paolo - Il massimo premio è stato vinto da Morandi,* in "Tempo", Milano, 17 ottobre.
Lionello Venturi, testo in catalogo della mostra personale, New York, World House Gallery, novembre-dicembre.
Virgilio Guzzi, *Italianità di Morandi,* in "Il Tempo", Roma, 15 novembre.
Silvano Giannelli, *Artisti di tutto il mondo alla IV Biennale di San Paolo - Morandi: un'isola di assorto silenzio,* in "Il Popolo", Roma, 29 novembre.
Roberto Tassi, *L'opera grafica di Morandi,* in "Palatina", n. 4, Parma, dicembre.
Giuseppe Raimondi, *La pittura metafisica - de Chirico, Carrà, Morandi,* in "Comunità", Milano, dicembre.
Dorothy Sandler, *Giorgio Morandi - Work Reflects His Life: "So Simple, Clear",* in "The Daily American", Roma, 8 dicembre.
G.L. Verzellesi, *Pitture di Morandi,* in "Gazzetta di Mantova", Mantova, 17 dicembre.
Carlo L. Ragghianti, *Diario critico - Estetica critica linguistica,* Vicenza, Neri Pozza.
Carlo Volpe, *L'arte del Novecento,* in *Storia dell'arte italiana,* Milano-Messina, Principato.

1958
G.L. Verzellesi, *Un'antologia di Morandi,* in "Nuova Rivista di Varia Umanità", III, Verona, gennaio.
Rodolfo Pallucchini, *Attualità di Morandi,* in "Arte Antica e Moderna", n. 1, Bologna, gennaio-marzo.
Riccardo Bacchelli, *Maestri della pittura contemporanea - Giorgio Morandi a Bologna,* in "Settimo Giorno", Milano, 9 gennaio.
L.C., *Reviews and Previews - Braque, Miró, Morandi,* in "Art News", n. 56, New York, febbraio.
Leonida Repaci, *Dio può essere chiuso in un tubetto di colori,* in "Tempo", Milano, 20 maggio.
Fritz Laufer, *Italiens Berühmtester - Maler Giorgio Morandi bekennt: "Mein Ruhm kam zu spät",* in "Die Woche", Olten, 21 luglio.
Pierre Courthion, *Giorgio Morandi,* in *Art indépendent-Panorama international de 1900 à nos jours,* Paris, Albin Michel.
Waldemar George, Raymond Cogniat, Max Fourny, *Encyclopédie de l'art international contemporain,* Paris, Prisme des Arts.
Maurice Raynal, *Peinture moderne,* Genève, Skira.

1959
Raffaele Carrieri, *I maestri della pittura contemporanea in Italia - Giorgio Morandi,* in "Epoca", Milano, 24 maggio.
Cesare Brandi, *Un inatteso segreto nei paesaggi di Morandi,* in "Corriere della Sera", Milano, 21 agosto.
Marco Valsecchi, *Morandi l'inaccessibile infrange il voto del silenzio,* in "Il Giorno", Milano, 22 settembre.
Leone Minassian, *Una visita a Morandi,* in "Il Taccuino delle Arti", Roma, novembre.
G.M. (Garibaldo Marussi), *Una mostra di Giorgio Morandi,* in "Le Arti", Milano, novembre-dicembre.
Silvio Branzi, *Assenza di Morandi,* in "Il Gazzettino", Venezia, 4 novembre.
Mario Fin, *Variazioni sul tema Morandi,* testo in catalogo della mostra personale, Milano, Galleria Annunciata, dicembre 1959-gennaio 1960.
Giorgio Mascherpa, *Un grande maestro al di fuori della mischia,* in "L'Italia", Milano, 27 dicembre.
Georges Floersheim, *Ist die Malerei zu Ende?,* Zürich, Atlantis.

1960
Picus, *Giorgio Morandi,* in "Candido", Milano, 3 gennaio.
Guido Ballo, *Chiarezza di Giorgio Morandi,* in "Ideal Standard Rivista", Milano, aprile-giugno.
Duilio Courir, *Giorgio Morandi compie oggi settant'anni - Un classico,* in "Il Resto del Carlino", Bologna, 20 luglio.
Umbro Apollonio, *Morandi,* in "Das Kunstwerke", n. 3, Baden-Baden, settembre.
Georges Floersheim, *Morandi,* in "Preuves", Paris, settembre.
Heinrich W. Petzet, *Von Morandi zu Romiti,* in "Deutsche Zeitung", Stuttgart-Köln, 1 settembre.
H.T., *Morandi,* in "Art News", New York, dicembre.
Sidney Tillin, *Giorgio Morandi,* in "Arts", New York, dicembre.
Cesare Brandi, *Appunti per un ritratto di Morandi,* in "Palatina", n. 13, Parma.
Giuseppe Marchiori, *Arte e artisti d'avanguardia in Italia (1910-1950),* Milano, Comunità.

1961
Lamberto Vitali, *Giorgio Morandi,* in "Notizie Olivetti", n. 70, Ivrea, gennaio.
E.G., *Giorgio Morandi,* in "Herald Tribune", New York, 1 gennaio.
Giorgio Morandi, in "New York Times", New York, 1 gennaio.
H.J. Barr, *Giorgio Morandi,* in "Nation", New York, 21 gennaio.
H.J. Barr, *Giorgio Morandi,* in "Du", Zürich, marzo.
Marco Valsecchi, *La pittura metafisica,* in "Art Club", Milano, marzo-maggio.
Silvio Branzi, *Giorgio Morandi,* in "L'Osservatore Politico Letterario", Milano, 5 maggio.
Mino Borghi, *Galleria di artisti italiani- Giorgio Morandi,* in "Rivista delle Province", nn. 11-12, Roma, novembre-dicembre.
Corrado Maltese, *Storia dell'arte in Italia 1785-1943,* Torino, Einaudi.

1962
Luigi Lambertini, *Morandi e la sua città,* in "Segnacolo", Roma, gennaio-febbraio.
Valerio Zurlini, *Peinture - Giorgio Morandi,* in "L'Express", Paris, 4 gennaio.
Catalogo della *XXXI Biennale Internazionale d'Arte di Venezia,* Venezia, Giardini di Castello, estate.
Lamberto Vitali, *Giorgio Morandi,* in "Goya", n. 49, Madrid, luglio-agosto.
Umbro Apollonio, testo in catalogo della mostra personale, Siegen, Haus Seel-am-Markt, ottobre-novembre.
Roberto Longhi, *Antologia di critici - Momenti della pittura bolognese - Da Carracci a Morandi,* in "Paragone", n. 155, Firenze, novembre.
Giorgio Mascherpa, *Usa come modelle cento bottiglie polverose - A Giorgio Morandi, uno dei più grandi pittori italiani, è stato assegnato il Premio Rubens,* in "Gente", Milano, 16 novembre.
Marco Valsecchi, testo in catalogo della mostra *Magini-Morandi,* Milano, Galleria Lorenzelli, dicembre.
Anna Maria Brizio, *Ottocento-Novecento,* Torino, UTET.

1963
Franco Russoli, *Pretesti e appunti... La mostra Magini-Morandi, o della polivalenza della natura morta,* in "Pirelli", Milano, gennaio-febbraio.
Giovanni Testori, *Un singolare confronto a Milano - Le meditazioni di Morandi e le "cucine" del Magini,* in "Settimo Giorno", Milano, 8 gennaio.
Arnaldo Beccaria, *Il pittore che detesta il denaro,* in "Tempo", Milano, 26 ottobre.
Jean-Luc Duval, *Patient, solitaire, concentré - Giorgio Morandi,* in "Journal de Genève", Genève, 23-24 novembre.
Werner Helwig, *Morandi Maler des Schweigens,* in "Die Tata", Zürich, 27 novembre.
Pierre Rosemberg, *Chardin,* Genève, Skira.

1964
Paola Della Pergola, *La pittura di Morandi,* in "Paese Sera", Roma, 17 aprile.
Sergio Maldini, *Vita e opere di Morandi,* in "La Nazione", Firenze, 17 aprile.
Marcello Venturoli, *Intervista con Morandi,* in "Europa Letteraria", Roma, 29 maggio.
Marcello Venturoli, *Morandi sta male,* in "Le Ore", Roma, 18 giugno.
Marziano Bernardi, *La morte di Giorgio Morandi. Il lirico più puro dell'arte moderna,* in "La Stampa", Torino, 19 giugno.
Leonardo Borgese, *È morto Giorgio Morandi. Un pittore che cercava l'innocenza del mondo,* in "Corriere della Sera", Milano, 19 giugno.
Corrado Corazza, *È morto Morandi,* in "L'Avvenire d'Italia", Bologna, 19 giugno.
Virgilio Guzzi, *Addio a Giorgio Morandi pittore classico moderno,* in "Il Tempo", Roma, 19 giugno.
G.M., *È morto Giorgio Morandi, francescano osservatore della verità,* in "Il Piccolo", Trieste, 19 giugno.
Morandi, un ideale di perfezione, in "Il Resto del Carlino", Bologna, 19 giugno (testi di Giuseppe Raimondi, *La sua lezione*; Riccardo Bacchelli, *Gli insegnanti non credevano che sarebbe diventato un grande pittore*; Giorgio Ruggeri, *Una vita fra Bologna e Grizzana*; antologia critica).
Duilio Morosini, *L'arte solitaria del grande Morandi,* in "Paese Sera", Roma, 19 giugno.
Alessandro Parronchi, *È morto Giorgio Morandi,* in "La Nazione", Firenze, 19 giugno.
Nello Ponente, *Era il più grande pittore italiano del nostro secolo,* in "Avanti!", Milano, 19 giugno.
Paolo Rizzo, *È morto Giorgio Morandi, pittore delle forme pure,* in "Il Gazzettino", Venezia, 19 giugno.
Marco Valsecchi, *Ha dato agli oggetti sentimenti umani,* in "Il Giorno", Milano, 19 giugno.
Gino Visentini, *È morto Giorgio Morandi,* in "Il Messaggero", Roma, 19 giugno.
Catalogo della *XXXII Biennale Internazionale d'Arte di Venezia,* Venezia, Giardini di Castello, estate.
Cesare Brandi, *Il miracolo di Morandi,* in "Il Punto", Roma, 24 giugno.
Rodolfo Pallucchini, *Sono personaggi arcani le bottiglie di Morandi,* in "Il Gazzettino", Venezia, 24 giugno.
Raffaele Carrieri, *Ricordiamo il pittore del silenzio,* in "Epoca", Milano, 28 giugno.
Roberto Longhi, *Exit Morandi,* in "Paragone", n. 175, Firenze, luglio.
Luigi Magnani, *Ricordo di Morandi,* in RAI - III Programma, 18 luglio.
Giuseppe Raimondi, *Morandi 1916,* in "Il Resto del Carlino", Bologna, 15 agosto.
Mino Maccari, *Il mondo immobile di Giorgio Morandi,* in "Panorama", Milano, settembre.
Margit Staber, *Das Stilleben bei Giorgio Morandi,* in "Nachrichten Kunst", Luzern, novembre.
Arnaldo Beccaria, *Visite a Morandi,* in "La Botte e il Violino", n. 2, Roma.
Giuseppe Marchiori, *Universalità di Morandi,* in *Studi in onore di Giusta Nicco Fasola,* Milano, La Rete.
Carlo L. Ragghianti, *Un'antologia di Morandi,* in "Critica d'Arte", n. 62, Firenze.
Roberto Tassi, *Giorgio Morandi,* in "L'Approdo Letterario", n. 26, Roma.
Marco Valsecchi, *Giorgio Mo-*

randi, in "Rivista Italsider", nn. 3-4, Genova.
Carlo Volpe, *Morandi*, in "La Biennale di Venezia", n. 55, Venezia.

1965

Giuseppe Raimondi, *L'anima di Morandi*, in "Il Resto del Carlino", Bologna, 10 gennaio.
Giovanni Scheiwiller, testo in catalogo della mostra personale, Milano, Galleria Annunciata, aprile-maggio.
Giuseppe Raimondi, *Morandi - I camini e il dadaismo*, in "Il Resto del Carlino", Bologna, 3 aprile.
Lorenza Trucchi, *I silenzi di Morandi*, in "La Fiera Letteraria", Roma, 4 aprile.
Werner Haftmann, testo in catalogo della mostra personale, Bern, Kunsthalle, ottobre-dicembre.
José Luis Plaza, testo in catalogo della mostra *Omaggio a Morandi*, Caracas, novembre.
Anne Marie Thormann, *Ein Master der Stille*, in "National Zeitung", Basel, 12 novembre.
Angelo Dragone, *Morandi a Bologna*, in "Marcatré", nn. 11-13, Milano.
Giuseppe Marchiori, *Universalità di Morandi*, in "Arte Lombarda", volume speciale, X, Milano.

1966

Giuseppe Marchiori, *Diario di un critico*, in "La Voce Repubblicana", Roma, 22 aprile.
Roberto Longhi, testo in catalogo della *XXXIII Biennale Internazionale di Venezia*, Venezia, Giardini di Castello, estate.
Giuseppe Raimondi, *Rivive il mondo di Morandi*, in "Il Resto del Carlino", Bologna, 26 giugno.
Giuseppe Raimondi, *Il mondo di Grizzana*, in "Il Resto del Carlino", Bologna, 26 luglio.
Guido Perocco, *Un'atmosfera di intimità nella poesia di Morandi*, in "Il Gazzettino", Venezia, 3 agosto.
Lamberto Vitali, *L'opera di Giorgio Morandi*, testo in catalogo della mostra antologica, Bologna, Archiginnasio, ottobre-dicembre.
Paolo Fossati, *Un omaggio a Morandi*, in "L'Unità", Milano, 27 ottobre.
Mario De Micheli, *Morandi - Una sorgente profonda in un palmo di terra emiliana*, in "L'Unità", Milano, 30 ottobre.
Giuseppe Raimondi, *Un grande del nostro secolo*, in "Il Resto del Carlino", Bologna, 30 ottobre.
Tommaso Paloscia, *Berna - Venezia - Bologna - Un discorso sempre più limpido*, in "La Nazione", Firenze, 3 novembre.
Corrado Corazza, *Un Morandi più intimo*, in "L'Avvenire d'Italia", Bologna, 6 novembre.
Giuseppe Raimondi, *Cézanne e Morandi*, in "Il Resto del Carlino", Bologna, 11 novembre.
Giuseppe Raimondi, *Morandi e i cubisti*, in "Il Resto del Carlino", Bologna, 24 novembre.
Luigi Tallarico, *Giorgio Morandi*, in "L'Orologio", nn. 11-12, Roma, dicembre.
Sandro Salvi (Luigi Lambertini), *Morandi spirito inquieto*, in "L'Adige", Trento, 14 dicembre.
Guido Ballo, *Morandi*, in "Domus", n. 443, Milano.

1967

Vittorio Fagone, *Morandi e il problema dell'oggetto pittorico*, in "La Civiltà Cattolica", Roma, 7 gennaio.
Carlo L. Ragghianti, testo in catalogo della mostra *Arte moderna in Italia 1915-35*, Firenze, Palazzo Strozzi, febbraio-maggio.
Marco Valsecchi, testo in catalogo della mostra personale, Ferrara, Galleria Duca d'Este, maggio.
Massimo Carrà, *Carrà e Morandi*, in "L'Arte Moderna", IX, Milano, Fabbri.

1968

Enrico Paulucci, testo in catalogo della mostra *I pittori italiani dell'Associazione internazionale arti plastiche Unesco*, Torino, Galleria Civica d'Arte Moderna, febbraio-marzo.
Josip Kolar, testo in catalogo della mostra *Bolonjsko Slikartsvo XX Vijeka*, Zagreb, Galerija Moderne Umjetnosti, maggio.
Gertrud Kobke Sutton, introduzione al catalogo della mostra personale, Kobenhavn, Kunstforeningen, settembre.
Cesare Brandi, *Poi la pittura scompare*, in "La Fiera Letteraria", Roma, 24 ottobre.
Zeno Birolli, *Pittura e intimità poetica*, in "Nac", n. 3, Milano.
Massimo Carrà, *Metafisica*, Milano, Mazzotta.
Carlo Zucchini, *Visita a Giorgio Morandi*, in "Il Foglio di Crevalcore", n. 3, Crevalcore.

1969

André Piejre de Mandiargues, testo in catalogo della mostra personale, Paris, Galerie Villand et Galanis, gennaio.
Marcello Azzolini, *Gli acquerelli di Morandi*, in "Le Arti", Milano, gennaio-febbraio.
Paolo Possenti, *Morandi, ovvero dell'invenzione*, in "Gazzetta di Mantova", Mantova, 22 gennaio.
Dino Buzzati, *Solitudine di Morandi*, in "Corriere della Sera", Milano, 6 maggio.
Virgilio Guzzi, *Momenti e figure dell'arte italiana - Giorgio Morandi*, in "Levante", Roma, giugno.
Carlo L. Ragghianti, *Bologna cruciale 1914*, in "Critica d'Arte", Firenze.

1970

Giancarlo Cavalli, Franco Solmi, Carlo Volpe, testi in catalogo della mostra *Due decenni di acquisizioni alle raccolte comunali d'arte*, Bologna, Museo Civico, aprile-maggio.
Francesco Arcangeli, testo in catalogo della mostra *Natura ed espressione nell'arte bolognese ed emiliana*, Bologna, Archiginnasio, settembre-ottobre.
Marziano Bernardi, *Da Wiligelmo a Morandi*, in "La Stampa", Torino, 12 settembre.
Luigi Carluccio, *Da Wiligelmo fino a Morandi: gli itinerari dell'arte emiliana*, in "Gazzetta del Popolo", Torino, 12 settembre.
Giorgio Fanti, *Raimondi - I miei anni con Morandi*, in "Paese Sera", Roma, 18 settembre.
Raffaele Carrieri, *Morandi rivive nelle pagine di Giuseppe Raimondi*, in "Epoca", Milano, 27 settembre.
Guido Giuffré, testo in catalogo della mostra *L'opera grafica di Giorgio Morandi*, Roma, Il Nuovo Torcoliere, dicembre 1970 - gennaio 1971.
Roberto Tassi, testo in catalogo della mostra *Morandi-Morlotti*, Milano, Galleria del Milione, dicembre 1970 - gennaio 1971.
James Thrall Soby, *A Visit to Morandi*, testo in catalogo della mostra antologica, London, Royal Academy of Arts, dicembre 1970 - gennaio 1971.
Raffaello Uboldi, *Più di centomila inglesi alla mostra di Morandi*, in "Il Giorno", Milano, 21 dicembre.
Marco Valsecchi, *Il diverso tormento di due grandi pittori*, in "Il Giorno", Milano, 22 dicembre.
Giuseppe Raimondi, *Un occhio sulla pittura*, Bologna, Alfa.
Silla Zamboni, *Due disegni di Morandi studente*, in "Atti e Memorie dell'Accademia Clementina", IX, Bologna.

1971

Jean Leymarie, Andrew Forge, testi in catalogo della mostra antologica, Paris, Musée National d'Art Moderne, febbraio-aprile; ristampa del catalogo inglese.
Charles Spencer, *Come Londra ha accolto Morandi*, in "Bolaffi Arte", Torino, febbraio.
Jérôme Peygnot, *Silence, Morandi*, in "Connaissance des Arts", n. 228, Paris, febbraio.
Michel Conil Lacoste, *Morandi, inquisiteur passionné du banal*, in "Le Monde", Paris, 10 febbraio.
Alberico Sala, *Il quadro, la cornice e i dintorni*, in "Notizie d'Arte", Milano, marzo.
Domenico Cantatore, "... *Sono matti; ventimila lire per un mio quadro!*", in "Corriere della Sera", Milano, 18 aprile.
Francesco Arcangeli, testo in catalogo della mostra antologica, Milano, Rotonda della Besana, maggio-giugno (testi di Jean Leymarie e Andrew Forge).
Piero Bigongiari, *Tragicità di Morandi*, in "Antichità Viva", Firenze, maggio-giugno.
Marco Valsecchi, *Morandi nel nostro tempo*, in "Il Giorno", Milano, 9 maggio.
Franco Passoni, *Un doveroso omaggio all'opera di Morandi*, in "Avanti!", Milano, 11 giugno.
Mario De Micheli, *Un canzoniere rigoroso*, in "L'Unità", Milano, 16 giugno.
Curzia Ferrari, *I silenzi di Morandi*, in "La Fiera Letteraria", Roma, 27 giugno.
Renzo Modesti, *Morandi*, in "Notizie d'Arte", Milano, agosto-settembre.
Renzo Guasco, presentazione in catalogo della mostra *40 incisioni di Morandi*, Torino, Galleria Dantesca, dicembre 1971 - gennaio 1972.

1972

AA.VV., catalogo della mostra *Metamorfosi dell'oggetto*, Milano, Palazzo reale, gennaio-febbraio.
J.M. (Jan Martinet), testo in catalogo della mostra *Morandi - Etsen*, Amsterdam, Stedelijk Museum, gennaio-febbraio.
Osvaldo Patani, testo in catalogo della mostra personale, Milano, Galleria Eunomia, maggio-giugno.

1973

Irina Antonova, Lamberto Vitali, Franco Solmi, testi in catalogo della mostra antologica, Leningrad, Museo dell'Ermitage, aprile-maggio; Moskva, Museo Puškin, maggio-giugno.
Maurizio, Calvesi, *Tra metafisica e naturalismo*, in "Corriere della Sera", Milano, 22 aprile.
"Sapesse quanta voglia ho ancora di lavorare", foto di Mario De Biasi, in "Bolaffi Arte", n. 30, Torino, maggio-giugno.

Palma Bucarelli, Cesare Brandi, testi in catalogo della mostra antologica, Roma, Galleria Nazionale d'Arte Moderna, maggio-luglio.
Maurizio Calvesi, *Il magico mondo di Morandi*, in "Corriere della Sera", Milano, 16 maggio.
Marcello Venturoli, *Pezzi anche molto rari alla grande mostra di Morandi*, in "Il Globo", Roma, 18 maggio.
Duilio Morosini, *Morandi, artista del dubbio*, in "Paese Sera", Roma, 19 maggio.
Marco Valsecchi, *Morandi fuori dalle leggende*, in "Il Giorno", Milano, 19 maggio.
Dario Micacchi, *Il cammino di Morandi*, in "L'Unità", Roma, 22 maggio.
Bruno Morini, *Morandi a Valle Giulia*, in "Il Giornale d'Italia", Roma, 22 maggio.
Shargia Kusumova, *Morandi all'Ermitage*, in "URSS Oggi", n. 19, 24 maggio.
Sandra Giannattasio, *Giorgio Morandi, un grande europeo che non lasciò mai Bologna*, in "Avanti!", Roma, 27 maggio.
Luigi Serravalli, *La leggenda di Giorgio Morandi*, in "L'Adige", Trento, 30 maggio.
Marco Valsecchi, testo in catalogo della mostra *Le acqueforti di Giorgio Morandi*, Urbino, Palazzo Ducale, giugno-luglio.
Antonio Del Guercio, *Morandi coscienza della borghesia*, in "Rinascita", n. 22, Roma, 1 giugno.
Nello Ponente, *Ricordo di Morandi*, in "Paese Sera", Roma, 22 giugno.
Paul Hofmann, *Rome: Revival for "Painter of Bottles"*, in "The New York Times", New York, 26 giugno.
Sandra Orienti, *Giorgio Morandi alla Galleria Nazionale d'Arte Moderna di Roma*, in "Arte 2000", n. 9, Milano, luglio-agosto.
Vittoria Marcova, *Il mondo di Giorgio Morandi*, in "Il Pittore", n. 10, Moskva, ottobre.
Marco Valsecchi, *Dalla Metafisica al Novecento e l'anti Novecento*, in "Ulisse", Roma, novembre.
Roberto Longhi, *Da Cimabue a Morandi - Saggi di storia della pittura italiana*, scelti e ordinati da Gianfranco Contini, Milano, Mondadori; seconda edizione, 1974.

1974
Osvaldo Licini, *Errante, erotico, eretico - Gli scritti letterari e tutte le lettere* (a cura di Zeno Birolli, Francesco Bartoli, Gino Baratta), Milano, Feltrinelli.
Osvaldo Patani, *La storia del disegno italiano 1900-1974*, Torino, Fratelli Pozzo.

1975
Franco Solmi, *Opere del ventesimo secolo nelle raccolte comunali d'arte*, Bologna, Galleria Comunale d'Arte Moderna, Bologna, maggio.
Lambero Vitali, testo in catalogo della mostra antologica, Bologna, Galleria Comunale d'Arte Moderna, maggio-giugno.
Giorgio Mascherpa, *Un museo in espansione*, in "L'Avvenire", Milano, 3 maggio.
Flavio Caroli, *La Nuova Galleria d'Arte Moderna di Bologna*, in "Corriere della Sera", Milano, 4 maggio.
Giorgio Ruggeri, *Aria nuova nei musei*, in "Il Resto del Carlino", Bologna, 5 maggio.
Intenso programma di attività nella Galleria d'Arte Moderna... Morandi, in "L'Unità", Roma, 6 maggio.
Luigi Lambertini, *Orgoglio di Bologna*, in "Il Gazzettino", Venezia, 7 maggio.

1976
Giuseppe Marchiori, testo in catalogo della mostra *Un confronto: due tempi - Licini/Morandi*, Bologna, Galleria Due Torri, maggio.
Giorgio Ruggeri, *Morandi, ultimo pittore*, in *Omaggio a Morandi*, Bologna, Galleria Marescalchi, maggio.
AA.VV., catalogo della mostra personale (con stralci di diversi testi precedenti), Verona, Galleria dello Scudo, novembre 1976 - gennaio 1977.
Francesco Arcangeli, *Dal romanticismo all'informale*, Bologna, Alfa; vol. I, Torino, Einaudi.

1977
Luciano Anceschi, Giuseppe Raimondi, catalogo della mostra *Giuseppe Raimondi fra poeti e pittori*, Bologna, Museo Civico, maggio-giugno.
AA.VV., catalogo della mostra *Tendenzen der Zwanziger Jahre*, Berlin, Europäische Kunstausstellung, agosto-ottobre.
Janet Abramowicz, *Giorgio Morandi - A World within a Studio*, in "Vanguard", Vancouver, ottobre.
Ted Lindenberg, catalogo della mostra antologica, Vancouver, The Vancouver Art Gallery, ottobre.
Giuseppe Marchiori, testo in catalogo della mostra personale, Lucca, Galleria Barsotti, ottobre.
Giuseppe Raimondi, testo in catalogo della mostra personale (con antologia critica), Sasso Marconi, La Casa dell'Arte, ottobre-novembre.
Luigi Serravalli, *Prodigioso Morandi*, in "L'Adige", Trento, 11 ottobre.
Luigi Serravalli, *Morandi nel segno della libertà*, in "L'Adige", Trento, 9 novembre.

1978
Luigi Lambertini, *Il mondo in una stanza*, in "Unione Sarda", Cagliari, 18 gennaio; lo stesso articolo, con il titolo *Per Giorgio Morandi, pochi amici ma buoni*, in "La Gazzetta Ticinese", Lugano, 4 febbraio.
Luigi Lambertini, *Viaggio d'artista nella propria stanza*, in "Il Gazzettino", Venezia, 5 febbraio.
Franco Solmi, testo in catalogo della mostra *Metafisica del quotidiano*, Bologna, Galleria Comunale d'Arte Moderna, giugno-settembre.
Pier Giovanni Castagnoli, *Lombroso con Bonifacio VIII*, in "La Repubblica", Roma, 2 giugno.
Franco Solmi, testo in catalogo della mostra antologica, Ferrara, Palazzo dei Diamanti, luglio-ottobre.
Everardo Dalla Noce, *Grande attesa per Morandi*, in "Il Sole 24 Ore", Milano, 1 luglio.
Marilena Pasquali, *Ferrara ripropone Morandi*, in "Paese Sera", Roma, 16 luglio.
Alberico Sala, *Morandi - Autoritratto con paesaggio*, in "Corriere della Sera", Milano, 31 luglio.
Morandi, polemica bolognese, in "Gazzetta del Popolo", Torino, 9 agosto.
Renato Barilli, *Un grattacielo in bottiglia*, in "L'Espresso", Roma, 20 agosto.
Giovanni Testori, *Giorgio Morandi, o la capacità di resurrezione*, in "Corriere della Sera", Milano, 20 agosto.
Giorgio Ruggeri, *Goditi l'arte con Morandi*, in "Il Resto del Carlino", Bologna, 21 agosto.
Marco Valsecchi, *Caro Morandi, caro de Pisis*, in "Il Giornale Nuovo", Milano, 1 settembre.
Pompilio Mandelli, *Giorgio Morandi 1907-1913*, in "Analisi", Bologna, 15 ottobre.
Luigi Cavallo, *Disegno italiano dal futurismo al Novecento*, Milano, Edizioni Galleria Il Mappamondo.

1979
Jean-Michel Folon, *Histoire d'un coup de foudre*, in "Le Nouvel Observateur", Paris, 12-18 febbraio.
Jacques Michel, *Expositions - Gravures de Morandi*, in "Le Monde", Paris, 14 febbraio.
Maiten Bouisset, *Morandi à la Galerie Berggruen*, in "Le Matin de Paris", Paris, 20 febbraio.
Giuliano Briganti, Ester Coen, testi in catalogo della mostra *La pittura metafisica*, Venezia, Istituto di Cultura di Palazzo Grassi, maggio-giugno, Vicenza, Neri Pozza; seconda edizione, Vicenza, 1981.
Guido Ballo, testo in catalogo della mostra *Origini dell'astrattismo - Verso altri orizzonti del reale*, Milano, Palazzo reale, ottobre 1979 - gennaio 1980.
Luigi Serravalli, *Morandi nel segno della libertà*, in "L'Adige", Trento, 9 novembre.
Rossana Bossaglia, *Il Novecento italiano* (con testi di Claudia Gian Ferrari e Marco Lorandi), Milano, Feltrinelli.
Maria Catelli Isola, testo in catalogo dell'antologica di grafica, Bruxelles, Musée des Beaux-Arts.
Stefania Massari, testo in catalogo della mostra *Giorgio Morandi*, Bordeaux, Musée et Galerie des Beaux-Arts.
Zeno Birolli, testo in catalogo della mostra *Letteratura-arte - Miti del Novecento*, Milano, Padiglione d'Arte Contemporanea.

1980
Fabrizio D'Amico, *Morandi e il "prossimo"*, testo in catalogo della mostra personale, Roma, Galleria Il Gabbiano, marzo-aprile.
Renato Barilli, Franco Solmi (a cura di), catalogo della mostra *La metafisica: gli anni venti* (scheda critico-biografica di Marilena Pasquali), Bologna, Galleria Comunale d'Arte Moderna, maggio-agosto.
Catalogo della mostra personale, Cavalese, La Casa dell'Arte, luglio-agosto.
Jean Clair, catalogo della mostra *Les réalismes*, Paris, Centre Georges Pompidou, dicembre 1980 - aprile 1981; Berlin, Staatliche Kunsthalle, maggio-giugno 1981.
Giorgio Morandi - Disegni, Bologna, Galleria Trimarchi, dicembre.
Stefania Massari (a cura di), catalogo della mostra *80 acqueforti di Giorgio Morandi*, Köln, Bonn, Dortmund.
Arturo Carlo Quintavalle, *Giorgio de Chirico, Severo Pozzati, Giorgio Morandi, Carlo Carrà: le ideologie e le immagini fino al 1920*, in catalogo della mostra antologica di Sepo, Parma, Centro Studi e Archivio della Comunicazione.

1981
Kate Linker, *Giorgio Morandi,* in "Art Forum", New York, febbraio.
AA.VV., catalogo della mostra antologica (a cura di Franz A. Morat), München, Haus der Kunst, luglio-settembre.
Luigi Carluccio, testo in catalogo della mostra antologica, Acqui Terme, Liceo Saracco, luglio-settembre.
Alberico Sala, *Giorgio Morandi e il suo critico,* in "Corriere della Sera", Milano, 22 luglio.
Ariberto Segala, *Ecco i segreti di Morandi,* in "La Domenica del Corriere", Milano, agosto.
Catalogo della mostra *Les peintres du silence,* Vevey, Musée des Beaux-Arts, agosto-settembre.
Franco Solmi, *Per Morandi gli stranieri preferiscono fare da soli,* in "Il Resto del Carlino", Bologna, 8 agosto.
Luigi Lambertini, *Viaggio sentimentale all'interno di una stanza,* in "Il Giornale", Milano, 12 agosto.
Nick Baldwin, *Morandi Show - A Big Task for Demetrion,* in "Des Moines Sunday Register", Des Moines, 23 agosto.
Janet Abramowicz, *Vision et technique: The Etchings of Giorgio Morandi, 1890-1964,* in "The Print Collector's Newsletter", New York, n. 4, settembre-ottobre.
James T. Demetrion, Joan M. Lukach, Kenneth Baker, Amy N. Worthen, catalogo della mostra antologica, San Francisco, Museum of Modern Art, settembre-novembre; New York, The Solomon R. Guggenheim Museum, novembre 1981 - gennaio 1982; Des Moines, Des Moines Art Center, febbraio-marzo 1982.
Giulio Carlo Argan, Floriano De Santi, catalogo della mostra *Il linguaggio dell'incisione,* Brescia, Cellatica, ottobre-novembre; Brescia, Capo di Ponte, novembre-dicembre.
Allan Temko, *The Disquieting Quietude of Giorgio Morandi,* in "San Francisco Chronicle", San Francisco, 4 ottobre.
Willian Wilson, *Giorgio Morandi and the Sundance Kid,* in "Los Angeles Times", Los Angeles, 18 ottobre.
Carter Ratcliff, *A painter of Inanimate Souls,* in "Saturday Review", San Francisco, novembre.
Waine Thiebaud, *A Fellow Painter's View of Giorgio Morandi,* in "New York Times", New York, 15 novembre.
Carlo Valentini, *La poesia di Morandi tra i grattacieli di New York,* in "Il Giorno", Milano, 19 novembre.
Enrico Franceschini, *La bottiglia sbarca a New York,* in "L'Espresso", n. 47, Roma, 29 novembre.
Dede Auregli, *Giorgio Morandi trionfa a New York mentre Bologna gli prepara un museo,* in "L'Unità", Roma, 1 dicembre.
Gianfranco Orvieto, *Retrospettiva di Morandi al Guggenheim,* in "L'Osservatore Romano", Città del Vaticano, 5 dicembre.
Hilton Kramer, *Giorgio Morandi: A Quality of Private Meditation,* in "The New York Times", New York, 6 dicembre.
Mark Stevens, *Morandi's Bottled Beauty,* in "Newsweek", New York, 7 dicembre.
Theodore F. Wolff, *A Modest Jewel of Our Time - Giorgio Morandi,* in "The Christian Science Monitor", New York, 8 dicembre.
Judith Helfer, *Meister des Italienischen Neoklassizismus,* in "Aufbau", New York, 11 dicembre.
Robert Hughes, *Master of Unfussed Clarity,* in "Time", New York, 21 dicembre.
Steffan Kling, Mats Risberg, *Morandi och historiens samtidighet - Morandi och det Metafysiska Maleriet,* in "Hyärnstrom", nn. 14-15, Gammelstad, 22 dicembre.
Theodore F. Wolff, *The Many Masks of Modern Art,* in "The Christian Science Monitor", New York, 30 dicembre.
Maurizio Calvesi, Giovanna Dalla Chiesa, Ester Coen, testi in catalogo della mostra *La metafisica - Museo documentario,* Ferrara, Parco Massari.
Catalogo della mostra *Oggettività metafisica in Italia fra le due guerre,* Roma, Galleria La Medusa.
Gian Alberto Dell'Acqua, *La donazione Jesi,* Milano, Amici di Brera.
Salvatore A. Sanna, Erich Steingräber, Carla Schulz-Hofmann, catalogo della mostra *Zur Italienischen Kunst nach 1945 - Deutsche Künstler und Italien,* Frankfurt, Frankfurter Westend Galerie.

1982
AA.VV., testi in catalogo della mostra *Gli anni Trenta - Arte e cultura in Italia,* Milano, Palazzo Reale, gennaio-aprile, Mazzotta.
Nick Baldwin, *Morandi Show Much Heralded,* in "Des Moines Sunday Register", Des Moines, 10 gennaio.
John Russel, *Realism (True and False) is Everywhere,* in "The New York Times", New York, 10 gennaio.
Nick Baldwin, *Morandi's Genius,* in "Des Moines Sunday Register", Des Moines, febbraio.
Franco Solmi, testo in catalogo della mostra *La scuola bolognese dell'acquaforte* (sezione dedicata a G. Morandi a cura di Marilena Pasquali), Bologna, Galleria Comunale d'Arte Moderna, febbraio-marzo; Cardiff, National Museum of Wales, ottobre-novembre 1984; Toulouse, Musée des Arts des Augustins, aprile-maggio 1985.
Abraham Gilam, *The Art of Quiet Revelation in an Italian Master's Hand,* in "Post Dispatch", 1 marzo.
Jane Bell, *Message in Bottles - The Noble Grandeur of Giorgio Morandi,* in "Art News", New York, 3 marzo.
Bertil Sundstedt, *Manga aktiviteter präglar Hjärnstorm,* in "Norb Kuriren", 26 aprile.
Marilena Pasquali, *Morandi in Galleria - Opere e documenti,* Bologna, Galleria Comunale d'Arte Moderna, maggio.
Franco Basile, *Morandi ai bolognesi,* in "Il Resto del Carlino", Bologna, 22 maggio.
Dede Auregli, *Via Fondazza l'isola sacra del solitario Morandi,* in "L'Unità", Roma, giugno.
Roberto Pignoni, *Per Giorgio Morandi uno spazio nella Galleria d'Arte Moderna,* in "Alla Ribalta", Bologna, 15-30 giugno.
Carlo L. Ragghianti, *Un eremita a Bologna,* in "Il Resto del Carlino", Bologna, 4 luglio.
Nico Orengo, *Andai da Morandi e gli dissi "Mi dipinge un quadro musicale?",* in "La Stampa", Torino, 10 luglio.
Roberto Tassi, *Morandi dal vero,* in "La Repubblica", Roma, 11 agosto.
Roberto Bertinetti, *Morandi ammirava i sacchi di Burri,* in "Il Nuovo Adige", Verona, 14 settembre.
Duilio Courir, *La musica di Giorgio Morandi,* in "Corriere della Sera", Milano, 26 settembre.
Marilena Pasquali, *Per un centro studi dedicato a Giorgio Morandi,* in "Verso l'Arte", Cerrina Monferrato, ottobre.
Silvano Giannelli, *Morandi - La poesia a bassa voce,* in "La Discussione", Roma, 4 ottobre.
Mario Pancera, *Le sorelle Morandi raccontano,* in "La Domenica del Corriere", Milano, 9 ottobre.
Claudio Spadoni, *Morandi nel laboratorio della solitudine,* in "Il Resto del Carlino", Bologna, 23 ottobre.
G.L. Verzellesi, *Il "mio" Morandi era così,* in "L'Arena", Verona, 13 novembre.
Mauro Corradini, *Quelle emozionanti bottiglie,* in "Bresciaoggi", Brescia, 25 novembre.
Marilena Pasquali, *Bologna - Appello per un Museo Morandi,* in "D'Ars", Milano, dicembre.
Maurizio Calvesi, *La metafisica schiarita - Da de Chirico a Carrà, da Morandi a Savinio,* Milano, Feltrinelli.
Walter Koschatzky, Kristian Sotriffer, *Mit Nadel und Säure - 500 Jahre Kunst der Radierung,* Wien, Tusch.
Carlo L. Ragghianti, *Bologna cruciale 1914 e saggi su Morandi, Gorni, Saetti,* Bologna, Calderini.
Federico Riccio (a cura di), *La collezione Rossini d'arte contemporanea a Torino,* Torino.

1983
Rossana Bossaglia, testo in catalogo della mostra *Il Novecento italiano* (scheda biografica di Cecilia de Carli), Milano, Palazzo della Permanente, gennaio-marzo, Mazzotta.
Janet Abramowicz, *The Liberation of the Object,* in "Art in America", n. 3, New York, marzo.
Concetto Pozzati, *Prima inventava, poi copiava,* in "L'Arena", Verona, 23 maggio.
Pier Giovanni Castagnoli, Paolo Fossati, testi in catalogo della mostra *Disegno italiano fra le due guerre,* Modena, Galleria Civica d'Arte Moderna, luglio-ottobre.
Eugenio Riccomini, testo in catalogo della mostra *Da Cézanne a Morandi e oltre,* Mamiano di Parma, Fondazione Magnani-Rocca, settembre.
Attilio Bertolucci, *Morandi e Arcangeli - Storia di due generazioni,* in "Libera Stampa", Lugano, 24 settembre.
Paul Kunkel, *The Singular Path of Giorgio Morandi,* in "Architectural Digest", New York, ottobre.
Eugenio Riccomini, Anna Colliva, *Un "continuum" quasi senza fratture - Da Cézanne a Morandi sul filo della memoria,* in "Leader", n. 10, Roma, ottobre.
Marco Marozzi, *Bologna vuol riscoprire il suo difficile Morandi e gli dedica un museo,* in "La Repubblica", Roma, 30 ottobre.

Franco Basile, *Il museo in Galleria,* in "Il Resto del Carlino", Bologna, 4 novembre.
Franco Solmi, *Il Museo Morandi,* in "L'Unità", Roma, 15 novembre.
Franco Solmi, *Ma Morandi val ben qualche rissa,* in "Il Resto del Carlino", Bologna, 20 novembre.
Concetto Pozzati, *"Investire" su Morandi significa anche arricchire culturalmente la città,* in "L'Unità - Emilia Romagna", Roma, 25 novembre.
Arrigo Quattrini, *"Maestro scomodo" non omologabile, brusco ed isolato,* in "L'Unità - Emilia Romagna", Roma, 3 dicembre.
Learco Andalò, *Grizzana, sull'Appennino, è grata (e ricorda) il pittore bolognese,* in "L'Unità - Emilia Romagna", Roma, 16 dicembre.
Cesare Brandi, *Morandi merita un museo nel cuore di Bologna,* in "Corriere della Sera", Milano, 23 dicembre.
Renzo Imbeni, *I doveri della città,* in "Il Resto del Carlino", Bologna, 29 dicembre.
Francesco Berti Arnoaldi Veli, *Come nasce un museo - Bologna e Morandi: i gesti dei singoli, ibidem.*
AA.VV., *Handbuch Museum Ludwig - Band 2,* Köln, Museum Ludwig.
Zeno Birolli, *Sorbi, tordi & nitidezze,* Milano, Jaca Book.
Angelika Nurger, *Die Stilleben des Giorgio Morandi. Eine koloritgeschichtliche Untersuchung,* Hildesheim-Zürich-New York, Georg Holms Verlag.
Luigi Carluccio, *La faccia nascosta della luna* (a cura di Roberto Tassi), Torino, Allemandi.
Renato De Fusco, *Storia dell'arte contemporanea,* Bari, Laterza.
Davide Lajolo, *Conversazioni in una stanza chiusa,* Milano, Frassinelli.
Licisco Magagnato, Sandro Zanotto, testi in catalogo della Galleria d'Arte Moderna "Mario Rimoldi" di Cortina d'Ampezzo; Vicenza, Neri Pozza.
Thomas M. Messer, catalogo della mostra *Acquisition Priorities - Aspects of Postwar Painting in Europe,* New York, The Solomon R. Guggenheim Museum.
Ilario Rossi, *Dieci personaggi che contano,* Abano Terme, Piovan.
Carlo Savoia, *Giorgio Morandi* (riedizione del testo pubblicato in "Il Comune di Bologna", marzo-aprile 1939), in *Bologna anni 1930-40 - Materiali d'opere e di memorie da leggere e da vedere* (a cura di Carlo Doglio e Luigi Vignali), Bologna, Atti e Memorie dell'Accademia Clementina, XVI.
Valerio Zurlini, *Gli anni delle immagini perdute,* Reggio Emilia, Prandi.

1984
AA.VV., catalogo della mostra antologica di Giorgio Morandi, Sasso Marconi, La Casa dell'Arte, gennaio-febbraio.
Eugenio Riccomini, *E quelle umili stanze ancora impregnate della presenza dell'artista,* in "L'Unità - Emilia Romagna", Roma, 4 gennaio.
Franco Basile, *Ricordo di Morandi,* in "Il Resto del Carlino", Bologna, 6 gennaio.
Andrea Emiliani, *Cari Morandi dispersi come reclute,* in "Il Resto del Carlino", Bologna, 6 gennaio.
Luca Savonuzzi, *A Bologna un museo dedicato a Morandi,* in "Il Resto del Carlino", Bologna, 19 gennaio.
Dede Auregli, *Bologna farà un museo per il "suo" Morandi,* in "L'Unità - Emilia Romagna", Roma, 25 gennaio.
Giovanna Pascoli Piccinini, *L'uomo della monocompagnia,* in "Emilia-Romagna", Bologna, febbraio.
Luigi Lambertini, *Giorgio Morandi a vent'anni dalla morte,* in "Il Giornale", Milano, 10 febbraio.
Mario Pancera, *Morandi "gigante sperduto in una città di uomini piccoli",* in "La Domenica del Corriere", Milano, 11 febbraio.
Franco Solmi, *Questi i Morandi che tornano a casa,* in "Il Resto del Carlino", Bologna, 14 febbraio.
Gian Pacher, *Storia e leggenda di Morandi,* in "Alto Adige", Bolzano, 15 febbraio.
Mauro Corradini, *Quelle epiche bottiglie,* in "Bresciaoggi", Brescia, 16 febbraio.
Dede Auregli, *Morandi, sono questi i magnifici dieci,* in "L'Unità - Emilia Romagna", Roma, 17 febbraio.
Renato Barilli, *Bologna: battaglia per Morandi,* in "La Stampa", Torino, 17 febbraio.
Andrea Emiliani, Dede Auregli, Raffaele Poggeschi, *Una leggenda che si nutre della storia quotidiana; Paesaggi, fiori e nature morte per la sua arte; I ricordi dell'amata via Fondazza, il museo nelle sale della galleria,* in "L'Unità - Emilia Romagna", Roma, 17 febbraio.
Claudio Spadoni, *Omaggio alla lezione di Morandi,* in "Il Resto del Carlino", Bologna, 29 febbraio.
Renzo Biasion, *Considerava inutili gli uomini,* in "Oggi", Milano, 22 febbraio.
Claudio Cerritelli, *Filtra da tenerissima luce il colore della meditazione,* in "La Repubblica - Bologna", Roma, 22 febbraio.
Stefano Ghiberti, *Dipingeva le bottiglie come simboli di solitudine,* in "Gente", Milano, 24 febbraio.
Francesco Berti Arnoaldi Veli, *Morandi, troppo poco,* in "Il Resto del Carlino", Bologna, 28 febbraio.
Franco Solmi, *Museo Morandi aperto nel 1984?,* in "Emilia-Romagna", Bologna, marzo.
Roberto Daolio, *Il Museo Morandi a Bologna,* in "Le Arti News", nn. 2-3, Milano, marzo-giugno.
Guido Giuffré, *Ricordare Morandi,* in "La Discussione", Roma, 5 marzo.
G.L. Verzellesi, *Poesia per immagini,* in "L'Arena", Verona, 5 marzo.
Luigi Serravalli, *Morandi e l'avanguardia a Sasso Marconi,* in "La Vernice", Venezia, maggio-giugno.
Sandra Orienti, *L'anelante sentimento della durata,* in "Il Popolo", Roma, 17 maggio.
Gualtiero Da Vià, *Il mondo metafisico nei disegni di Morandi,* in "L'Osservatore Romano", Città del Vaticano, 20 maggio.
Enzo Gilardello, *L'eredità di Morandi,* in "Corriere della Sera", Milano, 21 maggio.
A.B., *L'arte dello spazio nelle "nature morte" di Morandi,* in "La Voce Repubblicana", Roma, 22 maggio.
Andrea Rossi, Roberto Pasini, *Mio fratello Giorgio Morandi - A Bologna un museo porterà il suo nome,* in "Arte", n. 142, Milano, giugno.
Pietro Marino, *Il mondo sulla mensola,* in "La Gazzetta del Mezzogiorno", Bari, 17 giugno.
Fortunato Bellonzi, *Le contemplazioni di Morandi,* in "Il Tempo", Roma, 18 giugno.
Cesare Brandi, *Un amore per Morandi nato nella Selva Nera,* in "Corriere della Sera", Milano, 19 giugno.
T.C. (Toti Carpentieri), *Gruppo di bottiglie in un interno,* in "Quotidiano di Lecce", Lecce, 20 giugno.
Giuseppe La Monica, *Nature morte resuscitate,* in "L'Ora", Palermo, 20 giugno.
Sergio Troisi, *Morandi solitario,* in "Giornale di Sicilia", Palermo, 22 giugno.
Alberto Boldrini, Milena Milani, Giovanna Pascoli Piccinini, *Nuova vita per le nature morte di Morandi?,* in "Prospettive d'Arte", Milano, luglio-agosto.
Aurelio Repetto, Fortunato Massucco, catalogo della mostra *Amate sponde - Pittura di paesaggi in Italia dal 1910 al 1984* (scritti di Paolo Fossati e Giorgio Barberi Squarotti), Acqui Terme, Liceo Saracco, luglio-settembre.
Gabriella Brissich, *Tra le sospese atmosfere di Morandi,* in "Messaggero Veneto", Udine, 6 luglio.
Michele Dzieduszycki, *Quanti messaggi in quelle bottiglie,* in "L'Europeo", Milano, 7 luglio.
Lorenza Trucchi, *Con Morandi "oltre la pittura",* in "Il Giornale", Milano, 22 luglio.
Osvaldo Patani, *Le carte affascinanti,* Milano, Stanza del Borgo, settembre.
Silvana Sinisi, *I disegni di Morandi,* in "Le Arti", nn. 4-5, Macerata, settembre-dicembre.
Eugenio Riccomini, *Morandi e il suo tempo, e il nostro,* in "Bologna", n. 7, Bologna, ottobre.
Luciano Bertacchini, *La critica e Morandi: amori postumi,* in "I Martedì", Bologna, novembre-dicembre.
Milena Milani, *Giorgio Morandi,* in catalogo della mostra *Gli scrittori presentano i pittori,* Milano, Rotonda della Besana, novembre-dicembre.
P. Lan., *I paesaggi dipinti in una stanza,* in "Corriere della Sera", Roma, 23 novembre.
AA.VV., catalogo della mostra antologica di Giorgio Morandi (a cura di Maria Corral; testi di Franco Solmi, Cesare Brandi, Carlo Bertelli, Juan Gallego, Marilena Pasquali), Madrid, Caja de Pensiones, dicembre 1984 - gennaio 1985; Barcelona, Caixa de Pensiones, febbraio-aprile 1985.
Fernando Huici, *Giorgio Morandi en la soledad de la pintura,* in "Guadalimar", n. 82, Madrid, dicembre 1984 - gennaio 1985.
Catalogo della mostra *Maestri della pittura moderna,* Firenze, Centro Tornabuoni, dicembre 1984 - febbraio 1985.
Dario Bonomolo, *Amore e tecnica,* in "Giornale di Sicilia", Palermo, 9 dicembre.
Francisco Calvo Serraler, *Giorgio Morandi - La secreta belleza de lo immóvil,* in "El País Semanal", Madrid, 9 dicembre.
Daniel Quintero, *La vitalidad de un clásico,* in "El País Semanal", Madrid, 9 dicembre.
Cristina Gil, *Exposición antológica del artista italiano Gior-*

gio Morandi, in "Ya", Madrid, 10 dicembre.
Giuliano Briganti, *Morandi alla finestra,* in "La Repubblica", Roma, 11 dicembre.
Ana Gavín, *Giorgio Morandi: manda el espacio,* in "El Alcazar", Madrid, 11 dicembre.
Joan Sureda, *Giorgio Morandi: pintar la pintura,* in "Liberación", Madrid, 13 dicembre.
Miguel Logrono, *Morandi: la fortaleza de la pintura,* in "Diario 16", Madrid, 15 dicembre.
Francisco Calvo Serraler, *Morandi, un metafisico de la pintura,* in "El País", Madrid, 15 dicembre.
Renato Barilli, *Toccate quella luce,* in "L'Espresso", n. 50, Roma, 16 dicembre.
Angel Gonzáles García, *Giorgio Morandi un Robinsón de la pintura,* in "Cambio 16", Madrid, 17-24 dicembre.
Fortunato Bellonzi, *Omaggio a Morandi,* in "Il Tempo", Roma, 18 dicembre.
Sebastiano Grasso, *Vivere da borghese e pensare da semidio,* in "Corriere della Sera", Milano, 19 dicembre.
Dario Micacchi, *La vera natura di Morandi,* in "L'Unità", Milano, 19 dicembre.
Gualtiero Da Vià, *Morandi paesaggista,* in "L'Osservatore Romano", Città del Vaticano, 20 dicembre.
Alvaro Martínez-Novillo, *Morandi, el arte de la intimidad,* in "Ya", Madrid, 22 dicembre.
Antonello Trombadori, Paolo Levi, Vittorio Sgarbi, *Ecco l'altro Morandi,* in "L'Europeo", Milano, 22 dicembre.
Carlo Bertelli, *Il fascino della bottiglia,* in "Il Giornale", Milano, 23 dicembre.
Maria Pia Farinella, *Tutti i colori del grigio,* in "Giornale di Sicilia", Palermo, 23 dicembre.
Mariano Apa, *Morandi: tutto il mondo su un tavolo,* in "Il Popolo", Roma, 27 dicembre.
Giorgio Mario Bergamo, *Bologna e nostalgia,* in "Il Gazzettino", Venezia, 27 dicembre.
Marcello Passeri, *La pittura di Morandi e la musica di Petrassi,* in "Gazzetta del Sud", Messina, 28 dicembre.
Calimero Barilli, Mario Bonetti, *20 giovani leoni,* Roma, Volpe.
Stefano Calabrese, Silvia Camerini, *L'immagine dell'Appennino bolognese,* Bologna, Nuova Alfa.
Vincenzo Cardarelli, *Il sole a picco,* Bologna, Nuova Alfa (ristampa anastatica del volume del 1929).
Enzo Carli, *La pittura italiana - Il Novecento,* Vicenza, Banca Popolare di Vicenza.
André Chastel, *Storia dell'arte italiana,* Bari, Laterza.
Jean Clair, *Critica della modernità,* Torino, U. Allemandi & C.
Andrea Comellini, *Morandi e il suo tempo - Il periodo dagli inizi fino al 1917,* tesi di laurea, relatore Renato Barilli, Università di Bologna, anno accademico 1983-1984, sessione invernale.
Il disegno italiano, Reggio Emilia, La Scaletta.
Ruggero Jacobbi, *L'avventura del Novecento,* Milano, Garzanti.
Davide Lajolo, *Gli uomini dell'arcobaleno,* Parma, Augusto Agosta Tota.
Roberto Longhi, *Scritti sull'Ottocento e Novecento,* Firenze, Sansoni.
Milena Milani, *L'angelo nero,* Milano, Garzanti.
Duilio Morosini, *L'arte degli anni difficili 1928-1944,* Roma, Editori Riuniti.
Roberto Tassi, *L'opera grafica di Giorgio Morandi,* in Paolo Lagazzi, *Antologia di "Palatina",* Parma, Edizioni La Pilotta.
Toni Toniato, catalogo della mostra *Opere degli artisti premiati dal 1947 al 1967,* Venezia, Fondazione Bevilacqua La Masa.

1985
Giorgio Morandi en la Caixa, in "Antiquaria", n. 14, Madrid, gennaio.
Nicola Ciarletta, *Ambiguità delle divisioni,* in "Questarte", Pescara, gennaio-marzo.
Anna Marzio Positano, *I colori corposi di Morandi,* in "La Nuova Venezia", Venezia, 2 gennaio.
Morandi - Música de cámara del arte, in "El Alcazar", Madrid, 2 gennaio.
A.M. Campoy, *Giorgio Morandi, 1890-1964,* in "ABC", Madrid, 4 gennaio.
Luis Francisco Pérez Redondo, *Giorgio Morandi, la metafisica del bodegón,* in "Lápiz", n. 22, Barcelona, febbraio.
Marilena Pasquali, *Morandi a Madrid,* in "Verso l'Arte", III, nn. 28-29, Cerrina Monferrato, febbraio-marzo.
Peter Weiermair, Mercedes Garberi, catalogo della mostra *Italienische Kunst 1900-1980 - Hauptwerke aus dem Museo d'Arte Contemporanea, Mailand,* Frankfurt, Frankfurter Kunstverein, febbraio-aprile; Berlino, Frölich & Kaufmann, Milano, Mazzotta.
Sergio Guarini, *Mito e realtà nei paesaggi di Morandi,* in "Avanti!", Roma, 14 febbraio.
B.B., *El genio "secreto" del arte contemporáneo: Giorgio Morandi,* in "El Noticiero Universal", Barcelona, 19 febbraio.
Una antologia de Morandi, en Barcelona, in "El Correo Catalán", Barcelona, 19 febbraio.
Enric Sales, *Morandi en Barcelona,* in "El Noticiero Universal", Barcelona, 23 febbraio.
Gloriano Paoletti, Attilio Coltorti, catalogo della mostra *Picasso, Miró e la grafica d'arte del Novecento,* Jesi, Palazzo dei Convegni, marzo-aprile.
AA.VV., catalogo della mostra *I giganti del bulino: Morandi, Bartolini, Viviani* (a cura di E. Tavoni e I. Guidi; testi di L. Vitali, M. Valsecchi, G. Marchiori, C.L. Ragghianti, F. Russoli), Sasso Marconi, La Casa dell'Arte, aprile.
AA.VV., Catalogo della mostra antologica (testi ripresi dal catalogo dell'antologica di Madrid e Barcellona, 1984-85), Marseille, Musée Cantini, aprile-giugno.
Dede Auregli, *Il Museo Morandi può ora contare su 50 olii,* in "L'Unità - Emilia Romagna", Roma, 18 aprile.
Enrico Buda, *Come nasce un museo,* in "La Vernice", Venezia, maggio.
Marilena Pasquali, *I ventidue dipinti tornati in città* (intervista a Francesco Paolo Ingrao), in "Bologna Incontri", XVI, n. 5, Bologna, maggio.
Claudio Cerritelli, *Come filtrate dal segno le incisioni di Giorgio Morandi,* in "La Repubblica", Roma, 3 maggio.
Giorgio Soavi, *Il grigio e la rosa,* in "Il Giornale", Milano, 26 maggio.
Renzo Biasion, *Morandi sul rame,* in "Oggi", Milano, 29 maggio.
Marisa Vescovo, *Giorgio Morandi: un viandante dentro una stanza,* in "Taxi", Milano, 29 maggio.
Elisabeth Vedrenne, *L'atelier de Morandi vu par Folon* (foto di Jean-Michel Folon), in "Décoration Internationale", n. 82, Paris, giugno.
Marisa Vescovo, *Morandi viandante in una stanza - Visitiamo la mostra di Marsiglia,* in "Il Resto del Carlino", Bologna, 5 giugno.
n.a.p., *Ventitré Morandi ed è già museo,* in "L'Unità - Emilia Romagna", Roma, 12 giugno.
Andrea Emiliani, *Morandi maestro senza tempo,* in "Il Resto del Carlino", Bologna, 18 giugno.
Mariella Sandrin, *L'orologio di Bologna,* in "Panorama", Milano, 30 giugno.
Giuseppe Mesirca, *Tris d'oro dell'incisione,* in "Il Gazzettino", Venezia, 2 luglio.
Patrizia Romagnoli, *Morandi in Galleria con "Anniottanta",* in "L'Unità - Emilia Romagna", Roma, 3 luglio.
The Perfect Still-life, in "International Courier", Roma, 23 luglio.
Everardo Dalla Noce, *Nelle forme di Morandi c'è una sfida al tempo,* in "Il Sole 24 Ore", Milano, 28 luglio.
Mariano Apa, testo in catalogo della mostra *Licini - Opere dal 1913 al 1957,* Urbino, Palazzo Ducale, luglio-settembre, Milano, Mondadori.
Luigi Lambertini, *Il Calvario dimenticato,* in "Il Giornale", Milano, 1 agosto.
"Caro Morandi, farò esporre i tuoi quadri. Tuo Raimondi", un inedito omaggio al grande scrittore, in "L'Unità - Emilia Romagna", Roma, 6 agosto.
Franco Solmi, Marilena Pasquali, testi in catalogo della mostra *Morandi - Oli, disegni, acqueforti,* Firenze, Galleria Palazzo Vecchio, ottobre-novembre.
Catalogo della mostra *Morandi e il suo tempo* (testi di Eugenio Riccomini, Franco Solmi, Silvia Evagelisti, Marilena Pasquali, Flavio Caroli, Renato Barilli, Concetto Pozzati; schede e apparati di Marilena Pasquali e Silvia Evangelisti), Bologna, Galleria Comunale d'Arte Moderna, novembre 1985 - febbraio 1986, Milano, Mazzotta.
AA.VV., *Morandi e il suo tempo,* atti del I Incontro internazionale di studi su Giorgio Morandi (a cura di Marilena Pasquali), Bologna, Galleria Comunale d'Arte Moderna, *Quaderni morandiani n. 1,* Milano, Mazzotta.
Franco Solmi, *Morandi, alla Galleria Comunale d'Arte Moderna di Bologna* (apparati documentari a cura di Marilena Pasquali), Bologna, Grafis.
Rosalba Tardito, Franco Solmi, Marilena Pasquali, catalogo della mostra *Morandi. 100 opere su carta,* Pinacoteca Nazionale di Brera, Milano, e Galleria Comunale d'Arte Moderna, Bologna, Milano, Mazzotta.

1986
Claudio Spadoni, catalogo della mostra *Il fantasma della qualità* (testi di Pietro Bonfiglioli e Franco Rella), Ravenna, Loggetta Lombardesca, marzo-aprile.
G.R., *Giorgio Morandi,* in "Le Arti News", Milano, marzo-giugno.
AA.VV., catalogo della *XLII*

Biennale Internazionale d'Arte di Venezia, sezione *Il Colore* (a cura di Attilio Marcolli), giugno, Venezia.
Vittorio Sgarbi, catalogo della mostra *Paesaggio senza territorio*, Mesola, Castello Estense, luglio-settembre, Milano, Mazzotta.
C.L. Ragghianti, *Morandi giovanissimo*, in "Critica d'Arte", Modena, ottobre-dicembre.
AA.VV., "Ragionamenti", Roma, dicembre (fascicolo interamente illustrato con riproduzioni di acqueforti di Morandi).
Ettore Spalletti, *Le collezioni del Novecento 1915-1945*, Firenze, Galleria d'Arte Moderna di Palazzo Pitti, dicembre; Firenze, Centro Di.
AA.VV., catalogo della mostra *Grafica italiana del Novecento. Collezione Timpanaro*, Comune di Cortona e Accademia Etrusca.
AA.VV., catalogo della mostra *Italics. 1925-1985. Sessant'anni di vita culturale in Italia*, Roma, Istituto dell'Enciclopedia Italiana.
Flavio Caroli, *Il nodo Longhi-Morandi*, in *Bologna* (a cura di Renato Zangheri), Bari, Laterza.
Pina D'Elia, *La collezione Grieco*, Bari, Pinacoteca Provinciale.
Giorgio Soavi, *Il quadro che mi manca*, Milano, Garzanti.
Rosanna Maggio Serra, *Arte moderna a Torino. 200 opere d'arte acquisite per la Galleria d'Arte Moderna*, Torino, U. Allemandi & C.
Francesco Messina, *Care grandi ombre*, Milano, Scheiwiller.

1987
Nino Migliori, *Paesaggi immaginati dai luoghi di Morandi* (presentazione di Franco Solmi), Calendario 1987, Bologna, Confederazione Nazionale dell'Artigianato - Comitato regionale dell'Emilia Romagna.
Guttuso e Baj, dialogo su arte e cristianesimo, in "Alto Adige", Bolzano, 21 gennaio.
AA.VV., *Collezioni del XX secolo. Il primo Novecento*, Roma, Galleria Nazionale d'Arte Moderna, febbraio; Firenze, Centro Di.
I luoghi di Morandi rivisti da Migliori, in "L'Unità - Emilia Romagna", Roma, 13 febbraio.
Franco Basile, Cesare Sughi, Gaia Giorgetti, *Museo Morandi, una storia infinita*, in "Il Resto del Carlino", Bologna, 22 aprile.
Massimo Nava, *Anche Parigi vuole i miei Morandi*, in "Corriere della Sera", Milano, 27 maggio.
Michele Smargiassi, *Morandi ritorna a Parigi e questa volta da trionfatore*, in "L'Unità", Milano, 29 maggio.
Pier Giovanni Castagnoli, Flaminio Gualdoni, testi in catalogo della mostra *Disegno italiano del dopoguerra*, Frankfurt, Kunstverein, giugno-agosto; Modena, Galleria d'Arte Moderna, settembre-dicembre.
Franco Solmi, Jean CLair, Lamberto Vitali, testi in catalogo della mostra antologica, Paris, Hôtel de Ville, giugno-agosto; Milano, Mazzotta.
Rossana Bossaglia, Mario Quesada, Pasqualina Spadini, testi in catalogo della mostra *Secessione romana 1913-1916*, Roma, Palazzo delle Esposizioni, giugno-settembre; Roma, Fratelli Palombi Editori.
Elena Guicciardi, *Le isole di Morandi*, in "La Repubblica", Roma, 13 giugno.
N.D., *Morandi tel un "pêcheur" de la couleur perle*, in "France-Soir", Paris, 15 giugno.
Jean-Louis Ferrier, *Le monde tranquille de Giorgio Morandi*, in "Le Point", Paris, 29 giugno.
Philippe Dagen, *Images muettes*, in "Le Monde", Paris, 30 giugno.
Arte e colore "soprattutto incanto" sul lago di Garda, suppl. al n. 204 di "Bresciaoggi", Brescia, luglio.
Flaminio Gualdoni, testo in catalogo della mostra *Soprattutto incanto*, Sirmione, ex Palazzo Comunale, luglio-agosto; Milano, Mazzotta.
Luc Vezin, *Giorgio Morandi*, in "Beaux-Arts Magazine", Paris, luglio-agosto.
Johannes Gachnang, testo in catalogo della mostra *Italie hors d'Italie*, Nîmes, Musée d'Art Contemporain, luglio-settembre.
E.D., *Eternel éphémère*, in "7 à Paris", Paris, 1 luglio.
Giorgio Mascherpa, *Morandi in una preziosa mostra a Parigi. Quel filosofo della finestra*, in "Avvenire", Milano, 3 luglio.
Jeanine Warnod, *Le voile de Morandi*, in "Le Figaro", Paris, 7 luglio.
Pierre Cabanne, *L'inquiétant mutisme de Morandi*, in "Le Matin de Paris", Paris, 10 luglio.
Ingeborg Kuhn-Rega, *Der stille Maler*, in "Luxemburger Wort", Luxembourg, 24 luglio.
Lorenzo Bocchi, *Oltre mezzo secolo di paesaggi e di nature morte*, in "Il Giorno", Milano, 28 luglio.
Vittorio Sgarbi, testo in catalogo della mostra *La natura morta nell'opera italiana del Novecento*, Mesola, Castello Estense, agosto-ottobre - Bari, Pinacoteca Provinciale, novembre-dicembre; Milano, Mazzotta.
Walter Schönenberg, Enrico Crispolti, testi in catalogo della mostra *Lucio Fontana e lo spazialismo*, Lugano, Villa Malpensata, agosto-novembre.
Floriano De Santis, *Morandi in excelsis*, in "Bergamo-oggi", Bergamo, 4 agosto.
Pierre Schneider, *Les filles fragiles de Morandi*, in "L'Express", Paris, 7 agosto.
Francesco Poli, *L'eloquente silenzio delle cose*, in "Il Manifesto", Roma, 20 agosto.
AA.VV., testi in catalogo della mostra *I Prandi librai, editori, mercanti d'arte*, Reggio Emilia, Teatro Municipale, ottobre-novembre.
Maurizio Fagiolo dell'Arco, *The world in a bottle. Morandi's variations*, in "Artforum International", n. 4, New York, dicembre.
Marilena Pasquali, *Giorgio Morandi. La poetica, i luoghi, le opere*, testo per programma audiovisivo, Bologna, Galleria Comunale d'Arte Moderna, 19 dicembre.
Franco Basile, *Morandi. Giorni di Grizzana*, Verona, Edizioni Ghelfi.
Flavio Caroli, *La pittura contemporanea. Dal romanticismo alla pop art*, Milano, Electa.
Silvia Evangelisti, *Astratto dal quotidiano. Nature morte e paesaggi di Giorgio Morandi*, in *Nove secoli d'arte a Bologna*, Torino, U. Allemandi & C.
Gilles Plazy, *Les aventures de la peinture moderne*, Paris, Liana Levy.

1988
Simonetta Lux, Ignazio Venafro, Claudio Mazzenga, testi in catalogo della mostra *Renato Marino Mazzacurati e gli artisti di "Fronte"*, Roma, Università La Sapienza, Museo Laboratorio d'Arte Contemporanea, gennaio-febbraio.
Luigi Serravalli, *Bologna fa posto a Morandi*, in "Alto Adige", Bolzano, 2 gennaio.
Marta Marini, *Un film-quadro per ricordare Giorgio Morandi*, in "La Gazzetta di Rimini", Rimini, 29 maggio.
Marc Le Bot, *Le transitoire, l'éternel*, in catalogo della mostra *Les années 50*, Paris, Musée National d'Art Moderne - Centre Georges Pompidou, giugno-ottobre.
Valeria Dalle Donne, *Le silenziose stanze di Giorgio Morandi*, in "La Repubblica - Bologna", Bologna, 9 giugno.
Giuseppe Appella, testo in catalogo della mostra *Le Muse irrequiete di Leonardo Sinisgalli*, Macerata, Palazzo Ricci, luglio; Roma-Milano, De Luca - Mondadori.
Franco Solmi, testo in catalogo dell'antologica, Massa Carrara, Palazzo Ducale, agosto-settembre; Milano, Mazzotta.
AA.VV., testi in catalogo della mostra *Figure del Novecento* (sezione "Pittura e Incisione", a cura di Silvia Evangelisti), Bologna, Accademia di Belle Arti, settembre-novembre; Bologna, Nuova Alfa.
Vittorio Fagone, Carlo Bertelli, Ewald Rathke, Ada Masoero, testi in catalogo della mostra *Di segno italiano. Italienische Zeichnungen 1908-1988*, Frankfurt, Städtische Galerie, settembre-novembre - Zürich, Kunsthaus, marzo-maggio 1989; Milano, Mazzotta.
Floriano De Santi, *Uno spirito classico*, in "Bresciaoggi", Brescia, 13 settembre.
Marcello Vannucci, *Solitudine poetica di Morandi*, in "Il Tempo", Roma, 27 settembre.
Marilena Pasquali, *Giorgio Morandi 1890-1990*, testo in catalogo della mostra personale, Bologna, Galleria Forni, ottobre-novembre.
Franco Basile, *Poesia su tela*, in "Il Resto del Carlino", Bologna, 15 ottobre.
Marina Garbesi, *Giorgio Morandi. Undici musei per i suoi quadri*, in "La Repubblica", Ed. Emilia Romagna, Bologna, 27 ottobre.
Vanni Masala, *Giorgio Morandi in giro per il mondo... Ed a Bologna si attende il centenario*, in "L'Unità", Ed. Emilia Romagna, Bologna, 27 ottobre.
Stefano Malatesta, *Quel pittore che odiava il viso umano*, in "Il Venerdì di Repubblica", Roma, 28 ottobre.
Maurizio Fagiolo dell'Arco, catalogo della mostra *Realismo magico. Pittura e scultura in Italia 1919-1925*, Verona, Galleria dello Scudo, novembre; Milano, Mazzotta.
Marilena Pasquali (a cura di), catalogo della mostra antologica (testi di G. Briganti, P.G. Castagnoli, F. D'Amico, F. Gualdoni, M. Pasquali), Tampere, Sara Hildénin taidemuseo, novembre 1988 - gennaio 1989; Leningrad, Ermitage, gennaio-febbraio 1989; Moskva, Galleria Centrale dei Pittori, marzo-aprile; London, Accademia Italiana delle Arti, maggio; Lugano, Pinacoteca Comunale, giugno-agosto 1989; cataloghi Milano, Electa.

Vivianne Di Majo, *Un grande inattuale*, in "Il Giornale", Milano, 4 novembre.

Maila-Katriina Tuominen, *Ei ole mitään niin abstraktia kuin näkyvä maalilma*, in "Aamulehti", Tampere, 12 novembre.

Antero Kare, *Asetelma on filosofiaa ja maailmanäsitys*, in "Uusi Suomi", Helsinki, 12 novembre.

Gertrud Sandqvist, *Proportionernas malare*, in "Hufvudstadsbladet", Helsinki, 12 novembre.

Tiin Nyrhinen, *Morandi tavoitti pullon hengen*, in "Satakunnan Kansa", Pori, 20 novembre.

Kaija Wischtukat, *Tempereen ylpeytena Giorgio Morandi ja teatterien taso*, in "Kymen Sanomat", Hamina, 20 novembre.

Tilly Meazzi, *E sia la luce*, in "Alto Adige", Bolzano, 23 novembre.

Danilo Eccher, *Ma quelle ampolle sono degli attori*, in "L'Adige", Trento, 24 novembre.

Daniela Bellotti, *Progetto Morandi 1990*, in "Bologna", n. 12, Bologna, dicembre.

Federica Di Castro, *Giorgio Morandi*, in catalogo della mostra *Le tecniche dell'incisione. L'acquaforte*, Roma, Istituto Nazionale per la Grafica, dicembre 1988 - gennaio 1989.

Attilio Mazza, *Morandi nel labirinto dell'anima*, in "Giornale di Brescia", Brescia, 6 dicembre.

Aira Saloniemi, *Pyrkimis olennaiseen*, in "Keskipohjanmaa", Kokkola, 10 dicembre.

Pekka Helin, *Vaatimatonta suuruutta*, in "Hämeen Sanomat", Hämeenlinna, 11 dicembre.

Markku Valkonen, *Morandin näyttämö ja sen hiljaiset näyttelijät*, in "Helsingin Sanomat", Helsinki, 11 dicembre.

Martti Isomettä, *Tarkkaan vartioidut morandit*, in "Lapin Kansa", Rovaniemi, 11 dicembre.

Pia Hyotynen, *Morandin purkitettu*, in "Kansas Uutiset", Helsinki, 13 dicembre.

Hannu Castren, *Asetelma josta mitaan ei ole poistettavissa*, in "Keskisuomalainen", Jyvaskyla, 17 dicembre.

Elina Korkee, *Pullojen ja purkkien henki*, in "Maaseudun Tulevaisuus", Helsinki, 31 dicembre.

Walter Schönenberger, *L'arte italiana moderna e la Svizzera*, in *Protagonisti dell'arte italiana*, Vaduz-Lugano, Verlag F.L.B.

Maarit Piri, *Morandiin jää nöyrä kaipaus*, in "Jyväskylan Ylioppilaslehti", Jyväskyla, n. 13.

Gunvor Korsstrom, *Filosofen pa Sara Hildéns konstmuseum*, in "Tammerfors Aktuellt", Tampere.

1989

Vanni Masala, *In fila all'Ermitage per Giorgio Morandi*, in "L'Unità", Bologna, 24 gennaio.

Claudio Spadoni, *Bottiglie di Glasnost* e *Neva Padana*, in "Il Resto del Carlino", Bologna, 25 gennaio.

Joan M. Lukach, *Giorgio Morandi and Modernism in Italy between the Wars*, in catalogo della mostra *Italian Art in the 20th Century*, London, Royal Academy of Arts, gennaio-aprile; München, Prestel-Verlag.

Janne Seppanen, *Still Life in a Bottle*, in "Finnish Business Report", n. 1, Helsinki, gennaio.

Christiane V. Stumpfeldt, *Morandi a Freiburg. Intervista a F.A. Morat*, in "Incontri (2000)", n. 2, Bologna, febbraio.

Luigi Serravalle, *Eccezionale Morandi a Castel Mareccio di Bolzano*, in "La Gazzetta delle Arti", Mestre, febbraio.

Dede Auregli, *E finalmente Morandi privato diventa pubblico*, in "L'Unità", Milano, 18 marzo.

Andrea Emiliani, *Nature morte solo per pochi amici*, in "Il Resto del Carlino", Bologna, 18 marzo.

Giorgio Zampa, *Il diavolo nella bottiglia*, in "Il Giornale", Milano, 24 marzo.

Silvia Evangelisti, *Morandi inedito*, in "Il Resto del Carlino", Bologna, 25 marzo.

Fabrizio D'Amico, *Fiori segreti per Morandi*, in "La Repubblica", Roma, 25 marzo.

Giovanni Vicentini, *I Morandi intimi svelano il mito domestico dell'artista*, in "L'Arena", Verona, 29 marzo.

Grazia Quaroni, *A Mosca, la poesia di Giorgio Morandi*, in "Marie Claire", Milano, marzo.

Andrea Emiliani, Pier Giovanni Castagnoli, Marilena Pasquali, testi in catalogo della mostra *Morandi nelle raccolte private bolognesi* (a cura di Franca Varignana), Bologna, San Giorgio in Poggiale, marzo-aprile; Bologna, AGE.

Gian Alberto Dell'Acqua, *Rapporto fra l'artista e la città*, in "Corriere della Sera", Milano, 2 aprile.

Fabio Isman, *I luminosi segreti di Morandi*, in "Il Messaggero", Roma, 5 aprile.

Giorgio Mascherpa, *Un inedito Morandi in anteprima sul Centenario*, in "Avvenire", Milano, 14 aprile.

Marilena Pasquali, *L'avventura di un incontro: Milton Glaser e il segno di Giorgio Morandi*, in catalogo della mostra *Giorgio Morandi / Milton Glaser*, Bologna, Galleria Comunale d'Arte Moderna, aprile-giugno; Milano, Arnoldo Mondadori.

AA.VV., testi in catalogo della mostra *Arte italiana. Presenze 1900-1945* (a cura di Pontus Hulten e Germano Celant), Venezia, Palazzo Grassi, aprile-ottobre; Milano, Bompiani.

William Packer, *Italians in London*, in "Financial Times", London, 16 maggio.

Richard Dorment, *A Painter's Painter*, in "Daily Telegraph", London, 16 maggio.

Cristina Owens, *Giorgio Morandi. La poesia negli oggetti più comuni*, in "Eco di Locarno", Locarno, 27 maggio.

L. Ferrari, *Quella luce che permea le cose*, in "Gazzetta Ticinese", Lugano, 1 giugno.

C.O., *Giorgio Morandi un altro sguardo*, in "Eco di Locarno", Locarno, 1 giugno.

Mario Barzaghini, *L'opera artistica di Giorgio Morandi da oggi in mostra a Locarno*, in "Corriere del Ticino", Lugano, 3 giugno.

Efrem Beretta, *L'astratto del visibile*, in "PN 15", n. 23, 9 giugno.

Franco Passoni, *Pittura "sottovoce"*, in "Il Gazzettino", Venezia, 23 giugno.

Ludmilla Marlia, *A Locarno 150 opere di Morandi nel centenario della nascita*, in "Gente Money", Milano, giugno.

Luigi Cavallo, *Cento lettere inedite tra Morandi e Soffici*, in "Arte", n. 198, Milano, luglio-agosto.

Vittorio Rubiu (a cura di), catalogo della mostra *L'immagine dell'arte. Omaggio a Cesare Brandi* (testi di Maurizio Calvesi, Achille Bonito Oliva, Marisa Volpi, Giulio Carlo Argan, Giovanni Carandente, Leone Piccioni), Siena, Magazzino del Sale, luglio-ottobre; Bologna, Nuova Alfa Editoriale.

Luigi Cavallo, *A Prato per vedere i Corot*, testo in catalogo della mostra antologica, Prato, Galleria Farsetti, agosto.

Simonetta Bianchi Bartolini, *Giorgio Morandi. La lezione di Soffici*, in "La Gazzetta di Firenze", Firenze, 3 agosto.

Giovanni Anzani, *Morandi. La pittura come coscienza*, in "La Provincia", Como, 9 agosto.

Giorgio Pellegrini, *Un lento viaggio nel tempo*, in "Paese Sera", Roma, 18 agosto.

Marilena Pasquali (a cura di), catalogo della mostra antologica (con scritti di G. Briganti, P.G. Castagnoli, F. D'Amico, F. Gualdoni, W. Haftmann, M. Pasquali, M. Semff), Tübingen, Kunsthalle, settembre-novembre; Düsseldorf, Kunstsammlung Nordrhein-Westfalen, gennaio-marzo 1990; Köln, Du Mont Verlag.

B. Mier-Grolman, *Im Zimmer des Kommissars ein Stilleben mit Kannen und Krugen*, in "Südwest Presse", Tübingen, 22 settembre.

Wolfgang Rainer, *Stumme, schone Dinge*, in "Stuttgarter Zeitung", Stuttgart, 23 settembre.

Helmut Hornbogen (a cura di), *Morandi*, fascicolo speciale in occasione dell'antologica di Tübingen, estratto da "Südwest Presse", Tübingen, 23 settembre.

Volker Bauermeister, *Die Kunst des beharrlichen Fragens*, in "Süddeutsche Zeitung", München, 9 ottobre.

Hans-Joachim Muller, *Exerzitium der Malerei*, in "Die Zeit", 27 ottobre.

Ruth Handler, *Geduldiger Dialog mit den Gefassen*, in "Art", n. 11, novembre.

Gert Gliewe, *Die Macht der stillen Dinge*, in "Pan", n. 11.

Eduard Beaucamp, *Das Bezwingende Schweigen*, in "Frankfurter Allgemeine", Frankfurt, 4 novembre.

Renzo Renzi, *Morandi e Bologna, una storia*, cortometraggio di Frédéric Rossif, soggetto e testo di Renzo Renzi, musica di Vangelis, Roma, Istituto Luce.

1990

Wolfgang Bessenich, *Malen wie atmen*, in "Basler Zeitung", Basel, 13 gennaio.

Peter Gianssen, *Hommage aan de flessenschilder*, in "Kunst & uit", Gand, 25 gennaio.

Bertram Muller, *Flaschen-betorend vom licht umspielt*, in "Rheinische Post", Düsseldorf, 26 gennaio.

Cees Straus, *Giorgio Morandi de ultieme stilte uit gebeeld*, in "Trouw", 1 febbraio.

Aleksandra Glanz, *Die Reinheit des Flaschenhalses*, in "Allgemeine Zeitung West", Hannover, 1 febbraio.

Hanno Roither, *Das Metaphysische Stilleben*, in "Frankfurter Rundschau", Frankfurt, 9 febbraio.

Raimund Stecker, *Il mondo nascosto delle cose*, in "Frankfurter Allgemeine Zeitung", Frankfurt, 12 febbraio.

Roland Gross, *Zwiegesprach mit den einfachen Dingen*, in

"Rhein-Neckar-Zeitung", Wiesloch, 12 febbraio.
Jurgen Morschel, *Giorgio Morandi. Malerei der lautlosigkeit*, in "Artist", n. 2, febbraio.
Marilena Pasquali, testo in catalogo della mostra *Giorgio Morandi. Percezione e rappresentazione*, Comune di Crevalcore, aprile-maggio.
Catalogo della mostra *Giorgio Morandi. Mostra del Centenario* (testi di M. Pasquali, W. Haftmann, P.G. Castagnoli, F. Gualdoni, F. D'Amico, M. Selff), Bologna, Galleria Comunale d'Arte Moderna "Giorgio Morandi", maggio-settembre; Milano, Electa.
Marilena Pasquali, catalogo della mostra *Morandi e l'immagine di Grizzana*, Grizzana Morandi, Sala Comunale Mostre, luglio-settembre.
Marilena Pasquali, Vittorio Rubiu, catalogo della mostra *Morandi. I fiori*, Siena, Magazzini del Sale - Palazzo Pubblico, novembre 1990 - gennaio 1991; Milano, Electa.
Mercedes Garberi, catalogo della mostra *Morandi e Milano* (altri testi di J. Clair, G.A. Dell'Acqua, E. Pontiggia, R. Tardito, L. Vitali), Milano, Palazzo Reale, novembre 1990 - gennaio 1991; Milano, Electa.

Esposizioni

1914
Bologna, Hotel Baglioni 21-22 marzo (con O. Licini, M. Bacchelli, S. Pozzati, G. Vespignani).
Roma, Palazzo delle Esposizioni, primavera: *II Esposizione internazionale della Secessione.*
Roma, Galleria Sprovieri, 3 aprile - 15 maggio: *I Esposizione libera futurista.*

1917
Lugo, Scuole Comunali, novembre: *I Esposizione d'arte interregionale.*

1921
Berlino, Nationalgalerie für Moderne Kunst, marzo: *Mostra di "Valori Plastici"* (la mostra verrà presentata anche a Dresda, Hannover e Monaco).

1922
Firenze, Palazzo Sangallo, 8 aprile - 31 luglio: *La Fiorentina primaverile.*

1926
Firenze, Stanze del "Selvaggio", febbraio-marzo: *I Mostra d'arte del gruppo del "Selvaggio".*
Milano, Palazzo della Permanente, febbraio-marzo: *I Mostra del Novecento italiano.*

1927
Firenze, aprile: *II Esposizione internazionale dell'incisione moderna.*

1928
Venezia: *XVI Esposizione Biennale Internazionale d'Arte.*

1929
Milano, Palazzo della Permanente, marzo-aprile: *II Mostra del Novecento italiano.*
Pittsburgh, 19 ottobre - 10 dicembre: XXVIII Premio Carnegie.
Parigi, Galerie Bonaparte, 30 novembre - 20 dicembre: *Exposition d'art italien moderne.*

1930
Basilea, Kunsthalle, 5 gennaio - 2 febbraio: *Moderne Italiener.*
Berna, Kunsthalle, 16 marzo - 4 maggio: *Artisti della nuova Italia.*
Venezia: *XVII Esposizione Biennale Internazionale d'Arte.*
Pittsburgh, 19 ottobre - 10 dicembre: XXIX Premio Carnegie.
Buenos Aires: *Mostra del Novecento italiano.*
Parigi, Bibliothèque Nationale, novembre: *Exposition de la gravure et de la médaille italienne contemporaine.*

1931
Roma, Palazzo delle Esposizioni, gennaio-giugno: *I Quadriennale d'arte nazionale.*
Atene, 26 aprile - 3 maggio: *Settimana italiana in Atene.*

1932
Parigi, Galerie Georges Bernheim, 4-19 marzo: *Artistes italiens modernes.*
Firenze, IV Fiera internazionale del libro: *I Mostra dell'incisione italiana moderna.*

1933
Vienna, Künstlerhaus, 1 aprile - 5 giugno: *Moderne italienische Kunst.*
Pittsburgh, 19 ottobre - 10 dicembre: XXXI Premio Carnegie.

1934
Venezia, estate: *XIX Esposizione Biennale Internazionale d'Arte.*
Stati Uniti d'America: *Exhibition of Contemporary Italian Painting.*

1935
Roma, Palazzo delle Esposizioni, febbraio-luglio: *II Quadriennale d'arte nazionale.*
Parigi, Musée du Jeu de Paume, maggio-agosto, *L'art italien du XIX et du XX siècles.*

1936
Pittsburgh, Carnegie Institute: 15 ottobre - 6 dicembre: *The 1936 International Exhibition of Painting.*

1937
Parigi, Trocadero, Padiglione Italia, maggio-settembre: *Expo '37.*
Berlino: *Mostra d'arte italiana.*
New York, Cometa Art Gallery: *Anthology of Contemporary Italian Drawing.*
New York, Cometa Art Gallery: *Anthology of Contemporary Italian Painting.*
Roma, Galleria di Roma: mostra d'inaugurazione.

1938
Berna, Kunsthalle, ottobre: *Ausstellung der moderne italienische Kunst.*

1939
Roma, Palazzo delle Esposizioni, febbraio-luglio: *III Quadriennale d'arte nazionale.*
Pittsburgh, Carnegie Institute, 19 ottobre - 10 dicembre: *The 1939 International Exhibition of Painting.*
San Francisco, Golden Gate: *Golden Gate International Exhibition of Contemporary Art.*
Kaunas: *Mostra dell'incisione.*

1940
Zurigo, novembre-dicembre: *Mostra d'arte italiana.*
Roma, Galleria di Roma, dicembre: *Incisioni di artisti italiani.*

1941
Cortina d'Ampezzo: *I Mostra delle collezioni italiane d'arte contemporanea* (primo premio per l'artista).

1942
Bologna, Galleria Ciangottini, aprile: *Collettiva di maestri italiani.*
Milano, Pinacoteca di Brera, 7-22 novembre: *Mostra della collezione Pietro Feroldi.*

1943
Roma, Palazzo delle Esposizioni, maggio-luglio: *IV Quadriennale d'arte nazionale.*
Venezia, Galleria del Cavallino, novembre: personale di grafica.

1945
Roma, Galleria La Palma, aprile-maggio: personale.
Firenze, Galleria del Fiore, 21 aprile - 3 maggio: personale.
Como, Galleria Borromini: *Pittura contemporanea.*

1946
Modena, Sala delle Mostre del-

l'Università, 24 febbraio - 3 marzo: *Maestri della pittura contemporanea.*
Roma, Galleria dell'Obelisco, novembre: personale.
Milano, Circolo delle Grazie: personale.

1947
Rio de Janeiro, Ministero dell'Educazione, maggio: *Esposizione di pittura italiana moderna.*
Pisa, Palazzo alla Giornata, luglio-agosto: *Mostra di pittura italiana contemporanea.*

1948
Roma, Galleria Nazionale d'Arte Moderna, marzo-maggio: *Rassegna nazionale di arti figurative.*
Venezia, 29 maggio - 30 settembre: *XXIV Esposizione Biennale Internazionale d'Arte.*
Venezia, Galleria del Cavallino, 14 giugno: personale.
Stoccolma, Färg och Form, settembre: *Italiensk Nutdskonst* (poi Göteborg, Konstmuseet, ottobre).
Roma, Calcografia Nazionale, autunno: antologica della grafica.

1949
Il Cairo, Palais Ismail Pacha, febbraio-marzo: *Exposition de peinture moderne italienne depuis 1850 jusqu'à nos jours.*
Catania, febbraio-aprile: Mostra d'arte contemporanea, *Quarant'anni d'arte italiana.*
Milano, Politecnico, 9-16 aprile: mostra organizzata dall'Associazione studenti universitari.
Milano, Associazione Artisti d'Italia, aprile-maggio: *II Primaverile di Milano.*
Bruxelles, Palais des Beaux-Arts, maggio-giugno: personale di grafica.
Salsomaggiore, Grand Hôtel des Termes, maggio-giugno: *Cinquant'anni di pittura italiana.*
New York, Museum of Modern Art, 28 giugno - 18 settembre: *Twentieth-Century Italian Art.*
Venezia, 1-31 ottobre: *Rassegna di pittura italiana contemporanea.*
Milano, Galleria dell'Annunciata, dicembre 1949 - gennaio 1950: personale.
Vienna, Akademie der Bildenden Künste, 10 dicembre 1949 - 10 gennaio 1950: *Italienische Malerei der Gegenwart.*

1950
Bruxelles, Palais des Beaux-Arts, 28 gennaio - 26 febbraio: *Art italien contemporain.*
Amsterdam, Stedelijk Museum, 3 marzo - 3 maggio: *Figuren uit de Italiaanse Schilderkunst na 1910.*
Parigi, Musée National d'Art Moderne, maggio-giugno: *Exposition d'art moderne italien.*
Londra, Tate Gallery, 25 giugno - 31 luglio: *Exhibition of Modern Italian Art.*
Asti, luglio-agosto: *Antologia di disegni italiani 1900-1950.*
Zurigo, Kunsthaus, novembre-dicembre: *Futurismo e pittura metafisica.*
Copenaghen: *Pittura moderna italiana.*
Lugano, *I Mostra internazionale del bianco e nero* (premio per l'acquaforte).

1951
Cincinnati, Cincinnati Art Museum, 2 febbraio - 4 marzo: *Paintings 1900-1925.*
Göteborg, Konsthallen, febbraio: *Esposizione d'arte italiana contemporanea* (poi Helsinki, Konsthallen, marzo; Oslo, Kunsternes Hus, aprile; Copenaghen, Frie Udstilling, maggio).
Lordgen, 14 aprile: *Grafik av Giorgio Morandi.*
Salerno, Galleria Il Setaccio, 9 luglio: personale.
Torre Pellice, Collegio Valdese, 25 agosto - 10 settembre: *3a Mostra d'arte moderna.*
Torino, Palazzo delle Belle Arti - Parco del Valentino, ottobre: *I Mostra Italia-Francia. Pittori d'oggi.*
San Paolo del Brasile, Museu de Arte Moderna, ottobre-dicembre: *I Bienal / Artistas italianos de hoje.*
Bruxelles: *Italian Art Printing.*
Gravenhage, Gemeentemuseum: *Drie Grafici: Giorgio Morandi - Mario Prassinos - Jacques Villon.*

1952
Parigi, Musée National d'Art Moderne, marzo: *Jeune gravure contemporaine.*
Parigi, Orangerie, maggio: *Exposition de la nature morte.*
Venezia, 14 giugno - 19 ottobre: *XXVI Esposizione Biennale Internazionale d'Arte.*
Pittsburgh, Carnegie Institute, 16 ottobre - 14 dicembre: *The 1952 Pittsburgh International Exhibition of Contemporary Painting.*

1953
Stoccolma, Liljevalchs Konsthall, 6 marzo - 12 aprile: *Italiensk Nutdskonst.*
Firenze, Palazzo Strozzi, aprile-maggio: *Arte moderna in una raccolta italiana.*
Genova, Galleria Rotta, 1-20 luglio: *Mostra d'arte contemporanea.*
San Paolo del Brasile, Museu de Arte Moderna, ottobre-dicembre: *II Bienal* (premio per l'incisione).

1954
L'Aja, Gemeentemuseum, 14 aprile - 6 giugno: antologica (poi Rotterdam).
Amburgo, Kunsthalle, giugno-luglio (poi Colonia, Istituto italiano di Cultura).
Londra, New Burlington Galleries, 25 giugno - 24 luglio: antologica.
Pallanza, Kursaal, 25 luglio - 30 settembre: *Capolavori dell'arte italiana contemporanea (1918-1930).*
Milano, Palazzo Reale, novembre 1954 - febbraio 1955: *103 dipinti del Museo d'arte di San Paolo del Brasile.*

1955
Tolosa, Musée Paul Dupuy, 19 marzo - 15 maggio: *La gravure contemporaine en Italie.*
Londra, Institute of Contemporary Art, 9 giugno - 2 luglio: *Twentieth Century Paintings and Sculptures.*
Kassel, Museum Fridericianum, 15 luglio - 18 settembre: *Documenta I, Kunst des XX. Jahrhunderts.*
New York, Delius Gallery, 4 ottobre - 5 novembre: personale.
Roma, Galleria La Medusa, 29 ottobre: personale.
Roma, Palazzo delle Esposizioni, novembre 1955 - aprile 1956, *VII Quadriennale nazionale d'arte: Antologia della pittura e scultura italiane dal 1910 al 1930.*

1956
New York, John Heller Gallery, gennaio-febbraio: *Giorgio Morandi, Massimo Campigli, Anton Music.*
New York, Columbus Gallery of Fine Arts, 9 marzo - 15 aprile: *Italian Design Today.*
Winterthur, Kunstmuseum, 24 giugno - 29 luglio: *Giorgio Morandi/Giacomo Manzù.*
Zagabria, Lubiana, Skoplje, Belgrado, ottobre 1956 - gennaio 1957: *Mostra d'arte italiana contemporanea.*
Deerfield, Deerfield Academy, 20 ottobre - 10 novembre: *Contemporary Italian Art.*
Londra, Tate Gallery, 21 novembre - 19 dicembre: *Modern Italian Art from the Estorick Collection.*
Torino, Galleria La Bussola: *Maestri italiani dell'arte contemporanea.*
Milano, Galleria Bergamini, 15 dicembre 1956 - 4 gennaio 1957: *Opere scelte.*

1957
Plymouth, City Museum & Art Gallery, 26 gennaio - 16 febbraio: *Modern Italian Art from the Estorick Collection.*
Birmingham, City Museum & Art Gallery, 23 febbraio - 16 marzo: *Modern Italian Art from the Estorick Collection.*
New York, World House Galleries, 1-23 marzo: *Selection of Contemporary Painting and Sculpture.*
Ivrea, Centro Culturale Canavesano, marzo: *L'opera grafica.*
Torino, Galleria Galatea, maggio: personale.
Monaco, Haus der Kunst, 7 giugno - 15 settembre: *Kunstausstellung München 1957 und Ausstellung Italienischer Kunst von 1910 bis zur Gegenwart.*
San Paolo del Brasile, Museu de Arte Moderna, settembre-dicembre: *IV Bienal* (premio per la pittura).
New York, World House Galleries, 5 novembre - 7 dicembre: *Giorgio Morandi / Retrospective 1912-1957.*
Sudamerica, *Esposición circulante en Sur-América organizada por la Bienal de Venecia por encargo del Ministerio de Asuntos Exteriores y del Ministerio de Educación: Diez años de pintura italiana.*
Milano, Galleria Bergamini, 17 dicembre 1955 - 6 gennaio 1956: *Opere scelte.*

1958
New York, The American Federation of Art, febbraio-giugno: *Manzù and Morandi.*
Lugano, 3 aprile - 15 giugno: *V Mostra internazionale di bianco e nero* (premio per l'incisione).
Bruxelles, Palais des Beaux-Arts, 17 aprile - 21 luglio: *50 ans d'art moderne.*
Lincoln (Mass.), De Cordoba Museum, 27 aprile - 1 giugno: *A Decade in Review.*
Caracas, Galeria de Arte Contemporáneo, settembre: *Morandi, Tosi, Marino Marini, Campigli, Sironi, De Pisis.*
Torino, Galleria Galatea, ottobre: *Disegni e incisioni di Morandi, Casorati e Spazzapan.*
Pittsburgh, Carnegie Institute, 5 dicembre 1958 - 8 febbraio 1959: *1896/1955 - Retrospective Exhibition of Paintings from Previous International.*
Copenaghen, Palazzo di Charlottenborg: *Pittura italiana moderna.*
Milano, Galleria Bergamini, 20 dicembre 1958 - 9 gennaio 1959: *Opere scelte.*

1959
Padova, Galleria Le Stagioni, gennaio: *30 acqueforti*.
St. Etienne, Musée d'Art et d'Industrie, maggio: *Peintres et sculpteurs italiens du futurisme à nos jours* (poi a Digione, luglio; Blois, settembre; Lione, ottobre; Charleroi, dicembre).
Modena, Palazzo dei Musei, 19-31 maggio: *Maestri italiani della pittura contemporanea*.
Roma, Palazzo Barberini, 4 giugno - 6 settembre: *Il futurismo*.
Ascona, Isole di Brissago, 27 giugno - 27 settembre: *Mostra internazionale di grafica contemporanea*.
Kassel, Museum Fridericianum, 11 luglio - 11 ottobre: *Documenta II, Kunst nach 1945*.
Winterthur, Kunstmuseum, 4 ottobre - 15 novembre: *Mostra del futurismo*.
Torino, Galleria Civica d'Arte Moderna, 31 ottobre - 8 dicembre: *Capolavori d'arte moderna nelle collezioni private*.
Milano, Galleria Annunciata, dicembre 1959 - gennaio 1960: personale.
Milano, Galleria Bergamini, dicembre 1959 - gennaio 1960: *Opere scelte*.

1960
Milano, Palazzo Reale, aprile-giugno: *Arte italiana del XX secolo da collezioni americane*.
New York, N. Knoedler & Co., 12 aprile - 14 maggio: *The Colin Collection*.
Boston, Boston University Art Gallery, 23 aprile - 14 maggio: *Works from Private Collections*.
Ancona, Palazzo del Liceo Scientifico, 3-24 luglio: *Premio Marche '60*.
Lucerna, Kunstmuseum, 6 agosto - 18 settembre: *Italienische Maler der Gegenwart*.
Parigi, Musée National d'Art Moderne, 4 novembre 1960 - 23 gennaio 1961: *Les arts en Europe de 1884 à 1914*.
New York, World House Galleries, 6 dicembre 1960 - 14 gennaio 1961: personale.

1961
New York, The Museum of Modern Art, febbraio: *The James Thrall Soby Collection*.
Chicago, Illinois Institute of Technology, 5-30 aprile: *The Maremont Collection of Twentieth Century*.
Torino, *Italia '61*, estate: *Da Boldini a Pollock* (poi Milano, Padiglione d'Arte Contemporanea).
Torino, Galleria La Bussola, giugno: *La figura nell'arte italiana contemporanea* (nell'ambito di *Italia 61*).
Siena, Pinacoteca Nazionale, luglio-settembre: *Mostra di grafica italiana contemporanea*.
Amsterdam, Stedelijk Museum, 22 agosto - 8 settembre: *Polarità: il dionisiaco e l'apollineo nell'arte*.

1962
Venezia, Ca' Pesaro, 16 giugno - 7 ottobre: *XXXI Esposizione Biennale Internazionale d'Arte, Mostra dei grandi premi della Biennale 1948-60*.
Salisburgo, Galerie Welz, estate: *Italienische Meister des XX. Jahrhunderts*.
Siegen, Haus seel am Markt, 27 ottobre - 17 novembre: *Giorgio Morandi Rubenspreis 1962 der Stadt Siegen*.
Torino, Galleria Galatea, dicembre: personale di acqueforti.
Milano, Galleria Lorenzelli, dicembre 1962 - gennaio 1963: *Mostra Magini-Morandi*.

1963
Napoli, Galleria Il Centro, gennaio-febbraio: *40 incisioni di Giorgio Morandi*.
Milano, Galleria Sianesi, aprile: *Maestri moderni*.
Parigi, Grand Palais, 22 maggio - 3 giugno: *Art contemporain*.
Strasburgo, Musée des Beaux-Arts, giugno-settembre: *La grande aventure de l'art du XXe siècle*.
Viareggio, Galleria Nettuno, luglio: *L'opera grafica di Giorgio Morandi*.
Amburgo, Kunstverein, 28 settembre - 3 novembre: *Italien 1905-1925: Futurismus und Pittura metafisica*.
Beirut, Istituto Italiano di Cultura, ottobre-novembre: *Dipinti italiani d'oggi*.
Ginevra, Galerie Krugier, novembre: personale.
Roma, Galleria L'Obelisco, novembre: personale.
New York, Marlborough-Gerson Gallery, 2 novembre - 21 dicembre: *Artist and Maecenas / A Tribute to Curt Valentin*.
Washington, National Gallery of Art, 16 dicembre 1963 - 1 marzo 1964: *Paintings from the Museum of Modern Art, New York*.
Milano, Galleria Bergamini, 21 dicembre 1963 - 24 gennaio 1964: *Opere di Campigli, Carrà, Cassinari, Morandi*.

1964
Zurigo, Galerie Obere Zäune, marzo: personale di grafica.
Bielefeld, Städtisches Kunsthaus, aprile-maggio: personale.
Washington, Washington Gallery of Modern Art, 1 aprile - 3 maggio. *Treasures of XXth Century Art from the Maremont Collection*.
Londra, Tate Gallery, 22 aprile - 28 giugno: *Exhibitions 54-64 / Painting and Sculpture of a Decade*.
Venezia, *XXXII Esposizione Biennale Internazionale d'Arte*, maggio-settembre: *Arte d'oggi nei musei*.
Losanna, Palais de Beaulieu, 1 maggio - 24 ottobre: *Chefs-d'œuvres des collections suisses de Manet à Picasso*.
Stoccarda, Galerie Lutz & Meyer, 16 maggio - 13 giugno: *Giorgio Morandi, Gemälde, Aquarelle, Druck-Grafik*.
Caracas, Fundación Eugenio Mendoza, 17-31 maggio: *Preferencias de los coleccionistas*.
Karlsruhe, Badischer Kunstverein, 22 giugno - 26 luglio: personale.
Baltimora, Museum of Art, 1 agosto - 15 novembre: esposizione per il cinquantenario del museo.
Ancona, 6-29 settembre: *Premio Marche '64 - Omaggio a Giorgio Morandi*.
Monaco, Galerie Atelier Monpti, settembre-ottobre: personale.
Darmstadt, Matildenhohe, 12 settembre - 15 novembre: *Internationale Zeichnung*.
Milano, Galleria delle Ore, ottobre: *Omaggio a Morandi*.
Napoli, Palazzo Reale, ottobre-novembre: *La natura morta italiana*.
Pittsburgh, Carnegie Institute, 30 ottobre 1964 - 10 gennaio 1965: *Pittsburgh International 1964. Exhibition of Contemporary Painting and Sculpture*.
Hannover, Kestner-Gesellschaft, novembre-dicembre: *Giorgio Morandi, Alfred Kubin*.
Zurigo, Kunsthaus, dicembre 1964 - febbraio 1965: *La natura morta italiana*.

1965
Bologna, Galleria La Loggia, gennaio: *Giorgio Morandi e Felice Casorati*.
Wuppertal, Kunst und Museumverein, 12 febbraio - 14 marzo: personale.
Rotterdam, Boymans-van Beuningen Museum, marzo-aprile: *La natura morta italiana*.
Milano, Galleria Annunciata, aprile-maggio: personale.
Roma, Galleria La Medusa, maggio: *Marini-Morandi*.
Parigi, Istituto Italiano di Cultura, giugno: *Morandi, De Pisis, Soffici, Donghi*.
Edimburgo, Scottish National Gallery of Modern Art, agosto-settembre: *The Collection of Works by Giorgio Morandi 1890-1964 Belonging to Professor Luigi Magnani*.
Parma, Galleria di Palazzo Carmi, 25 settembre - 20 ottobre: *Arte grafica internazionale*.
Civenna, Galleria del Ghisallo, settembre: *Morandi, Rosai, Sironi, Tozzi*.
Roma, Palazzo delle Esposizioni, ottobre 1965 - marzo 1966: *IX Quadriennale nazionale d'arte*.
Berna, Kunsthalle, 23 ottobre - 5 dicembre: antologica.
Caracas, Fundación Mendoza, 1 novembre - 15 dicembre: *Omaggio a Giorgio Morandi*.
Colonia, Istituto Italiano di Cultura: retrospettiva.

1966
Milano, Galleria Annunciata, gennaio: *Maestri del disegno*.
Roma, Galleria Nazionale d'Arte Moderna, 27 marzo - 25 aprile: *Giorgio Morandi / Opere della collezione Ingrao*.
Firenze, Galleria L'Indiano, marzo-aprile: *Omaggio a Morandi*.
Roma, Calcografia Nazionale, aprile: *Giorgio Morandi - Mostra delle acqueforti*.
New York, Public Education Association, 26 aprile - 21 maggio: *Seven Decades 1895-1965*.
Irvine, University of California Art Gallery, 17 maggio - 10 giugno: *Five Europeans: Bacon, Balthus, Dubuffet, Giacometti, Morandi*.
Recklinghausen, Städtisches Museum, 31 maggio - 23 agosto: *Variationen über ein Thema*.
Venezia, *XXXIII Esposizione Biennale Internazionale d'Arte*, 18 giugno - 16 ottobre: personale.
Grizzana, Scuole Comunali, luglio-agosto: *Omaggio a Giorgio Morandi*.
Torino, Galleria La Mimma, ottobre-novembre: *Omaggio a Morandi*.
Bologna, Palazzo dell'Archiginnasio, 30 ottobre - 15 dicembre: antologica.

1967
Milano, Galleria Ciranna, febbraio-marzo: *Il paesaggio nell'acquaforte di Morandi*.
Firenze, Palazzo Strozzi, febbraio-maggio: *Arte moderna in Italia 1915-1935*.
Firenze, Palazzo della Permanente, marzo: *I Mostra d'arte moderna e trame contemporanee*.
Ferrara, Galleria Duca d'Este, maggio: *Disegni di Morandi*.
New Haven, Yale University Art Gallery, 4 maggio - 18 giugno: *The Helen and Robert M.*

Benjamin Collection.
New York, A. Loeb & Krugier Gallery, maggio-giugno: personale.
Darmstadt, Kunstverein, 3 giugno - 9 luglio: *Giorgio Morandi, das Druck-Graphische Werk.*
Monza, Galleria Civica, 8-21 giugno: *Esempi di pittura italiana contemporanea.*
Guatemala, Honduras, Salvador, Nicaragua, Costarica, luglio-dicembre: *Arte italiano contemporáneo - Exposición itinerante organizada por la Quadrienale de arte de Roma.*
Padova, Galleria La Chiocciola, novembre-dicembre: *Manzù, Morandi, Marino.*
Torino, Galleria Civica d'Arte Moderna, novembre 1967 - gennaio 1968: *Le muse inquietanti - Maestri del surrealismo.*
Washington, The Philips Collection, 30 novembre 1967 - 11 gennaio 1968: *Masters of Italian Art from the Collection of Gianni Mattioli.*

1968
Cambridge, Busch-Reisinger Museum Harvard University, 12 gennaio - 10 febbraio: personale.
Dallas, Dallas Museum of Fine Arts, 1 febbraio - 3 marzo: *Masters of Italian Art from the Collection Gianni Mattioli* (poi San Francisco, 16 marzo - 21 aprile; Detroit, 19 giugno - 21 luglio; Kansas City, 6 ottobre - 17 novembre).
Torino, Galleria Civica d'Arte Moderna, 1 febbraio - 17 marzo: *I pittori italiani dell'Associazione internazionale arti plastiche Unesco.*
Bologna, Galleria Forni, 30 marzo - 19 aprile: *Grandi maestri contemporanei.*
Brescia, Associazione Artisti Bresciani, aprile: *Incisioni di Giorgio Morandi.*
Northampton, Smith College Museum of Art, 11-28 aprile: *An Exhibition in Honour of Henry Russell-Hitchcock - 19th and 20th Century.*
Stoccarda, Galerie Lutz & Meyer, maggio: personale.
Zagabria, Galerija Moderne Umjetnosti, 2-15 maggio: *Bolonjsko Slikarstvo XX Vijeka.*
Cortina d'Ampezzo, Galleria Medea, agosto: *Mostra di opere dei maestri contemporanei.*
Copenaghen, Kunstforeningen, settembre: antologica.
Bologna, Galleria de' Foscherari, ottobre-novembre: *Giorgio Morandi - 75 acquarelli dal 1915 al 1963.*
Ginevra, Galerie Krugier, ottobre-novembre: personale.
Oslo, Nasjonalgalleriet, 26 ottobre - 18 novembre: *Giorgio Morandi. Raderinger.*
Parigi, Galerie Villand & Galanis, dicembre 1968 - gennaio 1969: personale.
Bologna, *Mostra della pittura bolognese nel '900.*
Civitanova Alta, Galleria Comunale d'Arte Moderna "Marino Moretti": collettiva.
Ginevra, Galerie Krugier, *Morandi. Suites 21.*

1969
Boston, 23 gennaio - 23 febbraio: *Masters of Modern Art from the collection of Gianni Mattioli* (poi New York, 5-30 marzo).
Milano, Galleria L'Annunciata, 15 febbraio - 21 marzo: *L'Annunciazione d'Oro.*
Milano, Galleria del Milione, marzo: *Testimonianza per Morandi.*
Cortina d'Ampezzo, Galleria Medea, agosto: *Mostra di opere dei maetri contemporanei.*
Bruxelles, Palais des Beaux-Arts, 9 settembre - 12 ottobre: *Maîtres de l'art moderne en Italie 1910-1935 - Collection Gianni Mattioli.*
Haarlem, Frans Halsmuseum, 6 ottobre - 1 dicembre: *Modern Italian Art from Dutch Collections.*
Copenaghen, Louisiana Kunstmuseet, 8 novembre - 14 dicembre. *Italiensk Kunst 1910-1935 - Gianni Mattioli Samling.*
Cortina d'Ampezzo, Centro d'Arte Dolomiti, 24 dicembre 1969 - 10 gennaio 1970: *Omaggio a Giorgio Morandi.*

1970
Amburgo, Hamburger Kunsthalle, 19 febbraio - 30 marzo: *Italienische Kunst - Sammlung Gianni Mattioli.*
Bologna, Museo Civico, aprile-maggio: *Due decenni di acquisizioni nelle raccolte comunali d'arte.*
Strasburgo, Château de Rohan, 14 maggio - 15 settembre: *Exposition d'art moderne européen.*
Roma, Galleria Don Chisciotte, giugno: *33 acqueforti.*
Bologna, Palazzo dell'Archiginnasio, 12 settembre - 22 novembre: *Natura ed espressione nell'arte bolognese-emiliana.*
Madrid, Museo Español de Arte Contemporáneo, novembre-dicembre: *Maestros del arte moderno en Italia 1910-1935 - Collección Gianni Mattioli* (poi Barcellona, dicembre 1970 - gennaio 1971).
Milano, Galleria Sianesi, novembre-dicembre: collettiva.
Berkeley, University Art Museum, University of California, 6 novembre 1970 - 10 gennaio 1971: *Excellence: Art from the University Community.*
Milano, Galleria del Milione, dicembre 1970 - gennaio 1971: *Morandi e Morlotti.*
Roma, Il Nuovo Torcoliere, dicembre 1970 - gennaio 1971: *L'opera grafica di Giorgio Morandi* (48 incisioni).
Londra, Royal Academy of Art, 5 dicembre 1970 - 17 gennaio 1971: antologica.
Cortina d'Ampezzo, Galleria Dolomiti: personale.

1971
Siviglia, Museo de Arte Contemporáneo, gennaio-febbraio: *Maestros del arte moderno en Italia 1910-1935 - Collección Gianni Mattioli.*
Milano, Galleria Sacerdoti, febbraio-marzo: *Omaggio a tre grandi maestri. Magnasco, De Chirico, Morandi.*
Parigi, Musée National d'Art Moderne, 9 febbraio - 12 aprile: antologica.
Parigi, Galerie Coard, marzo: *Acquerelli, disegni, acqueforti. Giorgio Morandi 1990-1964.*
Milano, Palazzo della Permanente, marzo-maggio: *Mostra di pittori e scultori che recitano a soggetto.*
Milano, Rotonda della Besana, maggio-giugno: antologica.
Milano, Galleria Annunciata, giugno-luglio: personale.
Vicenza, Palazzo Chiericati, 4-26 settembre: *L'arte moderna nel collezionismo vicentino.*
Berlino, Nationalgalerie, 11 settembre - 7 novembre: *Metamorfosi dell'oggetto.*
Milano, Galleria Annunciata, dicembre 1971 - gennaio 1972: *Omaggio a Picasso.*
Torino, Galleria Dantesca, dicembre 1971 - gennaio 1972: *40 incisioni di Morandi.*

1972
Amsterdam, Stedelijk Museum, gennaio-febbraio: *Morandi-Etsen.*
Milano, Palazzo Reale, 17 gennaio - 23 febbraio: *Metamorfosi dell'oggetto.*
Milano, Galleria Eunomia, maggio-giugno: personale.
Kyoto, National Museum of Modern Art, 15 aprile - 21 maggio: *Masters of Modern Italian Art* (poi Tokio, 31 maggio - 2 luglio).
Boston, Museum of Fine Arts, 8 giugno - 8 ottobre: *The Rathbone Years.*
Venezia, Museo Correr, *XXXVI Esposizione Biennale Internazionale d'Arte,* 11 giugno - 1 ottobre: *Capolavori della pittura del XX secolo, 1900-1945.*
Roma, Palazzo delle Esposizioni, novembre 1972 - maggio 1973: *X Quadriennale nazionale d'arte.*

1973
Leningrado, Museo dell'Ermitage, 17 aprile - 10 maggio: antologica (poi: Mosca, Museo A.S. Puškin, aprile-maggio; Karkov, Museo di Belle Arti, maggio-giugno).
Parigi, Musée des Arts Décoratifs, maggio-giugno: *1928-1973 - Domus, 45 anni di architettura, design, arte.*
Roma, Galleria Nazionale d'Arte Moderna, 18 maggio - 22 luglio: antologica.
Urbino, Palazzo Ducale, giugno-luglio: *Le acqueforti di Giorgio Morandi.*
Ginevra, Musée Rath, 28 giugno - 23 settembre: *Art du XXe siècle - Collections genevoises.*
Francoforte, Frankfurter Westendgalerie, ottobre-novembre: personale.

1974
Milano, Palazzo Reale, 27 maggio - 20 settembre: *50 anni di pittura italiana nella collezione Boschi-Di Stefano donata al Comune di Milano.*
Karlsruhe, Badischer Kunstverein, 22 giugno - 26 luglio: antologica.
Bologna, Galleria Il Quadrifoglio, 30 novembre - 16 dicembre: *Giorgio Morandi - Mario Pozzati. Opere grafiche.*
Milano, Galleria Annunciata, dicembre 1974 - gennaio 1975: *Mostra di Natale.*

1975
Bologna, Galleria Comunale d'Arte Moderna, 1 maggio - 15 giugno: antologica.
Darmstadt, Kunsthalle, 24 maggio - 6 luglio: *Realismus und Realität - Ausstellung zum 11. Darmstädter Gespräch.*
Lugano, Villa Malpensata, 28 agosto - 9 novembre: *Dalle collezioni d'arte private ticinesi: maestri europei del XX secolo.*
Bologna, Galleria La Loggia, novembre 1975 - gennaio 1976: *Idee per una collezione. Il disegno.*

1976
Bologna, Galleria Due Torri, maggio: *Un confronto: due tempi. Licini-Morandi.*
Bologna, Galleria Marescalchi, maggio: *Omaggio a Morandi.*
Verona, Galleria dello Scudo, novembre 1976 - gennaio 1977: personale.
Sasso Marconi, La Casa dell'Arte, 13 novembre 1976 - gennaio 1977: *Idee per una collezione/1.*
Milano, Galleria Annunciata, 20

novembre 1976 - gennaio 1977: *Natale con l'arte.*

1977

Milano, Centro Annunciata, 19 febbraio: *Opere dipinte a mano.*
Bologna, Galleria La Loggia, maggio: *Acquerelli, disegni, gouaches.*
Vienna, Graphikbiennale, giugno-agosto: personale di incisioni (poi: Graz, Kulturhaus, settembre; Linz, W. Guritt Museum, novembre 1977 - gennaio 1978).
Berlino, Kunstausstellung, 14 agosto - 16 ottobre: *Tendenzen der Zwanziger Jahre.*
Graz, Kulturhaus, settembre: *Giorgio Morandi. Acqueforti* (organizzata dalla Calcografia Nazionale di Roma in collaborazione con il Ministero degli Affari Esteri. Poi: Gerusalemme, Israel Museum, novembre 1977; Tel Aviv, Tel Aviv Museum, gennaio 1978; Lisbona, Fondazione Calouste Gulbenkian, maggio 1978; Perth, Western Australian Art Gallery, ottobre 1978; Lione, Musée des Beaux-Arts, novembre 1978; Grenoble, Musée de Peinture, 1979; Bordeaux, Musée des Beaux-Arts, 1979; Parigi, Istituto Italiano di Cultura, 1979; Angers, Musée des Beaux-Arts, 1979; Nantes, Musée des Beaux-Arts, 1979; Il Cairo, Istituto Italiano di Cultura, febbraio 1980; Dublino, The Douglas Hyde Gallery del Trinity College, marzo-aprile 1980; Colonia, Istituto Italiano di Cultura, 1980; Bonn, Kunstverein, 1980; Dortmund, Consolato d'Italia, 1980).
Lucca, Galleria Barsotti, ottobre: personale.
Vancouver, The Vancouver Art Gallery, ottobre: antologica.
Sasso Marconi, La Casa dell'Arte, ottobre-novembre: personale.
Ginevra, Musée Rath, 6 ottobre 1977 - 15 gennaio 1978: *Du Futurisme au Spatialisme.*
Ginevra, Galerie Jeanneret, novembre 1977 - gennaio 1978: personale.
Sasso Marconi, La Casa dell'Arte, dicembre 1977 - gennaio 1978: *Protagonisti.*

1978

Bologna, Galleria Comunale d'Arte Moderna, 1 giugno - 31 agosto: *Metafisica del quotidiano.*
Ferrara, Palazzo dei Diamanti - Galleria Civica d'Arte Moderna, luglio-ottobre: antologica.
Milano, Galleria Annunciata, ottobre-novembre: *Una raccolta in vendita.*
Firenze, Gabinetto dei Disegni e delle Stampe degli Uffizi: *Giorgio Morandi. Mostra delle acqueforti donate dalle sorelle dell'artista.*

1979

Parigi, Galerie Berggruen, febbraio: *Le acqueforti di Giorgio Morandi.*
Sasso Marconi, La Casa dell'Arte, 27 febbraio - 15 giugno: *Protagonisti.*
Busto Arsizio, Italiana Arte, marzo-aprile: personale.
Colonia, Istituto Italiano di Cultura, aprile-maggio: *Werke Italienischer Künstler des 20. Jahrhunderts* (poi Amburgo; organizzata in collaborazione con la Casa dell'Arte di Sasso Marconi).
Venezia, Palazzo Grassi, maggio: *La pittura metafisica.*
Roma, Palazzo delle Esposizioni, ottobre-dicembre: *Artisti italiani nella XV Biennale di San Paolo del Brasile.*
Milano, Palazzo Reale, ottobre 1979 - gennaio 1980: *Origini dell'astrattismo - Verso nuovi orizzonti del reale.*
Milano, Padiglione d'Arte Contemporanea: *Miti del Novecento.*

1980

Roma, Galleria Il Gabbiano, marzo-aprile: personale.
Bologna, Galleria Comunale d'Arte Moderna, 31 maggio - 7 settembre: *La metafisica - Gli anni Venti.*
Cavalese, Casa dell'Arte, luglio-agosto: personale.
Focette di Marina di Pietrasanta, Galleria Farsetti, luglio-agosto: personale (poi Cortina, 6-31 marzo).
Milano, Centro Annunciata, novembre 1980 - gennaio 1981: *Un bel formato.*
Bologna, Galleria Trimarchi, dicembre: *Giorgio Morandi - Disegni.*
Parigi, Centre Georges Pompidou - Musée National d'Art Moderne, dicembre 1980 - aprile 1981: *Les réalismes* (poi Berlino, Staatliche Kunsthalle, maggio-giugno 1981).
Tokio, Yayoi Gallery: personale.

1981

Milano, Galleria Annunciata, 28 febbraio - 25 marzo: *40 anni di mostre.*
Sasso Marconi, La Casa dell'Arte, 9 maggio - 11 giugno: personale.
Monaco, Haus der Kunst, 18 giugno - 6 settembre: antologica.
Acqui Terme, Palazzo Saracco, luglio-settembre: antologica.
Vevey, Musée des Beaux-Arts, agosto-ottobre: *Les peintres du silence.*
San Francisco, Museum of Modern Art, 24 settembre - 1 novembre: antologica a cura del Des Moines Art Center (poi New York, The Solomon R. Guggenheim Museum, 19 novembre 1981 - 17 gennaio 1982; Des Moines, Art Center, 1 febbraio - 14 marzo 1982).
Cellatica, ottobre-novembre: *Il linguaggio dell'incisione* (poi Capo di Ponte, novembre-dicembre; Trieste e Innsbruck, primavera 1982).
Firenze, Galleria Santa Croce, ottobre: personale.
Norrbottens, Norrbottens Museum, ottobre 1981 - aprile 1982: personale.
Francoforte, Frankfurter Westendgalerie: *Zur italienischen Kunst nach 1945 - Deutsche Künstler und Italien.*

1982

Venezia-Mestre, Galleria Plus Art, gennaio: *Disegni e acqueforti di Giorgio Morandi.*
Milano, Palazzo Reale, 27 gennaio - 30 aprile: *Gli anni Trenta - Arte e cultura in Italia.*
Bologna, Galleria Comunale d'Arte Moderna, 20 febbraio - 15 marzo: *La scuola bolognese dell'acquaforte.*
Bologna, Galleria Marescalchi, marzo: *Idee per una collezione/2.*
Piacenza, Galleria La Scaletta, aprile: *L'acquaforte* (poi presentata a Roma, Galleria Il Disegno, maggio, e a Milano, Galleria del Milione, giugno).
Bologna, Galleria Comunale d'Arte Moderna, dal maggio 1982: *Morandi in Galleria - Opere e documenti* (spazio permanente).
Helsinki, Ateneumin Taidemuseo, 19 agosto - 26 settembre: *Ars Vaticana.*
Sasso Marconi, La Casa dell'Arte, ottobre: *Grandangolo 2.*
Milano, Galleria Philippe Daverio, 12 ottobre - 12 novembre: collettiva.
Torino, Teatro Regio, novembre: *Mostra della Fondazione Guido ed Ettore De Fornariis.*
Varese, Galleria Ghiggini, novembre: *L'acquaforte. Una tecnica, tre epoche, quindici artisti.*
Milano, Galleria Rizzardi, dicembre: *Omaggio a Giorgio Morandi.*

1983

Zagabria, Gabinetto di Arti Grafiche dell'Accademia Jugoslava di Scienze e Belle Arti, gennaio: *Acqueforti di Giorgio Morandi* (poi Rijeka, Galerija Moderna, febbraio).
Milano, Palazzo della Permanente, gennaio-marzo: *Mostra del Novecento italiano.*
Modena, Galleria Civica, 28 luglio - 15 ottobre: *Disegno italiano fra le due guerre.*
Mamiano di Parma, Fondazione Magnani-Rocca, settembre-ottobre: *Da Cézanne a Morandi e oltre.*
Parma, Centro Steccata, novembre: *Disegni e incisioni di Giorgio Morandi.*
New York, Solomon R. Guggenheim Museum: *Aspects of Postwar Painting in Europe.*

1984

Sasso Marconi, La Casa dell'Arte, gennaio-marzo: antologica.
Washington, Hirshorn Museum - Smithsonian Institution, febbraio-aprile: *Contemporary Italian Art.*
Bologna, Pinacoteca Nazionale, dal 26 aprile: *Giorgio Morandi - 10 quadri in Pinacoteca.*
Friburgo in Brisgovia, Morat Institut für Kunst und Kunstwissenschaft, maggio: spazio permanente dedicato alla raccolta del Morat Institut.
Roma, Galleria Mara Coccia, maggio: *Morandi - Disegni 1915-1963.*
Sorrento, Istituto Statale d'Arte, maggio-giugno: *Omaggio a Giorgio Morandi a vent'anni dalla sua morte* (mostra fotografica in collaborazione con la Galleria Comunale d'Arte Moderna di Bologna).
Cardiff, National Museum of Wales, 4 ottobre - novembre: *Bolognese Etching* (La scuola bolognese dell'acquaforte) (poi Brecon, Brecknock Museum, 24 novembre - 22 dicembre; Carmarthen, Carmarthen County Museum, 5 gennaio - 2 febbraio 1985; Llanelly, Llanelly Library, febbraio-marzo 1985; Newcastle, University Art Gallery, marzo-aprile 1985): in collaborazione con la Galleria Comunale d'Arte Moderna di Bologna.
Roma, Galleria La Tartaruga, novembre: *Giorgio Morandi, 60 acqueforti.*
Venezia, Opera Bevilacqua La Masa, novembre: *Opere degli artisti premiati dal 1947 al 1967.*
Milano, Rotonda della Besana, novembre-dicembre: *Gli scrittori presentano i pittori.*
Roma, Galleria dell'Oca, novembre 1984 - 30 gennaio 1985: *I paesaggi di Morandi.*
Madrid, Sala de Exposiciones - Caja de Pensiones, dicembre 1984 - febbraio 1985: antologica (poi Barcellona, Caixa de Pensiones, febbraio-marzo 1985).
Leningrado-Mosca-Dresda: *La natura morta nella pittura*

europea. XVI secolo - inizi XX secolo.

1985

Firenze, Gabinetto dei Disegni e delle Stampe degli Uffizi, febbraio: *Dieci anni di acquisizioni. 1974-1984.*

Francoforte, Frankfurter Kunstverein, febbraio-aprile: *Italienische Kunst 1900-1980 - Hauptwerke aus dem Museo d'Arte Contemporanea, Mailand.*

Bologna, Galleria La Loggia, aprile: *Morandi incisore* (poi Bologna, Pinacoteca Nazionale, maggio-settembre).

Sasso Marconi, La Casa dell'Arte, aprile: *I giganti del bulino - Morandi, Bartolini, Viviani.*

Tolosa, Musée des Augustins, aprile-maggio: *La scuola bolognese dell'acquaforte.*

Marsiglia, Musée Cantini, 13 aprile - 18 giugno: antologica (riproposta della mostra di Madrid e Barcellona).

Firenze, Galleria Palazzo Vecchio, ottobre: personale.

Salerno, Galleria Il Catalogo, novembre: personale.

Bologna, Galleria Comunale d'Arte Moderna, 9 novembre 1985 - 10 febbraio 1986: *Morandi e il suo tempo.*

Milano, Pinacoteca Nazionale di Brera, 29 novembre 1985 - 2 febbraio 1986: *Morandi. 100 opere su carta* (poi Bologna, Galleria Comunale d'Arte Moderna, 22 febbraio - 14 aprile 1986).

1986

Ravenna, Loggetta Lombardesca, marzo-aprile: *Il fantasma della qualità.*

Reggio Emilia, Galleria La Scaletta, aprile: *Il disegno italiano.*

Sasso Marconi, La Casa dell'Arte, maggio: *Quadrangolo.*

Cortona, Accademia Etrusca, giugno: *La collezione Timpanaro. Grafica italiana del Novecento.*

Venezia, Ca' Corner della Regina, giugno-settembre: *I premi della Biennale di Venezia.*

Venezia, Giardini di Castello, giugno-settembre: *XLII Esposizione Biennale Internazionale d'Arte.* Sezione *Il colore.*

Valdagno, Villa Marzotto, estate: *1951-1986. I Premi Marzotto.*

Mesola, Castello Estense, luglio-settembre: *Paesaggio senza territorio.*

Torino, Società Promotrice delle Belle Arti, novembre 1986 - gennaio 1987: *Arte moderna a Torino. Opere della Collezione De Fornariis.*

Bari, Pinacoteca Provinciale, dicembre: *La collezione Grieco.*

Bologna, Galleria La Loggia, dicembre: *Artisti bolognesi dell'incisione. Una tradizione da Morandi ad oggi.*

Cortina d'Ampezzo, Galleria Marescalchi, dicembre 1986 - febbraio 1987: *Opere scelte.*

Firenze, Galleria Nazionale d'Arte Moderna di Palazzo Pitti, dicembre 1986 - giugno 1987: *Le collezioni del Novecento. 1915-1945.*

New York, Columbia University, Center for Italian Studies, dicembre: *Italics 1925-1985. Sessant'anni di vita culturale in Italia* (organizzata dall'Istituto dell'Enciclopedia Italiana).

1987

Roma, Galleria dell'Oca, gennaio: *De Pisis, Morandi, Sironi.*

Roma, Galleria Nazionale d'Arte Moderna, febbraio: apertura delle nuove Sale del Novecento.

Genova, Galleria Devoto, marzo: *Itinerario intorno alla natura morta di ieri e di oggi.*

Roma, Galleria F. Russo, aprile: collettiva.

Roma, Studio d'Arte Grafica, aprile: *Grafica dei maestri contemporanei.*

Bologna, Galleria Marescalchi, maggio: collettiva.

Milano, Studio Diomede, maggio: *Grafica dei maestri contemporanei.*

Torino, Studio d'Arte Scuola Romana, maggio-giugno: *Scuola Romana. Natura morta.*

Francoforte, Kunstverein, giugno-agosto: *Disegno italiano del dopoguerra* (poi Modena, Galleria Comunale d'Arte Moderna, settembre-dicembre).

Roma, Palazzo delle Esposizioni, giugno-settembre: *Le "Secessioni" romane.*

Parigi, Hôtel de Ville, 12 giugno - 20 agosto: antologica (in collaborazione con la Galleria Comunale d'Arte Moderna di Bologna).

Cremona, Galleria Il Triangolo, luglio: *Il quadro che mi manca.*

Sirmione, ex Palazzo Comunale, luglio-agosto: *Soprattutto Incanto.*

Torino, Galleria Civica d'Arte Moderna, luglio-agosto: *1945-1965. Arte italiana e straniera.*

Nîmes, Musée d'Art Contemporain, luglio-settembre: *Italie hors d'Italie* (organizzata dal Museo d'Arte Contemporanea di Rivoli).

Como, Galleria Solenghi, agosto-settembre: collettiva.

Mesola, Castello Estense, agosto-ottobre: *La natura morta nell'arte italiana del '900* (poi Bari, Pinacoteca Provinciale, novembre-dicembre).

Orzinuovi, Castello San Giorgio, agosto-novembre: *Inediti da una collezione d'arte moderna* (poi Lignano Sabbiadoro, Centro Civico, aprile-settembre 1988).

Lugano, Museo Cantonale d'Arte, settembre: apertura del museo e presentazione delle raccolte permanenti.

Como, Fondazione Antonio Ratti, settembre-ottobre: *Arte svelata. Collezionismo privato a Como tra l'800 e il '900.*

Brescia, Galleria Il Segno Contemporaneo, novembre: *Paesaggio come metafora.*

Seregno, Sala Mariani, novembre: *Opere di grafica internazionale.*

Tolentino, Galleria Giraldi, novembre: collettiva.

Ivrea, Servizi Culturali Olivetti, novembre-dicembre: *Morandi e Montale.*

Bologna, Galleria Comunale d'Arte Moderna "Giorgio Morandi", dicembre: nuovo allestimento della Raccolta Morandi.

Biella, Galleria Mercurio, dicembre 1987 - gennaio 1988: *Maestri del Novecento.*

Brescia, Galleria Schreiber, dicembre 1987 - gennaio 1988: *Fogli del Novecento.*

1988

Roma, Università La Sapienza, Museo Laboratorio di Arte Contemporanea, gennaio-febbraio: *Renato Marino Mazzacurati e gli artisti di "Fronte".*

Verona, Società Letteraria, gennaio: *Arcana Scheiwiller.*

Roma, Studio d'Arte Grafica, marzo: *Grafica di maestri contemporanei.*

Monaco di Baviera, Haus der Kunst, marzo-maggio: *Mythos Italien. Wintermärchen Deutschland.*

Reggio Emilia, Galleria 13, aprile: collettiva.

Busto Arsizio, Galleria Italiana Arte, maggio: *Opere in carta.*

Lecco, Galleria Altair Nuova, maggio: *Opere grafiche.*

Brescia, Associazione "Arte e Spiritualità", maggio-giugno: apertura della raccolta d'arte moderna.

Pavullo, Galleria Comunale d'Arte Moderna, maggio-giugno: *Amici pittori.*

Londra, Hayward Gallery, maggio-agosto: *Impressionism and Modern Vision* (dalla Phillips Collection di Washington).

Sarnano, Galleria Il Loggiato, giugno: *Anni Venti-Quaranta. Maestri della pittura del Novecento.*

Monza, Galleria Studio Aperto, giugno-luglio: collettiva.

Roma, Galleria Il Narciso, giugno-luglio: *Grafica italiana dal dopoguerra ad oggi.*

Parigi, Centre Georges Pompidou - Musée National d'Art Moderne, giugno-ottobre: *Années 50.*

Cortina d'Ampezzo, Galleria Farsetti, luglio-agosto: *Grandi protagonisti del XX secolo.*

Macerata, Palazzo Ricci, luglio-ottobre: *Le Muse irrequiete di Leonardo Sinisgalli.*

Massa Carrara, Palazzo Ducale, 4 agosto - 25 settembre: antologica.

Longiano, Castello Malatestiano, settembre-ottobre: *Maestri del Novecento.*

Bologna, Accademia di Belle Arti, 5 settembre - 10 novembre: *Figure del Novecento.*

Francoforte, Stadtische Galerie, 22 settembre - 6 novembre: *Di segno italiano. Italienische Zeichnungen 1908-1988* (poi Zurigo, Kunsthaus, 3 marzo - 7 maggio 1989).

Bologna, Galleria Forni, ottobre-novembre: personale.

Padova, Galleria al Carmine, ottobre: *Grandi maestri.*

Biella, Galleria G. 77, ottobre: collettiva.

Tampere, Sara Hildénin taidemuseo, 4 novembre 1988 - 9 gennaio 1989: antologica (organizzata dalla Galleria Comunale d'Arte Moderna "Giorgio Morandi" di Bologna).

Bolzano, Castel Mareccio, 5 novembre - 18 dicembre: antologica.

Verona, Galleria dello Scudo, 27 novembre 1988 - gennaio 1989: *Realismo magico - Pittura e scultura in Italia 1919-1925.*

Milano, Galleria V. Bella, dicembre: collettiva di grafica.

Cremona, Centro Città di Cremona, 4 dicembre 1988 - 15 gennaio 1989: *Il paesaggio nella grafica contemporanea.*

Roma, Istituto Nazionale per la Grafica, 14 dicembre 1988 - 15 gennaio 1989: *Le tecniche dell'incisione.*

Bergamo, Centro La Diade, 15 dicembre 1988 - 26 gennaio 1989: *Su carta.*

Milano, Palazzo della Permanente, 21 dicembre 1988 - 29 gennaio 1989: *Vitalità della figurazione 1948-1988.*

Caserta, Centro d'Arte Il Segno, dicembre 1988 - gennaio 1989: *Grandi maestri.*

1989

Londra, Royal Academy, 14 gennaio - 9 aprile: *Italian Art in the 20th Century.*

Milano, Galleria Bergamini, 19 gennaio - febbraio: *Dalle avanguardie storiche ai movimen-*

ti contemporanei. Opere su carta.
Leningrado, Museo dell'Ermitage, 21 gennaio - 19 febbraio: *Seconda presentazione del Progetto Morandi Europa.*
Mosca, Galleria Centrale dei Pittori, 14 marzo - 16 aprile: *Terza presentazione del Progetto Morandi Europa.*
Bologna, San Giorgio in Poggiale, 18 marzo - 30 aprile: *Morandi nelle Raccolte private bolognesi.*
Bologna, Galleria Comunale d'Arte Moderna, 2 aprile - 4 giugno: *Giorgio Morandi / Milton Glaser.*
Venezia, Palazzo Grassi, 30 aprile - 6 novembre: *Arte italiana. Presenze 1900-1945.*
Londra, Accademia Italiana delle Arti, 2-23 maggio: *Quarta presentazione del Progetto Morandi Europa.*
Locarno, Pinacoteca Civica Casa Rusca, 3 giugno - 20 agosto: *Quinta presentazione del Progetto Morandi Europa.*
Bologna, Galleria Marescalchi, giugno: collettiva.
Aspen, Colorado, Jannelli Gallery, giugno: *Giorgio Morandi / Milton Glaser.*
Rio de Janeiro, Museu de Belas Artes e Funarte, 14 giugno - 2 luglio: *Aspectos da Pintura Italiana do Após-Guerra aos nossos dias* (poi: São Paulo, Museu de Arte, 11-30 luglio; organizzata dal Ministero per gli Affari Esteri).
Roma, Arco Farnese, giugno-agosto: *Il disegno italiano.*
Siena, Magazzini del Sale di Palazzo Pubblico, 21 luglio - 1 ottobre: *L'immagine dell'arte. Omaggio a Cesare Brandi.*
Pesaro, Istituto d'arte Mengaroni, 12-26 agosto: *Incisori italiani contemporanei.*
Focette di Marina di Pietrasanta, Galleria Farsetti, agosto: *A Prato per vedere i Corot* (poi: Cortina d'Ampezzo, Galleria Farsetti, agosto-settembre; Milano, Galleria Farsetti, settembre-ottobre).
San Francisco, California Palace of the Legion of Honour, 16 settembre - 31 dicembre: *Recent Acquisitions of the Hachenbach Foundation.*
Tübingen, Kunsthalle, 23 settembre - 26 novembre: *Sesta presentazione del Progetto Morandi Europa.*
Pisa, Palazzo Lanfranchi, ottobre: *Grafica del Novecento.*
Roma, Palazzo Venezia, ottobre-novembre: *Tesori d'arte dell'IRI.*
Bassano del Grappa, Museo Civico, 20 ottobre - 10 dicembre: *Le tecniche di incisione, l'acquaforte.*
Kamakura, The Museum of Modern Art, 18 novembre - 24 dicembre: antologica (poi: Mie, Prefectural Art Museum, 4 gennaio - 4 febbraio; Fukuyama, Museum of Art, 10 febbraio - 11 marzo; Tokyo, Yurakucho, Art Forum, 16 marzo - 3 aprile; Kyoto, The National Museum of Modern Art, 10 aprile - 13 maggio 1990; organizzata dal Civico Museo d'Arte Contemporanea di Milano).
Mestre, Istituto di Santa Maria delle Grazie, 25 novembre - 17 dicembre: *Oltre il Novecento. Aspetti dell'arte italiana tra gli anni '20 e '50 dalla Galleria d'arte moderna di Ca' Pesaro.*

1990
Vicenza, Galleria Ghelfi, 13 gennaio - 15 febbraio: *Da Luca di Leida a Morandi.*
Düsseldorf, Kunstsammlung Nordrhein-Westfalen, 20 gennaio - 18 marzo: *Settima presentazione del Progetto Morandi Europa.*
Firenze, Gabinetto dei Disegni e delle Stampe degli Uffizi, 27 gennaio - 22 aprile: *Acqueforti di Giorgio Morandi.*
Mamiano di Parma, Fondazione Magnani-Rocca, dal 7 aprile: *Riapertura delle raccolte della Fondazione.*
Crevalcore, Centro Civico di Porta Modena e Castello dei Ronchi, 7 aprile - 6 maggio: *Giorgio Morandi. Opere su carta: percezione e rappresentazione.*
Bologna, Galleria Comunale d'Arte Moderna "Giorgio Morandi", maggio-settembre: *Giorgio Morandi. Mostra del Centenario.*
Grizzana Morandi, Sala Comunale Mostre, luglio-settembre: *Morandi e l'immagine di Grizzana.*
Siena, Magazzini del Sale - Palazzo Pubblico, novembre 1990 - gennaio 1991: *Morandi. I fiori.*
Milano, Palazzo Reale, novembre 1990 - gennaio 1991: *Morandi e Milano.*

Stampato per conto di Electa
dalla Fantonigrafica - Elemond Editori Associati